Hans-Josef Wagner

Wilhelm von Humboldt: Anthropologie und Theorie der Menschenkenntnis

Die 'Werkinterpretationen pädagogischer Klassiker' richten sich vor allem an Pädagogikstudierende. Durch eine Kombination von Quellentext und texterschließender Interpretation führen sie in klassische pädagogische Originaltexte ein und geben Einstiegs- und Verständnishilfen für eine eigenständige Erschließung von Quellentexten an die Hand.
Die Werkinterpretationen widmen sich je nach Eigenart des Quellentextes dem Inhalt und der Absicht des Textes, den Erklärungen leitender Begriffe, der Erörterung des historischen und geistesgeschichtlichen Kontextes, der Herausarbeitung der das Werk leitenden Ideen, gegebenenfalls der Wirkungsgeschichte und der gegenwärtigen lebensweltlichen Bedeutung des Werkes.

Herausgegeben von Dieter-Jürgen Löwisch

Hans-Josef Wagner

Wilhelm von Humboldt: Anthropologie und Theorie der Menschenkenntnis

Wissenschaftliche Buchgesellschaft

Einbandgestaltung: Neil McBeath, Stuttgart.

Die Deutsche Bibliothek – CIP-Einheitsaufnahme
Ein Titeldatensatz für diese Publikation ist bei
Der Deutschen Bibliothek erhältlich.

Gedruckt auf säurefreiem und alterungsbeständigem Papier
Printed in Germany

Besuchen Sie uns im Internet: www.wbg-darmstadt.de

ISBN 3-534-15197-6

Inhalt

Wilhelm von Humboldt:
›Anthropologie und Theorie der Menschenkenntnis‹

Interpretation

Wilhelm vom Humboldt: ›Anthropologie und Theorie der Menschenkenntnis‹

* Dem Textabdruck liegt zugrunde der von Fritz Heinemann in der Reihe „Philosophie und Geisteswissenschaften“ (ediert von Erich Rothacker, Band 7) herausgegebene Text „Wilhelm von Humboldts Philosophische Anthropologie und Theorie der Menschenkenntnis“, Halle/Saale 1929.

Die Seitenverweise in den Fußnoten des Interpretationsteils beziehen sich auf die entsprechenden Seiten des vorliegenden Werkes und *nicht* auf die Seitenzahlen der vorstehend genannten Originalquelle.

Plan einer vergleichenden Anthropologie (1795).

1.

Wie man in der vergleichenden Anatomie die Beschaffenheit des menschlichen Körpers durch die Untersuchung des thierischen erläutert; ebenso kann man in einer vergleichenden Anthropologie die Eigenthümlichkeiten des moralischen Charakters der verschiedenen Menschengattungen neben einander aufstellen und vergleichend beurtheilen.

Geschichtschreiber, Biographen, Reisebeschreiber, Dichter, Schriftsteller aller Art, selbst den speculativen Philosophen nicht ausgenommen, enthalten Data zu dieser Wissenschaft. Auf Reisen, wie zu Hause, im geschäftigen, wie im müssigen Leben bietet sich überall die Gelegenheit dar, sie zu bereichern und zu benutzen, und unter allen Studien ist kein anderes in so hohem Grade unser beständiger Begleiter, als das Studium des Menschen. Es kommt nur darauf an, den reichen Stoff, den das ganze Leben hergiebt, zu sammeln, zu sichten, zu ordnen und zu verarbeiten.

Diess zu thun ist die vergleichende Anthropologie bestimmt, welche, indem sie sich auf die allgemeine stützt, und den Gattungs-Charakter des Menschen als bekannt voraussetzt, nur seine individuellen Verschiedenheiten aufsucht, die bloss zufälligen und vorübergehenden von den wesentlichen und bleibenden absondert, die Beschaffenheit dieser erforscht, ihren Ursachen nachspürt, ihren Werth beurtheilt, die Art sie zu behandeln bestimmt, und den Fortgang ihrer Entwicklung vorhersagt.

2. Wichtigkeit dieser Untersuchungen.

Es giebt kein praktisches Geschäft im menschlichen Leben, das nicht der Kenntnis des Menschen bedürfte, und zwar nicht bloss des allgemeinen, philosophisch gedachten, sondern des individuellen, wie er vor unsern Augen erscheint. Es ist schwer bei der Erwerbung dieser Kenntniss den doppelten Fehler zu vermeiden, sich weder einen zu unbestimmten und allgemeinen, noch auch einen zu particulairen Begriff von dem Individuum zu bilden; es weder zu sehr bloss nach seinen möglichen Anlagen, noch zu sehr mit allen bloss zufälligen Beschränkungen zu betrachten. Durch den ersteren beraubt gewöhnlich der bloss speculirende Philosoph seine Grundsätze ihrer praktischen Anwendbarkeit; durch den letzteren der blosse Geschäftsmann seine Einrichtungen ihrer längeren Dauer und ihres wohlthätigen Einflusses auf die Aufklärung und den innern Charakter.

Um zugleich den Menschen mit Genauigkeit zu kennen, wie er ist, und mit Freiheit zu beurtheilen, wozu er sich entwickeln kann, müssen der praktische Beobachtungssinn und der philosophirende Geist gemeinschaftlich thätig seyn. Diese Verbindung aber wird beträchtlich erleichtert, wenn die individuelle Charakterkenntniss in einer vergleichenden Anthropologie zu einem Gegenstande des wissenschaftlichen Nachdenkens erhoben wird, und wenn man in derselben von den Eigenthümlichkeiten verschiedener Menschenclassen, und dem gewöhnlichen Einfluss äusserer Lagen auf den innern Charakter bestimmte und getreue Schilderungen antrift. Der allgemeine Typus, den sie angiebt, kann alsdann mit Hülfe eigner Erfahrung weiter ausgezeichnet; in der Sphäre, welche sie einem Charakter überhaupt als möglich anweist, kann die Stelle bestimmt werden, welche er in dem jedesmaligen Moment wirklich einnimmt.

Der Gesetzgeber, hat man immer gesagt, muss seine Nation, ihren Geist und ihre Gesinnung studirt haben, wenn er mit Fortgang auf sie einwirken will. Wie aber ist es möglich den Charakter Einer Nation vollständig zu kennen, ohne nicht zugleich auch die andern erforscht zu haben, mit welchen jene in den nächsten Beziehungen steht, durch deren contrastirende Verschiedenheit er theils wirklich entstanden ist, theils allein vollkommen begriffen werden kann? und wie ist es erlaubt, auf einen individuellen Charakter einzuwirken, ohne darüber nachgedacht zu haben, inwiefern Charakterverschiedenheiten überhaupt möglich? inwiefern mit den Forderungen einer freien und allgemeinen Ausbildung verträglich? oder gar politisch oder moralisch nothwendig sind?

Um einzelnen Zügen gleichsam gewisse Kunstgriffe der Regierungskunst abzulernen, um einzusehen, dass man den Franzosen nicht pedantisch, den Engländer nicht sichtbar despotisch behandeln muss, bedarf es freilich so grosser Zurüstungen nicht. Mittel die empfindlichen Stellen des menschlichen Charakters zu schonen, und seine Schwächen zu benutzen, giebt auch eine oberflächliche Beobachtung leicht an die Hand.

Aber es soll etwas ganz andres geschehen. Die individuellen Charaktere sollen so ausgebildet werden, dass sie eigenthümlich bleiben, ohne einseitig zu werden, das sie der Erfüllung der allgemeinen Forderungen an allgemeine idealische Vortreflichkeit keine Hindernisse in den Weg legen, nicht bloss durch Fehler und Extreme eigenthümlich sind, aber dagegen ihre wesentlichen Gränzen nicht überschreiten, und in sich consequent bleiben. In dieser innern Consequenz und äussern Congruenz mit dem Ideal sollen alsdann alle gemeinschaftlich zusammenwirken.

Denn nur gesellschaftlich kann die Menschheit ihren höchsten Gipfel erreichen, und sie bedarf der Vereinigung vieler nicht bloss um durch blosse Vermehrung der Kräfte grössere und dauerhaftere Werke hervorzubringen, sondern auch, vorzüglich um durch grössere Mannigfaltigkeit der Anlagen ihre Natur in ihrem wahren Reichthum und ihrer ganzen Ausdehnung zu zeigen. Ein Mensch ist nur immer für Eine Form, für Einen Charakter geschaffen, ebenso eine Classe der Menschen. Das Ideal der Menschheit aber stellt soviele und mannigfaltige Formen dar, als nur immer mit einander verträglich sind. Daher kann es nie anders, als in der Totalität der Individuen erscheinen.

Man nehme in Gedanken aus der Reihe der Europäischen Nationen eine hinweg, die keinen im Ganzen sehr beträchtlichen Antheil an der Kultur und den Fortschritten dieses Welttheils genommen hat, und nicht einmal ein eigner Stamm, nur ein Zweig einer andern Nation ist, ich meyne die Schweizerische, und es würde auf einmal in dem kultivirten, üppigen, von der ersten Einfachheit der Natur so weit entfernten Europa an einem Volke fehlen, das noch mitten unter unähnlichen Nachbarn eine vergleichungsweise so grosse Einfalt der Sitten besitzt, die Zahl seiner Bedürfnisse auf so wenige beschränkt, sich mit einem so dürftigen Vorrath von Mitteln und mit Verfassungen behilft, wie sie sonst nur die Kindheit der Nationen zeigt.

Wir haben mit Fleiss den schweitzerischen Charakter zum Beispiel gewählt, der wenigstens zum Theil der Natur so nah verwandt ist, dass niemand seine Eigenthümlichkeiten anders als mit innigem Mitgefühl untergehn sehen könnte. Denn sonst ist nicht freilich gleich jede Verschiedenheit des Aufbewahrens werth, und seltner gerade ist diess eine nationelle, die durch die Verbindung so vieler bloss zufälliger Umstände entspringt.

Aber gerade weil nicht jede Varietät empfehlungswürdig, ja viele sogar tadelhaft sind, und es doch (um nur diess Eine hier in Betrachtung zu ziehen) schon physisch unmöglich ist, die Menschen auf Einmal und gänzlich aus ihrem gewohnten Gleise herauszuheben, ihre Individualität zu vernichten und sie zu andern Menschen zu machen, muss man ihre Verschiedenheiten studiren, und was sich aus ihnen entwickeln lässt, überschlagen.

Der Mensch soll seinen Charakter, den er einmal durch die Natur und die Lage empfangen hat, beibehalten, nur in ihm bewegt er sich leicht, ist er thätig und glücklich. Darum soll er aber nicht minder die allgemeinen Foderungen der Menschheit befriedigen und seiner geistigen Ausbildung keinerlei Schranken setzen. Diese beiden einander widersprechenden Foderungen mit einander verbinden und beide Aufgaben zugleich lösen soll der praktische Menschenkenner, und wie kann er in diesem Geschäfte glücklich seyn, ohne die allgemeinen möglichen Verschiedenheiten der menschlichen Natur, und die allgemeinen Verhältnisse einzelner Eigenthümlichkeiten zum Ideal der Gattung sorgfältig erforscht zu haben?

Den Menschen zu bilden ist aber nicht bloss der Erzieher, der Religionslehrer, der Gesetzgeber bestimmt. So wie jeder Mensch neben allem, was er noch sonst seyn kann, zugleich immer noch Mensch ist, so hat er auch die Obliegenheit auf sich, neben allen Geschäften, die er sonst immer betreiben mag, zugleich auf die intellectuelle und moralische Bildung seiner und andrer praktische Rücksicht zu nehmen.

Es ist das allgemeine Gesetz, das die Vernunft aller Gemeinschaft der Menschen unter einander unnachlasslich vorschreibt: ihre Moralität und ihre Cultur gegenseitig zu achten, nie nachtheilig auf sie einzuwirken, aber sie, wo es geschehen kann, zu reinigen und zu erhöhen. Die Stärke der Verbindlichkeit hiezu bei einzelnen bestimmten Geschäften wächst nun mit dem Grade ihres Einflusses auf den Geist und den Charakter, und wo ihr vollkommen ein Genüge geleistet werden soll, da muss ebensosehr auf die individuelle Charakterform, als auf die allgemeine gesehen werden.

Am wenigsten kann sich von dieser Verpflichtung der Gesetzgeber lossagen, da er die grösseste und gefährlichste Macht in Händen hat, auf die Menschen zu wirken. Die ganze Politik, vorzüglich die innere, wird dadurch einem Gesichtspunkte untergeordnet, der ihr an sich eigentlich fremd ist. Denn da sie für sich eigentlich nichts anders zu thun hat, als nur die Aufgabe zu lösen, wie der letzte Zweck aller bürgerlichen Vereinigung, die Sicherheit der Person und des Eigenthums am kürzesten und gewissesten erhalten werden kann? so muss sie nun bei jeder Veranstaltung, die sie vorschlägt, erst nach dem Einflusse fragen, welchen dieselbe auf den Charakter der Bürger, als Menschen, ausüben wird? und jede erst nach diesem Maassstabe prüfen. Da noch überdies beide Gesichtspunkte fast überall auf ganz entgegengesetzte Resultate führen müssen, der rein politische auf Zwang, der erweiterte moralische auf Freiheit, so wird es ihr schwierigstes Geschäft seyn, diese beiden streitenden Foderungen mit einander zu vereinigen, und diese Schwierigkeit wird dadurch noch grösser, dass sie, sobald von einer Anwendung die Rede ist, einen individuellen Charakter zu schonen und zu leiten, also noch mehr particulaire Umstände in Acht zu nehmen hat.

Die gewöhnliche Theorie über diesen Gegenstand ist grossen Misbräuchen ausgesetzt. Sie lehrt den Gesetzgeber, die Eigenthümlichkeit zu benutzen, um die Nation dadurch leichter zu lenken und zu beherrschen. Aber wie leicht führt dieser bloss politische Gesichtspunkt, ohne die höheren moralischen, in die Gefahr, auch offenbare Schwächen und Blössen absichtlich zu unterhalten.

Eine neue Schwierigkeit mehr findet der Staatsmann der neueren Zeit, wo mehrere Nationen nicht nur, wie auch vormals oft, unter Einem Scepter vereinigt sind, sondern auch im genauesten Verstande als Eine Masse wirken sollen. Soll diess mit vollkommener Präcision und Schnelligkeit geschehen, so wäre es unstreitig besser die Verschiedenheiten der einzelnen

Stoffe aufzuheben, Sprache, Sitten, Meynungen u. s. w. gleich zu machen. Aber ist diess ohne Verlust an Eigenthümlichkeit, und folglich zugleich an Selbstthätigkeit und Energie möglich, und welchen dieser beiden Vorzüge soll er nun dem andern aufopfern? Stellt er diese Untersuchung mit dem Geiste an, der weder die Würde des individuellen Charakters, noch den unläugbaren Nutzen grosser Staaten und Massen von Menschen verkennt, so wird er sie gar bald verlassen, und sich lieber zu der Aufgabe wenden, beide Vorzüge mit einander zu vereinigen. Die Auflösung dieser aber kann er sich nur noch allenfalls von dem genauesten Studium der wirklichen Individualität der Subjecte, die er zu behandeln hat, versprechen.

Die Religion scheint am wenigsten Einfluss von der Eigenthümlichkeit ihrer Bekenner leiden zu dürfen. Sie lehrt Wahrheit und die Wahrheit ist durchaus objectiv und allgemein. Dennoch ist gerade bei ihr die Sorgfalt, sie immer und Schritt vor Schritt die Umänderungen des Geistes begleiten zu lassen, am meisten nothwendig, wenn die doppelte Gefahr eines drückenden Gewissenszwanges, oder religiöser Gleichgültigkeit vermieden werden soll.

Die übrigen Geschäfte des Lebens haben selten einen nahen und grossen Einfluss auf die innre Individualität. Es ist hinreichend grobe Fehler zu vermeiden, um der Gefahr nachtheiliger Einwirkungen zu entgehen.

Desto mächtiger aber wirkt auf die eigenthümliche Charakterbildung der freie und alltägliche Umgang in engeren und weiteren Verbindungen: in der Ehe, der Freundschaft, kleineren und grösseren gesellschaftlichen Cirkeln. Die Kunst dieses Umgangs, wenn sie nicht, wie bisher immer geschehen ist, zu einem blossen Talent zu gefallen und zu gewinnen herabgewürdigt werden soll, beruht ganz und gar auf Charakterkenntniss und Charakterbildung.

Sie strebt zuerst jeden Umgang so wichtig für die Cultur und den Charakter zu machen, ihm soviel Seele zu geben, als nur immer möglich ist, dann aber noch in jedem die verschiedenen Individualitäten so einzeln zu stellen und in Massen zu gruppiren, dass sie dem Betrachter das Bild einer lehrreichen Mannigfaltigkeit geben, einander selbst aber durch ihre zweckmässige Berührung zugleich empfänglicher und eigenthümlicher machen. Beides will sie jedoch nicht anders, als unter der Bedingung einer vollkommenen Freiheit ausführen, mit gänzlicher Vermeidung alles Scheins von Absicht. Alles soll von selbst entstehen, alles Spiel und Erholung, nichts Ernst oder Geschäft seyn. Diess macht sie zur eigentlich schönen Kunst.

Die Grundlinien dieser Kunst zu entwerfen, wäre zugleich nützlich und unterhaltend, aber es könnte nur die Arbeit eines Mannes seyn, der einen grossen und vielseitigen eignen Charakter mit einer ausgebreiteten Kenntniss fremder Individualitäten verbände, und ebensoviel Gedanken- und

Empfindungsgehalt besässe, ein enges Verhältniss interessant zu machen, als Leichtigkeit und Beweglichkeit, in den Cirkeln der großen Welt eine Rolle zu spielen.

Gerade also zu dem, was als ein alltägliches Bedürfnis immer wiederkehrt, bedürfen wir am meisten einer individualisirenden Menschenkenntnis, und mit ihrer Hülfe können wir gerade die Stunden, die wir gewöhnlich leer und verloren achten, zu den inhaltvollsten unsres Lebens machen.

Der Erziehung ist im Vorigen nicht erwähnt worden. Es liegt zu sehr am Tage, wie unentbehrliche Vorarbeiten ihr Untersuchungen, wie die gegenwärtige seyn müssen. Andre Beziehungen sind der Kürze wegen übergangen. So muss z. B. der Arzt nothwendig auf den moralischen und gerade, da nur diesen ihm zu kennen wichtig seyn kann, auf den individuellen Charakter achten.

Die vergleichende Anthropologie ist daher zu einem doppelten Zweck und zu einem doppelten Geschäfte nützlich. Sie erleichtert die Kenntniss der Charaktere, und giebt zugleich eine philosophische Anleitung, ihren Werth zu beurtheilen, ihre ferneren Entwicklungen zu berechnen, und die Möglichkeit zu überschlagen, wie sie mit andern als ein Ganzes zusammenzuwirken fähig sind. Sie dient dem Geschäftsmann, der den Menschen benutzen und beherrschen will, und zugleich dem Erzieher und Philosophen, der ihn zu bessern und zu bilden bemüht ist.

Aber sie ist ausserdem die unterhaltendste Beschäftigung des menschlichen Geistes. Denn er findet in ihr 1. den erhabensten Gegenstand, den die Natur darbietet, am genauesten und vollständigsten geschildert; 2. eine Mannigfaltigkeit, die nicht bloss durch das bunte Farbenspiel des Gemähldes die Einbildungskraft und die Sinne vergnügt, sondern durch die Feinheit der Züge zugleich den Geist und die Empfindung bereichert, und die 3. immer zugleich so behandelt ist, dass nicht bloss jede einzelne Eigenthümlichkeit als ein Ganzes betrachtet, sondern auch alle zu einem Ganzen zusammengestellt werden.

3. Unmittelbarer Einfluss einer individuellen Menschenkenntniss auf die Charaktereigenthümlichkeit.

Nicht genug, dass eine vergleichende Anthropologie die Verschiedenheit menschlicher Charaktere kennen lehrt; sie trägt auch selbst dazu bei, eine grössere hervorzubringen, und die schon wirklich vorhandene zweckmässiger zu leiten.

Ob das Erstere aber nun ein Vortheil zu nennen sey, oder ob nicht vielmehr eine noch grössere Mannigfaltigkeit der Charakterformen der allgemeinen Richtigkeit und der Objectivität der Kultur, des Geschmacks und der Sitten Hindernisse in den Weg lege? diess dürfte in den Augen der Meisten noch so ausgemacht nicht seyn. Alle Werke, welche der Mensch hervorbringt, gewinnen durch eine allgemeine und von Subjectivität Einzelner unabhängige Behandlung einen besseren Fortgang, und selbst die Arbeiten des Geistes können hievon nur in gewisser Rücksicht ausgenommen werden. Ebenso wird den Verfassungen und den praktischen Verhältnissen unter den Menschen Dauer und Sicherheit mehr durch Gleichförmigkeit der Sitten, als durch die unregelmässigeren Einwirkungen ungewöhnlicher Individuen verbürgt.

Dagegen hängt Kraft, Erfindungsgeist, Enthusiasmus von Originalität ab, und ohne ausserordentliche und eigen gewählte Bahnen des Geistes würde nie etwas Grosses entstanden seyn.

Ueberhaupt ist Verschiedenheit der Charakterformen, wenn sie auch sogar schädlich seyn sollte, dennoch einmal schlechterdings unvermeidlich, und die Frage ist bloss die, ob man dieselbe blindlings dem Zufall überlassen, oder durch vernünftige Leitung zur Eigenthümlichkeit umschaffen soll? Auf diese aber kann die Antwort unmöglich anders, als Eine seyn.

Die vergleichende Anthropologie sucht den Charakter ganzer Classen von Menschen auf, vorzüglich den der Nationen und der Zeiten. Diese Charaktere sind oft zufällig; sollen denn auch diese erhalten werden? soll der Philosoph, der Geschichtschreiber, der Dichter, der Mensch seinen Namen, seine Nation, sein Zeitalter, sein Individuum endlich sichtbar an sich tragen? – Allerdings, nur recht verstanden. Der Mensch soll alle Verhältnisse, in denen er sich befindet, auf sich einwirken lassen, den Einfluss keines einzigen zurückweisen, aber den Einfluss aller aus sich heraus und nach objectiven Principien bearbeiten. So soll er *seyn*; wieviel er hernach hievon in den verschiedenen Gattungen seiner Thätigkeit *zeige*? hängt von den Erfordernissen dieser Gattung und der Natur seiner Individualität ab. Je mehr subjective Originalität er aber, dem objectiven Werthe des Werks unbeschadet, zeigen kann, desto besser.

Der Mensch kann wohl vielleicht in einzelnen Fällen und Perioden seines Lebens, nie aber im Ganzen Stoff genug sammeln. Je mehr Stoff er in Form, je mehr Mannigfaltigkeit in Einheit verwandelt, desto reicher, lebendiger, kraftvoller, fruchtbarer ist er. Eine solche Mannigfaltigkeit aber giebt ihm der Einfluss vielfältiger Verhältnisse. Je mehr er sich demselben öfnet, desto mehr neue Seiten werden in ihm angespielt, desto reger muß seine innere Thätigkeit seyn, dieselben einzeln auszubilden, und zusammen zu einem Ganzen zu verbinden. Das Zweckwidrige und Verderbliche ist bloss das unthätige Hingeben an einen einzelnen. Daraus entstehen die plumpen National- und Familiencharaktere, die uns in der Wirklichkeit unaufhörlich begegnen; daran aber ist die innere Schlaffheit und Trägheit, nicht die äussere Mannigfaltigkeit Schuld. Nach der Anleitung einer richtigen Bildungstheorie wird kein Mitglied einer Nation dem andern so auffallend ähnlich sehen; der NationalCharakter wird sich in allen Einzelnen spiegeln, aber gerade weil er in jedem durch den Einfluss aller übrigen Verhältnisse, und vorzüglich durch die prüfende und richtende Vernunft gemildert wird, so wird er im Ganzen nicht so plump und handgreiflich, dagegen reiner, eigenthümlicher, feiner und vielseitiger erscheinen.

Der Mensch ist allein genommen schwach, und vermag durch seine eigne kurzdauernde Kraft nur wenig. Er bedarf einer Höhe, auf die er sich stellen; einer Masse, die für ihn gelten; einer Reihe, an die er sich anschliessen kann. Diesen Vortheil erlangt er aber unfehlbar, je mehr er den Geist seiner Nation, seines Geschlechts, seines Zeitalters auf sich fortpflanzt. Was war ein Römer schon allein dadurch, dass Rom ihn gebohren hatte? Was ein Scipio dadurch, dass er aus dem Geschlecht der Kornelier stammte? Was sind die neueren Dichter schon einzig dadurch, daß sie den ganzen Reichthum Griechischer Dichtkunst als ihr Eigenthum behandeln, und sich auf einmal zu einer solchen Höhe emporschwingen?

Aber von der subjectiven Kenntniss der Natur zu ihrer objectiven Beschaffenheit scheint ein mächtiger Sprung zu seyn. Wie kann die Erweiterung und Verfeinerung der ersteren unmittelbar die Veredlung der letzteren befördern? – Unläugbar dadurch, dass beides: das Beobachtende und das Beobachtete hier der Mensch ist, dass dieser sich überall, selbst ohne es immer zu bemerken, seiner inneren Geistesform anpasst; und dass die Masse herrschender Begriffe sich immer endlich auf eine uns selbst oft unbegreifliche Weise, nicht bloss den Menschen, sondern sogar die todte Natur unterwirft.

Dass eine erweiterte Kenntniss der Charaktereigenthümlichkeit Charaktere richtiger beurtheilen, und zweckmässigere Methoden ihrer Behandlung auffinden lehrt, versteht sich hiebei von selbst. Aber auch bloss dadurch, dass man feinere Nüancen in dem Charakter entdeckt, modificirt sich derselbe in der That auf eine mannigfaltigere Weise; dadurch, dass man einzelne Gattungen studirt und ihre Formen so individuell, als sie sind, und so idealisch, als sie werden können, aufstellt, entwickeln sie sich wirklich reiner und bestimmter.

Der Charakter entsteht nicht anders, als durch das beständige Einwirken der Thätigkeit der Gedanken und Empfindungen. Dadurch dass diese gewisse Anlagen unaufhörlich, und andere niemals oder selten beschäftigen, werden die einen entwickelt und die andern unterdrückt, und so geht nach und nach die bestimmte Charakterform hervor. Durch diese durchgängige Correspondenz unsrer Art zu seyn und unsrer Art zu urtheilen, unsrer praktischen und unsrer theoretischen Beschaffenheit wird es uns möglich, bloss durch die Idee und von unserm Geiste aus thätig und praktisch auf uns einzuwirken. Man kann nichts durch den Verstand begreifen, was nicht auf irgend eine Weise in dem Gebiet der Sinne und der Empfindung angespielt ist; aber man kann auch nichts in sein Wesen aufnehmen, was nicht durch Begriffe einigermaassen vorbereitet ist. Man kann nicht einsehen, wofür man keinen Sinn hat, wozu der Stoff mangelt; aber man kann auch nichts seyn, wovon man gar keinen Begriff hat, wozu die Form fehlt.

Die Achtsamkeit auf das Charakteristische leistet aber noch mehr. Einestheils nimmt sie jeden Gegenstand zuerst und vorzüglich in seiner Beziehung auf das innere Wesen; andterntheils weckt sie den Charakter und erregt seine Thätigkeit. Sobald aber einmal der Charakter erwacht ist, so eignet er sich von allen Dingen, die auf ihn einwirken, immer von selbst nur das an, was ihm homogen ist; von allen Seiten her wird also Stoff und Nahrung auf einen einzigen Punkt hin zusammengetragen. Man sieht diess sehr deutlich an Charakteren, die von Natur heftig, leidenschaftlich und einseitig sind. Von diesen pflegt man mit Recht zu sagen, dass sie überall nur sich sehen, in alles nur sich hinüber tragen; darum wächst auch ihre Einseitigkit mit so verdoppelten Fortschritten. Der Fehler liegt aber bei ihnen nicht daran, dass ihre Individualität zu rege wäre, sondern nur daran, dass sie es durch Leidenschaft und Naturanlage wird. Würde sie aber durch eine Stimmung des Geistes rege gemacht, durch das Streben, überall eine schöne Individualität zu zeigen, so würde der Erfolg ganz und gar ein andrer seyn. Ein solcher Mensch würde gleichfalls alles charakteristisch auf sich einwirken lassen, und charakteristisch behandeln. Aber er würde dasjenige, was ihm heterogen wäre, nicht übersehen noch wegwerfen, sondern nur auf seine Weise und zu seinen Zwecken benutzen; er würde jeden Gegenstand durchaus objectiv und wie der Unbefangenste aufnehmen, der ganze, aber freilich wichtige Unterschied würde nur in dem Grade und der Art der Aneignung liegen. Der Contrast einiger auswärtigen Nationen mit der Deutschen zeigt diess sehr deutlich. Franzosen und Engländer gehen in auffallend bestimmten Charakterformen fort; aber sie behandeln auch sehr häufig die Welt um sich her nur auf ihre einseitige Weise, und verfehlen Wahrheit und Objectivität.

Vorzüglich aber bildet sich der Charakter gesellschaftlich zur Reinheit und Bestimmtheit aus, wenn er mit reinen und bestimmten Charakteren in Verbindung kommt. Es ist nicht die Aehnlichkeit allein, zu welcher sich einer dem andern anartet, es ist auch der Kontrast, in welchem sie sich einander entgegensetzen. Denn der moralischen, wie der physischen Organisation ist ein assimilirender Bildungstrieb eigen, der aber, sobald nur der eigne Charakter erst einige Bestimmtheit erlangt hat, nicht geradezu auf Aehnlichkeit, sondern auf eine verhältnissmässige Stellung der beiderseitigen Individualitäten gegen einander herausgeht. So wird der männliche

Charakter reiner und männlicher, wenn ihm der weibliche gegenübergestellt ist, und umgekehrt. Uebrigens aber bemerkt man diese Eigenthümlichkeit freilich mehr bei einzelnen Individuen, als ganzen Gattungen. Vorzüglich wird sie noch bei Charakteren von Nationen vermisst, die im Verkehr unter einander noch immer mehr ihre Originalität entweder übertreiben oder aufgeben, als zweckmässig bestimmen und bilden. Selbst die äussre Gesichtsbildung erfährt einigermaassen diesen Einfluss, wie z. B. die gewiss nicht chimärische Aehnlichkeit von verheiratheten Personen unter einander beweist.

Wenn aber einmal Ein Schritt geschehen ist, so folgen die übrigen mit unglaublicher Leichtigkeit nach. Denn nichts wirkt so lebendig rund um sich her, als die menschliche Individualität. Vorzüglich wirkt in dieser Hinsicht die Abstammung, welche dasjenige, was bisher erworben ist, dem neuen Individuum als fertige Anlage überliefert, und so jedesmal das in ein sichres Eigenthum verwandelt, was solange nur ein minder sichrer Besitz schien.

Das Studium der Charaktere in ihrer Individualität vermehrt also diese letztere selbst. Dass aber von dieser, von der Mannigfaltigkeit der Charakterformen die Veredlung der Gattungen abhängt, davon ist auch ausser der menschlichen Natur ein merkwürdiges Beispiel vorhanden – das bekannte Phänomen nemlich, dass die Hausthiere mehr Rassen, mehr Varietäten, und endlich auch mehr individuelle Merkmale zeigen, als alle übrige Thiergattungen.

4. Zweck und Verfahren der vergleichenden Anthropologie im Allgemeinen. – Gefahr eines möglichen Misbrauchs.

Das Bestreben der vergleichenden Anthropologie geht dahin, die mögliche Verschiedenheit der menschlichen Natur in ihrer Idealität auszumessen; oder, was dasselbe ist, zu untersuchen, wie das menschliche Ideal, dem niemals Ein Individuum adäquat ist, durch viele dargestellt werden kann.

Was sie sucht, ist also kein Gegenstand der Natur, sondern etwas Unbedingtes, – Ideale, die aber auf Individuen, auf empirische Objecte so bezogen werden, dass man sie als das Ziel ansieht, dem diese sich nähern sollen.

Könnte sie diesen Zweck erreichen, ohne zu der Beobachtung der wirklichen Natur herabzusteigen, so würde sie eine rein philosophische und speculative Wissenschaft bleiben. Und in gewissem Verstande kann sie diess in der That. Sie kann bloss bei dem allgemeinen Ideale des Menschen stehen bleiben; sie kann dasselbe nach seinen einzelnen Seiten zerlegen, und aus diesen einzelnen Virtuositäten einzelne idealische Gestalten bilden, in welchen sich um dieselben, als um die herrschenden Züge, die übrigen Eigenschaften, deren der vollkommen ausgebildete Mensch nicht entbehren kann, in gehöriger Unterordnung herum versammeln. In dem Ideale des Menschen findet sich z.B. Sinn für Schönheit und Streben nach Wahrheit, beide für sich in hoher Stärke, und gegeneinander in vollkommnem Gleichgewicht. Man zerlege diese beiden Tendenzen, mache jede zum Grundzug einer besondern Individualität, ergänze von diesem Gesichtspunkte aus die übrige Gestalt, und man erhält, ohne irgend eine specielle Erfahrung zu bedürfen, die reinen Charaktere des Künstlers und des Philosophen.

Aber um jene oben aufgestellte Foderung ganz zu erfüllen, muss die vergleichende Anthropologie sich nothwendig an eine strenge Beobachtung der Wirklichkeit gewöhnen, und sogar durchaus überall von dieser zuerst ausgehn. Denn

1. würde jenes mehr speculative Verfahren eine überaus nachtheilige Dürftigkeit, sowohl in der Mannigfaltigkeit aller Formen, als in der Bestimmtheit jeder einzelnen mit sich führen. Auch mit der glücklichsten Anstrengung würde es nicht möglich seyn, von da aus in eine nur irgend grosse Individualität herabzusteigen.

2. bedarf die Aufstellung des Ideales selbst einer gewissenhaften Beobachtung der Wirklichkeit. Denn diess Ideal ist nichts anders, als die nach allen Richtungen hin erweiterte, von allen beschränkenden Hindernissen befreite Natur.

3. leidet sie nur dann, wenn sie sich unmittelbar an die empirische Beobachtung hält, praktische Anwendung auf das wirkliche Leben, da sie sonst vergebens hohe Ideale aufstellen würde, wenn es ihr an Mitteln fehlte, dieselben an die Wirklichkeit anzuknüpfen.

Der Mensch entwickelt sich nur nach Maassgabe der physischen Dinge, die ihn umgeben. Umstände und Ereignisse, die auf den ersten Anblick seinem Innern völlig heterogen sind, Klima, Boden, Lebensunterhalt, äussere Einrichtungen u.s.f. bringen in ihm neue, und oft die feinsten und höchsten moralischen Erscheinungen hervor. Durch ein physisches Mittel, durch Zeugung und Abstammung, wird die einmal erworbene moralische Natur übertragen und fortgepflanzt, und dadurch nehmen die intellectuellen und moralischen Fortschritte, die sonst vielleicht vorübergehend und wechselnd seyn würden, gewissermaassen an der Stätigkeit und der Dauer der Natur Theil. Die physische Beschaffenheit des Menschen spielt daher bei der Bildung seines Charakters eine in jeder Rücksicht bedeutende Rolle.

Noch deutlicher, als bei einzelnen Individuen, ist diess bei der Betrachtung des ganzen Menschengeschlechts. Grosse Massen, Stämme und Nationen, behalten Jahrhunderte hindurch einen gemeinsamen Charakter, und selbst, wo derselbe grosse Veränderungen erleidet, sind noch die Spuren seines Ursprungs sichtbar. Gleiche Ursachen bringen durch alle Zeiten hindurch gleiche Wirkungen hervor, und durchaus wird man daher im Ganzen ziemlich dieselben Resultate ähnlicher Kräfte finden, denselben Einfluss der äusseren Lagen, dasselbe Spiel der Leidenschaften, dieselbe Macht des Guten und Wahren, mit dem es aus dem verworrensten Gewebe von Begebenheiten und in den mannigfaltigsten Gestalten hervorgeht. Ueberall verrathen die Handlungen der Einzelnen eine eigenmächtige Willkühr der Neigung, indess die Schicksale der Masse das unverkennbare Gepräge der Natur an sich tragen. Wieviel bestimmter und klarer noch würden wir diess einsehen, wenn wir uns nicht immer nur auf einen so kurzen Zeitraum berufen müssten, und auch bei diesem nicht so oft durch die Unvollständigkeit unsrer Kenntniss aufgehalten würden.

Dadurch nun wird die vergleichende Anthropologie genöthigt, nicht bloss von der Erfahrung auszugehen, sondern sich so tief als möglich in dieselbe zu versenken. Sie muss die bleibenden Charaktere der Geschlechter, Alter, Temperamente, Nationen usw. eben so sorgfältig aufsuchen, als der Naturforscher bemüht ist, die Racen und Varietäten der Thierwelt zu bestimmen. Ob es ihr gleich eigentlich und an sich durchaus nur darauf ankommt, zu wissen, wie verschieden der idealische Mensch seyn kann, muss sie den Anschein annehmen, als wäre es ihr darum zu thun, zu bestimmen, wie verschieden der individuelle Mensch in der That ist?

Ihre Eigenthümlichkeit besteht daher darin, dass sie einen empirischen Stoff auf eine speculative Weise, einen historischen Gegenstand philosophisch, die wirkliche Beschaffenheit des Menschen mit Hinsicht auf seine mögliche Entwicklung behandelt.

Bei der Verbindung einer naturhistorischen und einer philosophischen Beurtheilung leidet zwar gewöhnlich die erstere; hier indess drohet eine nicht minder grosse Gefahr auch der letzteren. Da die vergleichende Anthropologie die Charaktere von Menschengattungen aufsucht, so wird sie leicht verleitet, dieselben theils bestimmter, theils dauernder anzunehmen, als die Wirklichkeit sie zeigt, und die Würde des Menschen sie verstattet. Eine solche Tendenz aber muss der Ausbildung der menschlichen Natur im höchsten Grade verderblich seyn, deren Adel ganz vorzüglich auf der Möglichkeit einer freien Individualität beruht. Es ist hier die gefährliche Klippe, die man bei jedem Urtheil über den Menschen vermeiden muss, ihn immer zugleich und doch nie zu sehr als Naturwesen zu behandeln.

Hier indess ist diese Klippe bei weitem weniger gefährlich. Denn unsre Absicht hier ist bloss die, überhaupt individuelle Verschiedenheiten aufzusuchen, und zwar solche, die auch noch mit idealischen Foderungen verträglich sind; nicht aber die, das Menschengeschlecht naturhistorisch zu classificiren. Diess Letztere brauchen wir nur als Mittel zur Erreichung jenes Zwecks, theils um den Individuen selbst näher zu treten, das Dauernde und Wesentliche sicherer zu erkennen, und uns durch vorübergehende Zufälligkeiten weniger irre führen zu lassen, theils um den Gang der Natur selbst besser zu beobachten, auf welchem diese vermöge der Aehnlichkeit der Gattungen die Originalität der Individuen befördert, indem sie sie benutzt, dieselben zu bestimmen, ohne doch ihre Freiheit zu binden.

Möchten also auch Geschlechts- Temperaments- und Nationalcharaktere noch weniger bestimmt seyn, als sie es in der That sind, so ist diess kein Einwurf gegen das Gelingen einer vergleichenden Anthropologie. Denn dieser ist es genug, nur auf wesentliche Verschiedenheiten geführt worden zu seyn, und dasjenige, was sich nun immer im Object wirklich findet, für den praktischen Gebrauch gehörig geprüft und gewürdigt zu haben.

5. Methode. Ausdehnung und Grenzen. Eintheilung.

Die vergleichende Anthropologie ist nach dem Vorigen ein Zweig der philosophisch-praktischen Menschenkenntniss. Wie diese wird sie daher die Empirie, so wie die blosse Speculation vermeiden, und sich allein und durchaus auf *Erfahrung* stützen. Auch wird sie die Hauptregeln anerkennen, und befolgen, welche diese aufstellt. Sie wird demnach:

1. die Data zu ihren Charaktergemählden aus den Aeusserungen des ganzen Menschen, zugleich aus seiner physischen, intellectuellen und moralischen Natur hernehmen, um sich des vollständigsten Stoffs zu versichern.

2. unter diesen vorzüglich auf diejenigen Züge achten, welche recht eigentlich den Charakter, und zwar denselben da, wo er individuell verschieden zu seyn pflegt, bezeichnen – auf das Verhältniss und die Bewegung der Kräfte.

3. immer nur auf die innere Beschaffenheit und Vollkommenheit, nie bloss oder auch nur hauptsächlich auf die Tauglichkeit zu äusseren Zwecken sehen.

4. den Charakter so viel als möglich genetisch schildern.

5. von den Thatsachen und Aeusserungen aus zu den allgemeinen Eigenschaften, und von da zum eigentlichen innern Wesen übergehen.

6. die zufälligen Eigenschaften von den wesentlichen genau absondern, und nach den verschiednen Graden ihrer Zufälligkeit ordnen.

7. den bisher mehr nach einzelnen Seiten betrachteten Charakter in die höchste Einheit zusammenziehn, aus dem vollständig gezeichneten Bilde den Begriff herausnehmen, – was dadurch am besten geschieht, dass man

die Art, wie er zu den höchsten und ganz allgemeinen Zwecken des Menschen gelangt, auf einmal auszusprechen versucht.

Ihre besondre Tendenz, nicht bloss, wie die Menschenkenntniss überhaupt, den Menschen im Allgemeinen, oder einzelne gerade interessante Individuen zu studiren, sondern den Umfang der, ohne Verletzung der Idealität, möglichen Verschiedenheit im Menschengeschlecht zu erforschen, durch welche sie zugleich auf die Untersuchung von Gattungscharakteren geführt wird, fügt den vorigen Regeln noch folgende hinzu:

1. da es ihr vorzüglich darum zu thun ist, zu erforschen, wie die idealische Vollkommenheit, die Einem Individuum unerreichbar ist, sich in mehreren gesellschaftlich ausdrückt, so wird sie hauptsächlich durch diese Absicht bei der Wahl der Charaktere zu ihrem Studium geleitet werden. Sie wird soviel als möglich solche aufsuchen, die entweder den Begriff der Menschheit erweitern, oder sich so gegenseitig gegen einander verhalten, dass sie Züge die zusammen nicht in gleicher Stärke verträglich seyn würden, einzeln darstellen.

2. da sie sich auf ihrem Wege besonders an Gattungscharakteren halten muss, so wird sie dieselben so rein als möglich von allem Einfluss der einzelnen Individualitäten bestimmen, und ihre Eigenthümlichkeiten daher vornemlich aus den gemeinschaftlich auf sie einwirkenden Ursachen, und aus ihrem Begriffe herleiten.

3. dagegen wird sie sich aber auch sorgfältig hüten, durch einen zu festen und engen Begriff der Gattung die Freiheit der Individuen zu beschränken.

Der Umfang der vergleichenden Anthropologie würde eigentlich dem des ganzen menschlichen Geschlechts gleich seyn, wenn nicht zwei Ursachen sie hinderten, ihre Grenzen so weit auszudehnen.

Der Mensch bedarf eines gewissen nicht geringen Grades der Cultur, um eine individuelle Form zu erlangen. Seine erste Ausbildung ist durchaus nur in Massen, nur in rohen, noch durch wenige Züge bestimmten Formen. Dieser Grad der Cultur muss schon zu einer beträchtlichen Höhe gestiegen seyn, wenn der Charakter so verfeinert, und seine Form so bestimmt seyn soll, dass er auch nur einzelne Züge zeigt, welche eine Erweiterung des Begriffs der Menschheit in ihrer Vollendung erwarten lassen, noch mehr aber dass er als eine Bahn erscheine, in welcher der Mensch sich dieser Vollendung auf eine zweckmässige Weise nähern kann. Denn die ersten Eigenthümlichkeiten noch roherer Völker sind meistentheils entweder nur äussre, oder zufällige und unbedeutende, oder gar fehlerhafte Verschiedenheiten; auf diese folgen einzelne mehr oder weniger versprechende Züge; und erst die letzte Stufe ist es, wenn die Eigenthümlichkeit sich über alle Kräfte verbreitet, und einen durchaus individuellen Charakter zu bilden anfängt.

Selbst in unserm cultivirten Europa finden wir noch alle diese Stufen neben einander. Auf jener höchsten stehen unstreitig Franzosen, Engländer u. s. f.; Pohlen, Spanier und Portugiesen wohl nur auf der mittleren; und gewiss auf der untersten noch Russen und Türken. Wer möchte es unternehmen, von dieser letzteren einen individuell-idealischen Charakter aufzustellen, wer nur überhaupt, nach Abzug der äussern oder zufälligen Verschiedenheiten, einen individuellen Charakter, der sich noch von dem allgemeiner menschlichen auf eine irgend für die Betrachtung dankbare Weise unterschiede?

Wenn aber auch gegen die Tauglichkeit des Objects selbst nichts eingewendet werden kann, so gehört eine tiefe und genaue Kenntniss desselben dazu, um eine solche Schilderung zu entwerfen, als hier nothwendig ist. Nur eine einzige innere und wesentliche Eigenheit als solche zu erforschen, ist schon schwierig; wieviel mehr aber alle in ihrer Verbindung zu einem Ganzen zu kennen. Wieviele Hülfsmittel auch z. B. zur Kenntniss der Nationen vorhanden seyn mögen, so wird doch derjenige, der hier selbst Hand an das Werk legt, sich bald gerade da verlassen fühlen, wo er am meisten eines sicheren Führers bedürfte.

Nur von sehr wenigen Menschengattungen ist es also möglich auch nur den Versuch zu wagen, ein vollständiges Bild ihrer innern und wesentlichen Eigenthümlichkeit zu geben. Denn zu dem vollkommnen Gelingen ist vielleicht, wenn man die Hindernisse, die im Object und in unserer Kenntniss desselben liegen, zusammennimmt, nicht eine einzige reif. Dennoch kann sich eine philosophische Anthropologie nicht mit etwas Geringerem begnügen. Sie muss immer ein Ganzes, eine vollendete Gestalt aufsuchen; bloss, wie die physiologische, nach einer Menge von Verschiedenheiten zu haschen, ist ihr durchaus fremd. Wenn daher diese letztere vorzüglich in den entferntesten Himmelsstrichen verweilt, welche die abweichendsten Verschiedenheiten aufweisen, so wird sie sich hauptsächlich auf den kleinen Kreis der höchsten Cultur beschränken, in welchem die Eigenthümlichkeiten am meisten bestimmt und vollendet erscheinen.

Was die Anordnung der Theile betrift, so wird der Schilderung der einzelnen Charaktere eine allgemeine Einleitung vorangehen müssen, um 1. die Möglichkeit, die Ursachen und den Werth der Verschiedenheit überhaupt, 2. die Natur der Gattungscharaktere im Allgemeinen, 3. die Natur einzelner unter denselben, z. B. der Geschlechter, Nationen u.s.f. insbesondre abzuhandeln.

6. Quellen und Hülfsmittel. Nothwendige Geistesstimmung.

Wenn der individuelle Charakter des Menschen zum Behuf seiner möglichen Idealisirung erforscht, und dieser Stoff nicht fragmentarisch bloss an einzelnen Fällen, sondern in allgemeinen Sätzen, als eine Theorie, bearbeitet werden soll; so muss seine Behandlung alle Arten der Betrachtung der Natur durchgehen, und zugleich naturhistorisch, historisch und philosophisch seyn.

Der Mensch, auch als Gattung betrachtet, ist offenbar ein Glied in der Kette der physischen Natur. Er artet, wie die übrigen Thiere, in Rassen aus, diese Rassen pflanzen ihre Eigenthümlichkeiten fort, und erzeugen mit einander halbschlächtige Blendlinge. Hier und in andern ähnlichen Fällen sind oft Naturwirkungen, die nicht zurückgewiesen werden können, nur benutzt und geleitet werden müssen. In dieser Rücksicht gehört der Mensch schlechterdings der Natur an. Er kann, wie sie, beobachtet werden, und, was das eigentlich charakteristische Kennzeichen hiebei ist, es ist möglich, mit ihm zu experimentiren.

Der Naturnothwendigkeit im Menschen am meisten entgegen steht seine Willkühr. Vermöge dieser beginnt und endigt er Handlungen, ohne weder durch Naturzwang, noch auch gerade durch Vernunftnöthigung getrieben zu werden. Er folgt, wie man zu sagen pflegt, dem Zufall, äusseren Einwirkungen, oder inneren augenblicklichen Antrieben. Was er auf diese Weise thut, ist zwar oft physisch, da es auch nicht einmal mittelbar aus Vernunft entspringt, es ist aber doch immer das Resultat physischer oder andrer Veränderungen auf eine freie Natur, und daher weder nach Naturgesetzen zu berechnen, noch auch eines Experimentes fähig. Von dieser Seite kann der Mensch bloss historisch erkannt werden. So ist er; so ward er. Das Warum? erlaubt keine befriedigende Antwort.

Natur und Willkühr werden verknüpft in der ächt menschlichen Freiheit durch Vernunft. Denn die Vernunft bringt eine ebensogrosse Nothwendigkeit nach Gesetzen hervor, als die Natur, aber sie thut der Freiheit nicht den mindesten Eintrag, da sie sich selbst das Gesetz giebt. Hier sind also Gesetze, und zwar solche, die, ausserhalb des Gebiets der Erscheinungen, aus einer selbstständigen Kraft emaniren. Hier beginnt demnach das Gebiet der philosophischen und ästhetischen Beurtheilung.

Jede theoretische Bearbeitung eines Stoffs setzt eine Beurtheilung nach Gesetzen voraus, und nur insofern der menschliche Charakter einer solchen fähig ist, verstattet er eine wissenschaftliche Behandlung.

Die organische Natur des Menschen lässt allerdings Gesetze sehen, die regelmässig und unfehlbar eintreffen. So ist es z. B. ein allgemeines Naturgesetz, dass ein Theil der Individualität der Eltern auf die Kinder übergeht. Aber die verwickelte Oekonomie des menschlichen Körpers, seine noch unbegreiflichere Verbindung mit dem moralischen Charakter, und die grosse Schwierigkeit, mit dem Menschen zu experimentiren, macht, dass jene Gesetze noch immer so unvollkommen, und schwerlich je durchaus vollständig erkannt werden. So ist es in dem vorigen Beispiel nicht möglich zu bestimmen, was gerade, in welchem Grade, und unter welchen Umständen mehr oder minder durch die Zeugung forterbt. Selbst, was doch bei weitem einfacher ist, die physische und physiologische Eigenthümlichkeit eines Individuums als ein Ganzes zu kennen, giebt es noch nicht einmal eine allgemeine Formel oder Methode. Man beobachtet und kennt bloss einzelne Verschiedenheiten, aus denen sich wenig oder nichts schliessen lässt.

Die grösseste Strenge und Gesetzmässigkeit verstattet die philosophische Beurtheilung, allein auch mehr da, wo sie dem Menschen für seine Gesinnungen Regeln vorschreibt, als da, wo sie zum Behuf der Erweiterung seines Wissens den wirklichen Zusammenhang zwischen seinen Kräften aufzudecken bemüht ist. Zwar wird sie einzelne Verhältnisse unfehlbar richtig bestimmen und aufklären, aber da diese nie ganz allein und vereinzelt vorhanden, also die Fälle nie rein gegeben sind, so werden die innern intellectuellen und moralischen Verhältnisse nie ganz fehlerlos dargestellt, oder vollständig erschöpft werden können.

Am wenigsten Gesetzmässigkeit zeigt ein bloss historisch behandelter Stoff. Alles Einzelne erscheint in demselben eben so regellos, als der Zufall und die Willkühr, die es hervorbringen. Dennoch kehren auch hier, sobald man nur grosse Massen auf einmal ins Auge fasst, gleiche Ereignisse in einer gewissen, obgleich weniger strengen und schwerer zu beobachtenden Regelmässigkeit zurück.

Der Stoff, den die vergleichende Anthropologie darbietet, ist daher nicht gerade einer wissenschaftlichen, ja nicht einmal durchaus einer theoretischen Behandlung fähig. In. wie hohem Grade er indess auch empirisch seyn mag, so zeigen doch die einzelnen Erscheinungen immer eine gewisse Stätigkeit, Folge und Gesetzmässigkeit, und diese letztere muss nothwendig sowohl mit der Erweiterung unsrer Kenntniss, als mit der Veredlung der menschlichen Natur selbst, noch mit dem Fortschritte der Zeit immer höher steigen. Der Bearbeiter hat sich daher zwar zunächst so genau als möglich an die Wirklichkeit anzuschliessen, aber mit der Beobachtung muss er zugleich immer soviel als möglich eine streng philosophische Behandlung verbinden, theils um die Masse der Thatsachen nach Gesetzen theoretisch zu ordnen, theils um die durch die Beobachtung erhaltenen Charaktere praktisch nach Gesetzen zu beurtheilen.

Wer hierin glücklich seyn, und die individuelle Menschenkenntniss wahrhaft erweitern will, der muss gewissermaassen die verschiedenen Geistesstimmungen des Naturbeobachters, des Historikers und des Philosophen in sich vereinigen. Wie der erstere muss er überall von dem Begriff der Organisation ausgehen, durchgängig vollkommene Gesetzmässigkeit voraussetzen, alles aus den innern und eignen Kräften des Wesens erklären, in diesen jede zugleich als Zweck und als Mittel betrachten, und nie zu andern als physischen Erklärungen seine Zuflucht nehmen. Wie dem zweiten liegt es ihm ob, mit der antheillosesten Gleichgültigkeit bloss nach dem, was geschehen ist? zu fragen, und das Ganze, zu dem die einzelnen von ihm beobachteten Thatsachen gehören, weder als ein Naturprodukt, noch auch als ein reines Willensprodukt anzusehen, damit er auch nicht einmal versucht werde, von Ursachen und Gesetzen auf die einzelnen Erscheinungen, sondern immer von diesen auf jene überzugehen. Denn das ist es gerade, was den Historiker, wenn man ihn nemlich dem Naturbeobachter und Philosophen entgegensetzt, auszeichnet, dass er es einzig und allein mit dem, was geschehen ist, zu thun hat, und das Feld, auf dem er thätig ist, weder als das Gebiet der Natur, noch als das Gebiet eines reinen Willens, sondern als das Reich des Schicksals und des Zufalls betrachtet, von dessen Launen wenigstens im Einzelnen niemand Rechenschaft zu geben fähig ist. Wie der Philosoph endlich darf er nicht vergessen, dass ein freies und selbstständiges Wesen der Gegenstand seiner Betrachtung ist, bei dem er erste, nothwendige, ausserhalb der Erscheinungen liegende Ursachen voraussetzen, und das er streng nach Gesetzen, nach Venunftidealen beurtheilen muss.

Was das Schwierigste ist, so dürfen diese drei so verschiedenen Geistesstimmungen nicht einmal immer, wenn auch freilich oft, einzeln bei einzelnen Theilen der Charakterkenntniss thätig, sie müssen sehr häufig sehr nahe mit einander verbunden seyn. Denn da der Mensch ein freies Wesen in der Kette der Natur ist, so wird auch dasjenige, was durchaus selbstständig aus ihm entspringt, leicht zu einer Art von Organisation, und wenn daher der Stoff des Charakters einmal hinlänglich historisch erforscht ist, so ist es immer nothwendig zugleich zu versuchen, ihn als Natur und Organisation zu erklären, und als die freieste Exertion rein menschlicher Kräfte idealisch zu beurtheilen. In der moralischen Natur des Menschen muss man gleichsam eine bewegliche Organisation annehmen, eine bewundernswürdige Leichtigkeit etwas zur Natur werden zu lassen, und es doch, bei veränderter Charakterrichtung, wieder gegen etwas anderes zu vertauschen. In der That sehen wir, dass auf der einen Seite der Mensch sich Eigenschaften dergestalt anzueignen vermag, dass sie sich mit allem in ihm verbinden, in seine physische Beschaffenheit sogar übergehen, und von ihm aus sich auch auf andere fortpflanzen; dass er auf der andern, sobald sein Geist eine andere Wendung nimmt, aus der bisherigen Form heraustreten und sie mit einer andern verwechslen kann. Diese letztere Kraft zeigt sich manchmal in dem Kampf individueller Züge mit dem Charakter des Geschlechts, oder der Nation in einem bewundernswürdigem Grade. Diese dem ersten Anblick nach so wenig begreifliche Verbindung der Stätigkeit und Versalität findet unstreitig ihre Erklärung in dem Zusammenwirken der sinnlichen und rein geistigen Kräfte im Menschen. Die ersteren streben immer alles zu assimiliren, alles in Habitus und Natur zu verwandeln. Dagegen ist den letzteren jede Stätigkeit fremd, die nicht auf einer fortwährenden Billigung des gegenwärtigen Augenblicks, sondern auf einer Fortdauer voriger Eindrücke beruht. Nun gewinnen zwar im Kampfe die geistigen Kräfte immer die Oberhand, da aber die sinnlichen doch auch immer thätig bleiben, so entsteht immerfort eine habituelle Natur, die nur, wenn sie mit veränderten Geistesrichtungen in Widerspruch geräth, nicht alleinherrschend werden kann.

Die gehörige Mischung, in welcher die in so hohem Grade ungleichartigen Anlagen mit einander zu einer richtigen Menschenkenntniss verbunden seyn müssen, künstlich und regelmässig zu finden, dürfte schwer, wo nicht unmöglich seyn. Auch findet man in der That meistentheils entweder zu empirische oder zu speculative Menschenbeobachter. Die beste Schule für die Menschenkenntniss ist daher das Leben, und derjenige wird am besten in derselben gelingen, dessen Charakter selbst in vorzüglichem Grade kultivirt ist, der zugleich formenreich und hinlänglich gewöhnt ist, sich nach Gesetzen zu beurtheilen. Denn demjenigen, der selbst die nothwendige Freiheit und Gesetzmässigkeit in sich verbindet, wird es auch weder an der Empfänglichkeit fehlen, den gegebnen Stoff aufzufassen, noch an der Kraft, ihn einer strengen Prüfung nach Gesetzen zu unterwerfen.

7. Von der Charakterverschiedenheit im Allgemeinen.

Der erste Unterschied, den wir unter mehreren Menschen bemerken, und der auch dem flüchtigsten Blick nicht entgeht, ist die Verschiedenheit der Gegenstände ihrer Beschäftigung, der Producte ihres Fleisses, der Art, ihre Bedürfnisse zu befriedigen, und das Leben zu geniessen. An diese in die Augen fallenden Dinge heftet sich zuerst der Begriff der Eigenthümlichkeit bei einzelnen Individuen, wie bei ganzen Nationen, unter welchen letzteren man noch von sehr vielen gerade nur soviel, nur ihre Kleidung, Beschäftigungen, Vergnügungen, Lebensart u.s.f. kennt.

Die zweite Classe von Kennzeichen der Verschiedenheit unter Menschen geht schon näher ihre Persönlichkeit an, wenn sie auch gleich das Innre derselben noch nicht geradezu und unmittelbar schildert. Man kann dahin alles Aeussre in dem Körperbau und dem Betragen rechnen, Gestalt, Farbe des Gesichts und des Haars, Physiognomie, Sprache, Gang und Gebehrden überhaupt. Diese Gattung von Kennzeichen ist hauptsächlich wichtig, da sie auf der einen Seite dem Menschen selbst näher führt, als die vorige, und auf der andern ein wahreres und treueres Bild giebt, als dasjenige ist, was man unmittelbar von dem Innern doch immer mehr schliesst, als geradezu sieht. Daher bleibt nicht allein der gesunde und natürliche Tact, der, wenn auch manchmal im Einzelnen, doch selten im Ganzen grosse Fehlgriffe thut, schlechterdings bei diesen stehen, sondern auch der philosophischste Menschenkenner behält dieselben unverrückt vor Augen, um an ihnen, als an unmittelbaren Thatsachen, seine tiefer eingehenden Urtheile zu prüfen und zu berichten.

Von diesen beiden Gattungen der Kennzeichen aus kann man endlich auf die innern Verschiedenheiten selbst übergehen. Diese trift man alsdann zwar nicht in den Kräften selbst, da das ganze Menschengeschlecht durchaus mit denselben ausgestattet ist, wohl aber in ihrem Grade, da sie bei dem einen eine Höhe erlangen, zu der sich der andre nie emporschwingt, in ihrem Verhältniss, wenn bei dem einen die Phantasie, bei dem andern der Verstand u.s.f. herrschend ist, oder in ihrer Bewegung, da der eine rastlos und thätig, der andere träg und unthätig ist, u.s.f. an; ferner in den Empfindungen, die bei dem einen sanfter und reizbarer, als bei dem andern sind, endlich in Neigungen und Leidenschaften.

Aber alle diese Verschiedenheiten, so einzeln, als sie hier dastehn, betrachtet, beweisen mehr Verschiedenheiten in einzelnen Aeusserungen, als in dem Charakter selbst. Solange man sie einzeln betrachtet, bleibt es immer ungewiss, ob sie nicht mehr bloss aus einer Verschiedenheit der äussern Lagen und Umstände, als aus einer innern Charakterform entspringen, aus welcher das Individuum entweder gar nicht oder doch nicht ganz herauszugehen im Stande ist. Nur in diesem letzteren Falle aber ist doch eine eigentliche Charakterverschiedenheit vorhanden, und um daher auf diese zu kommen, bedarf es noch andrer und tiefer eingreifender Beobachtungen.

[8.] Hauptsächlichste Thatsache, auf welche der Gedanke einer vergleichenden Anthropologie sich vorzüglich stützt.

Diese Thatsache ist der Unterschied der Geschlechter, welche die Natur zu einer so unverkennbaren Eigenthümlichkeit eines jeden für sich, und einer sich so scharf entgegengesetzten Verschiedenheit bestimmt hat, dass vernünftiger Weise auch nicht einmal der Gedanke entstehen kann, den Charakter des einen mit dem des andern zu vertauschen, oder die Individualität beider durch eine dritte zu vertilgen. Ueberall, wo von individuellen Unterschieden die Rede ist, kann daher derselbe zum Muster dienen, an dem die Art, die Entstehung, die Entwicklung und das Verhältniss solcher Eigenthümlichkeiten unter einander und zur Gattung auf die auffallendste Weise sichtbar ist. Bei allem aber was sich auf Naturbeobachtung gründet, ist es ein Haupterfoderniss einer guten Methode, jeden einzelnen Punkt gerade da aufzusuchen, wo er sich am sichtbarsten zeigt.

Unter beiden Geschlechtern selbst ist es hier, wo es darauf ankommt, die Einheit in den einzelnen Eigenthümlichkeiten zu bestimmen, welche dazu gehört, um eine eigentliche Charakterverschiedenheit zu begründen, besser, bei dem weiblichen stehen zu bleiben, da dieses die Individualität der Art reiner und weniger mit der der Gattung vermischt, als das männliche, an sich trägt.

Betrachten wir nun die einzelnen Züge der Natur der Weiber in Vergleichung mit den Männern, so finden wir:

1. ihren Körperbau kleiner, schwächer und zarter; ihre Knochen feiner und biegsamer; die Muskelkraft mehr zum langsamen Ausdauern, als zur plötzlichen Anstrengung geschickt; ihre Gestalt von weichen; fliessenden Umrissen begränzt; voll Fülle und Anmuth ; ihren Ausdruck in der Ruhe und der Bewegung mehr mannigfaltig, sprechend und sanft, als gerade, fest und bestimmt; ihre Schönheit überhaupt mehr durch die Freiheit des Stoffs in der Anmuth, als durch die Herrschaft der Form in der Bestimmtheit der Züge hervorstechend; ihre physische Organisation endlich durch eine überwiegende Reizbarkeit und Thätigkeit des Nervensystems, und eine gewisse Passivität, vermöge welcher sie Uebeln länger widerstehn, und leichter grosse Veränderungen erleiden kann, ausgezeichnet.

2. in Rücksicht auf ihre intellectuellen Fähigkeiten eine entschiedene Neigung zur Betrachtung der Natur und alles dessen, was einen unmittelbaren Werth und Gehalt besitzt, verbunden mit einer fast gleichen Abneigung gegen alles bloss Mittelbare und Symbolische; eine bewundernswürdige Stärke in demjenigen Theile der Erforschung der Wahrheit, welcher lebhafte und bewegliche Reizbarkeit, leichtes und schnelles Auffassen und Verknüpfen fodert, dagegen eine nicht minder auffallende Schwäche und einen fast noch größeren Widerwillen gegen denjenigen, der mehr auf Selbstthätigkeit und scheidender Strenge beruht. Daher ist es den Frauen in so hohem Grade eigen, ihr forschendes Streben überall nach dem wahren Wesen der Dinge zu richten; aber ebendaher erreichen sie doch diess letztere so selten in seiner objectiven Reinheit. Sie behandeln ihren Gegenstand nicht so willkührlich, als nicht selten der Mann; dagegen aber mit einer nachsichtsvolleren Schonung, als die Foderung ihn zu durchschauen und vollkommen in ihn einzudringen verstattet. Ueber dem Geiste der Wahrheit verfehlen sie ihren Buchstaben. So wenden sie sich bei Objecten der Beobachtung gewiss immer unmittelbar an die Wirklichkeit selbst, aber da sie sich mehr den Eindrücken, welche dieselbe in ihnen hervorbringt, überlassen, als sie aufzudecken, zu zerlegen, und ihr mit Versuchen nachzugehen geneigt sind, so gelingt es ihnen nur selten, sie genau zu

ergründen; meistentheils knüpfen sie vielmehr ihre subjective Vorstellungsart an dieselbe an, und führen in ihr, wie in ihrem eigenthümlichsten Elemente, nur ihr eignes inneres Leben fort. Ebenso nehmen sie jedes Raisonnement gewiss immer von der Seite seiner bedeutendsten und fruchtbarsten Folgen, bringen es mit allen ihren übrigen Begriffen in gegenseitige Verbindung, sind aber nicht immer sorgfältig genug, es auf hinlänglich sichere Gründe zu stützen. Aus gleichen Gründen empfinden sie auch nach den letzten Resultaten der abstraktesten Philosophie ein dringendes Bedürfniss, weil schon ihre Natur ihnen nicht eher, als bis sie ihre ganze Gedankenmasse in eine Einheit verbunden haben, zu ruhen erlaubt; da indess die Abstraction ihrer Individualität doch durchaus widerspricht, so bleibt ihnen die eigentliche Speculation immer fremd. Der Wahrheitssinn existirt in ihnen im genauesten Verstande des Worts, als ein Sinn, sie sind durch ihre Natur selbst gedrungen, ihn zu lieben und ihm zu huldigen; aber aus einem ursprünglich in dieser gegründeten Mangel an derjenigen sondernden Kraft, welche das eigne Ich recht scharf von der Welt abscheidet, die es umgiebt, werden sie seinem letzten Ziel: der Erforschung der Wahrheit nicht so nah kommen, als der Mann.

Das Unterscheidende dieser intellectuellen Eigenthümlichkeit des andern Geschlechts beruht grösstentheils auf der Reizbarkeit und Lebhaftigkeit der Phantasie, welche den übrigen Kräften, am wenigsten dem Verstande und der Vernunft, nicht leicht abgesondert zu wirken verstauttet, aber dagegen auch selbst nicht so willkührlich, als oft im Manne verfährt, sondern den Sinnen und dem Gefühl folgsamer getreu bleibt.

Nicht also gerade baaren Gewinn an einzelnen Kenntnissen oder Wahrheiten darf man von dem Geiste der Frauen erwarten; er leistet mehr, und seine Bestimmung ist höher und edler. Das Höchste und Beste in der allgemeinsten Geistesthätigkeit überhaupt, das Umfassen eines mannigfaltigen Reichthums, das treue Anhalten an die Natur und den unmittelbaren Gehalt, das Streben, alles und überall zu verknüpfen, das Bedürfniss, das eigne Ich und die umgebende Welt nicht nur immer auf einander zu beziehn, sondern auch durchaus in Eins zu verschmelzen, ist unmittelbar durch seine Natur selbst gegeben. Es fehlt ihm nur, dass er auch das Einzelne immer hinreichend sichre.

Darum wirkt gerade der weibliche Geist so wohlthätig auf den männlichen. Wo der letztere durch willkührliche Einfälle und grübelndes Speculiren zweifelt, da beruhigt und befestigt ihn oft der gesunde und natürliche Blick des ersteren; wo jener hingegen, weil er seiner Meynung widersprechende Thatsachen übersieht oder gering achtet, zu früh gewiss ist, fodert dieser ihn zum Zweifel auf. Ausserdem aber sieht der Mann die unendliche Bahn, die er langsam und Schrittweise durchmessen soll, in dem Geiste des Weibes, der schnell und mit Ueberspringung der mittleren

Schritte beide Enden zusammenknüpft, als einen kurzen Weg sinnlich dargestellt, und wird unaufhörlich durch denselben an das Letzte und Höchste erinnert, das er erreichen soll, ohne doch in seiner eigenthümlichen Thätigkeit gestört zu werden, in welcher er sich vielmehr durch den entgegengesetzten Mangel in der weiblichen aufgefodert fühlt, noch rüstiger fortzuarbeiten.

3. in Rücksicht auf den ästhetischen Charakter des Geschlechts.

Wenn der Schönheitssinn lebhaft und rege seyn soll, so muss die Energie des Geistes in einer gewissen mittleren Richtung zwischen der Thätigkeit der Sinnlichkeit und der des reinen Verstandes gehalten, kein Gegenstand weder von der Seite seines physischen Gebrauchs, noch von der seines Begriffs allein betrachtet werden; vielmehr ist es nothwendig, immer beide zugleich zusammenzunehmen und gleichsam zu vertauschen, und die Materie sowohl als den Begriff desselben bloss als Gestalt d.i. als etwas zwar sinnliches, aber doch unkörperliches zu behandeln. Diesem Verbinden heterogener Gemüthskräfte, diesem mittleren Schweben zwischen der Wirklichkeit und der reinen Geistigkeit ist nun die ganze intellectuelle Anlage der Frauen in hohem Grade günstig. Sie sind bei gleichen Graden der Kultur durchaus mehr als der Mann auf das Höchste und Idealische gerichtet (theils weil sie überhaupt mehr nach Einheit streben, theils weil die in ihnen vorzugsweise herrschende Phantasie dieselbe Richtung hat, theils endlich weil sie in einer niedrigeren Sphäre die Befriedigung durch reine Verstandesbeschäftigung weniger kennen) und trennen sich doch zu ungern so weit von der sinnlichen Wirklichkeit, um in dem Gebiete abgezogener Vernunftideen anhaltend zu verweilen. Nichts kann ihnen daher so willkommen seyn, als eine Beurtheilung, die so sehr, als nur irgend eine andre, Allgemeinheit und Nothwendigkeit mit sich führt, und doch nicht nach deutlich erkannten, vollkommen ausgesprochnen Grundsätzen bloss mechanisch geschieht. Dazu kommt die äussere Anmuth und Schönheit, welche die weibliche Gestalt selbst besitzt und die sie anzunehmen fähig ist, die richtig vertheilte Fülle und Feinheit des Baus und der Züge, die Grazie der Bewegungen, die wohlklingende Stärke und Sanftheit der Stimme. Denn ausserdem, dass dieser eigne Reiz beständig die Sinne umgiebt, wirkt er auch auf die Beschaffenheit und den Rhythmus der Empfindungen zurück, oder ist vielleicht richtiger selbst in beiden gegründet. Endlich gesellt sich die äussere Lage hinzu, in welcher die ernsthaften Geschäfte gerade die am wenigsten anstrengenden sind, die alle übrige als Spiel und Erholung anzusehen verstattet, und überhaupt der Musse des Geistes und dem Umherschweifen der Phantasie soviel Zeit zu widmen erlaubt. Darum ist der Schönheitssinn der Frauen unaufhörlich rege, und in so bewunderungswürdigem Grade lebhaft, darum beurtheilen sie alles nach den Regeln des Gefallenden, und suchen in die kleinsten

Züge ihres Lebens Geschmack zu verweben. – Diess ist im eigentlichsten Verstande Anlage des Geschlechts, und muss unvermeidlich entstehen, sobald menschliche Kultur sich mit weiblichem Charakter verbindet. Nur ob dieser Schönheitssinn richtig und rein ist, ob er nicht z. B. das bloss Angenehme oft mit dem Schönen verwechselt? hängt mehr von der Individualität einzelner Subjecte ab.

Aber von diesem unbestimmteren Schönheitssinn ist noch ein weiter Weg bis zum eigentlichen Kunstgefühl, und noch mehr bis zum Kunstgenie. In allem, was der Kunst angehört, lässt sich das Technische, das bloss auf logischen Regeln beruht, von der Wahrheit in der Nachahmung der Natur und diese wiederum von dem eigentlich Künstlerischen oder Poetischen, der reinen Erzeugung der selbstthätigen Phantasie, abscheiden. Die Richtigkeit des Urtheils über das erste Erfoderniss hängt ganz und gar von einer bestimmt darauf gerichteten Verstandescultur ab. Weiblich wird es indess seyn, es hiemit nicht allzustreng zu nehmen, sondern vielmehr sogar bedeutende Fehler anderen Schönheiten zu verzeihen. Ueber das zweite Erforderniss werden die Frauen vermöge der Feinheit ihres Beobachtungsgeistes und der Zuverlässigkeit ihres Taktes vortrefliche Richterinnen seyn. Selbst der Natur so nah, ist ihnen kein Zug fremd, der aus ihr entlehnt wird; in so hohem Grade reizbar und beweglich, werden sie nicht leicht für eine Empfindung, welche der Dichter in ihnen weckt, den entsprechenden Ton in ihrem Innern vermissen. So werden sie ihn tiefer und inniger verstehen; aber sie werden ihn auch strenger beurtheilen. Denn da sie ihrem natürlichen Gefühle, frei von vorgefassten Meynungen (die den Mann so oft irre führen) folgen, so wird das Charakterlose und Unnatürliche sie weniger zu täuschen im Stande seyn. Die einzige Gefahr, die ihnen hier droht, ist nur die, ihrer Beurtheilung vielleicht eine zu einseitige, zu sehr aus ihrer Individualität entlehnte Erfahrung zum Grunde zu legen; doch ist selbst diese geringer, da ihr Charakter einen grösseren Kreis umschliesst. Die weibliche Natur ist an und für sich ungleich poetischer, als die männliche, und es kann daher nicht fehlen, dass nicht auch für das höchste und letzte Erfoderniss der Kunst der weibliche Geist ofner und empfänglicher seyn sollte. Er versenkt sich nicht leicht zu tief in die Wirklichkeit, und erhebt sich nur selten zum ganz reinen Gebiet der Ideen. Das Einzige, was ihm hier mangeln könnte, wäre vielleicht die Kraft, mit welcher die selbstthätige Einbildungskraft ihr Product durchaus individuell und doch ganz und gar idealisch, gleichsam in der Mitte zwischen der Natur und der Idee frei schwebend erhält; und in der That findet man auch von dieser Seite das weibliche Urtheil nicht immer rein, nicht selten mehr durch die Wahrheit, als durch das Poetische eines Kunstwerks bestimmt, und oft durch subjective Beziehungen, Uebereinstimmungen oder Verschiedenheiten, bestochen. Die Geschlechts-Anlage macht ein poetisches Urtheil überhaupt leichter und häufiger möglich, als in dem Manne, aber sie setzt der vollkommnen Freiheit und Reinheit desselben (da sie die Phantasie zu nah mit der Empfindung verknüpft und überhaupt den Gemüthskräften weniger abgesondert zu wirken verstattet) grössere Hindernisse in den Weg; indess nie so grosse, dass sie nicht mit völliger Beibehaltung ihrer Eigenthümlichkeit, was wenigstens das Urtheil betrift, sollten überwunden werden können.

Bei weitem schwieriger schon ist das eigne Schaffen, das Kunstgenie. Das Genie überhaupt kann zwar, als der freieste und höchste Schwung des menschlichen Geistes, nur der Individualität angehören, und muss in dem Gattungscharakter allemal Hindernisse antreffen; es fragt sich nur, in welchem mehr oder weniger? Ein gewisser Theil nun in der Ausübung der Kunst gelingt den Frauen unläugbar in hohem Grade. Ihre Productionen besitzen vorzugsweise Leichtigkeit und Anmuth, sind lieblich und gefällig, und wenigstens gewiss immer in einzelnen Zügen wahr und tief aus der Natur genommen. Ob sie aber auch, wie nur das Genie vermag, im Stande sind, eine Gestalt so hinzustellen, dass sie sich durchaus über die Natur erhebt, und doch ganz und gar Natur ist, ob es ihrer Phantasie nicht dazu an Stärke, oder wenigstens an der Herrscherkraft, die sich eigenmächtig von jedem fremden Gesetz losmacht, und sich selbst das Gesetz giebt, ob nicht ihrem Geiste überhaupt an Objectivität gebricht? ist eine andere Frage. Wenigstens ist es gewiss, dass der weibliche Charakter vermöge seiner grösseren Empfänglichkeit auch eine bei weitem höhere Selbstthätigkeit erfodert, um das zur Production des Genies nöthige Gleichgewicht zu erhalten. Inwiefern indess dennoch ein einzelnes Individuum diese Schwierigkeiten überwinden kann? erlaubt keine allgemeine Bestimmung. Nur lehrt die Erfahrung soviel, dass Frauen sich nicht leicht an denjenigen Gattungen versuchen, deren Gelingen vorzugsweise auf ihrer künstlerischen, nur durch Genie möglichen Form beruht, wie die epische und dramatische Poesie und die plastische Kunst ist, sondern fast ausschliessend nur an denen, die gleichsam mehr Fläche darbieten, dem blossen Reiz und dem Reichthum des Stoffes mehr Raum verstatten, der Musik und Mahlerei, dem Roman und der lyrischen Dichtkunst, obgleich auch hieran die grössere Kunstfertigkeit und der ausharrendere Fleiss Schuld seyn kann, den jene Gattungen fodern.

Ueberhaupt muss die Weiblichkeit schon eine gewisse Läuterung erfahren haben, ehe wissenschaftliche oder dichterische Productionskraft möglich wird. Ohne diese fehlt es ihr, selbst in den vorzüglichsten Subjecten, an der hinlänglichen Klarheit und Ruhe, und noch mehr an der Kraft und selbst an der Neigung eine Reihe einzelner Gedanken oder Empfindungen von der ganzen Masse abzusondern, und für sich zu bearbeiten.

4. in Rücksicht auf das Empfindungsvermögen und den Willen.

Um das weibliche Geschlecht von seiner eigenthümlichsten Seite zu sehen, muss man von dem moralischen Charakter ausgehen. Wie bei den Männern der Geist, so ist bei den Frauen die Gesinnung am meisten rege und thätig. Was sie irgendwoher aufnehmen, wird in dieselbe verwandelt; alles geht in sie über; alles entspringt wieder aus ihr. Dadurch ist ihnen eine so entschiedene und beständige Richtung nach der Wirklichkeit eigen. Denn indess der Geist, wenigstens seinen letzten Zwecken nach, immer im Gebiet der Allgemeinheit und Nothwendigkeit und die Phantasie im Reiche der Möglichkeit verweilt, gehört dem Gefühl und der Gesinnung nur die individuelle Gegenwart an.

Der erste und ursprüngliche Grund hievon liegt in der Naturbestimmung des Geschlechts. Um Leben und Daseyn zu geben und zu erhalten, muss es der Natur und der Wirklichkeit treu bleiben, und sich streng an sie binden. Zwar beruht diess zunächst nur auf der physischen Organisation; aber der Einfluss davon verbreitet sich unmittelbar auch auf den moralischen Charakter. Denn da sich mit dem Bedürfniss der Natur zugleich in der Liebe die menschlichsten und geistigsten Gefühle verknüpfen, so ergiesst sich diese Empfindung durchaus durch das ganze Wesen, und theilt demselben ihre Eigenthümlichkeit mit. Dasselbe ist zwar auch in dem Manne der Fall, aber der wichtige Unterschied ist der, dass die Frauen der empfangende und bewahrende Theil sind, dass nur ihnen das durchaus eigne Gefühl angehört, Mutter zu seyn, und dass der Charakter des Geschlechts überhaupt inniger in ihre Persönlichkeit verwebt ist.

Die weibliche Empfindung zeichnet sich vor der männlichen zwar durch grössere Reizbarkeit, aber noch mehr durch grössere Innigkeit aus. Nicht dass nicht auch in die Seele des Mannes ein einzelnes Gefühl so tief eindringen könnte, dass es alle Kräfte und Triebfedern des Gemüths auf einmal anspannt; eine Eigenthümlichkeit, die ihm vielmehr sogar ausschliessend eigen ist. Aber in der Seele der Frauen erklingen (wenn das Bild erlaubt ist) von den Schwingungen einer einzelnen Saite immer zugleich alle übrigen; ihr Gemüth gleicht dem stillen und klaren Wasser, in dem die leiseste Bewegung von Welle zu Welle bis an die äussersten Gränzen fortzittert. Daher ist ihre Innigkeit mehr von Leichtigkeit und Wärme, die des Mannes mehr von Heftigkeit, Feuer und Anstrengung begleitet.

Aus der Innigkeit entspringt die weibliche Schaam, so wie aus dieser die weibliche Züchtigkeit. Die Empfindung der Schaam entsteht immer, wenn man sich in sich versenkt, Ueberlegung und Verstand nicht kaltblütig genug von Gefühl und Neigung gesondert fühlt, und durch den Anblick des entgegengesetzten Zustandes in einen andern auf diesen Contrast des eignen aufmerksam gemacht wird. Weil nun der Mann, seiner Natur nach, kälter und besonnener ist, so ist die weibliche Schaam am meisten sichtbar im Verhältniss gegen das andre Geschlecht. Die physische Organisation des Weibes ist ebenso zum Aufnehmen und Empfangen geneigt, als die moralische, alles zurück auf den inneren Zustand zu reflectiren. Beides verbindet sich in der besondern Gattung dieser Empfindung, die wir die jungfräuliche Schaam nennen, und die man als die Quelle betrachten kann, aus der sich diess Gefühl überhaupt über die ganze Organisation und über alle Zustände derselben nur in verschiedenem Maass und in verschiednen Gestalten ergiesst.

Schlechterdings eigenthümlich ist den Weibern das Muttergefühl, vorzüglich ehe die Frucht noch gebohren ist. Eine Liebe, die durchaus durch keinen Eindruck der Individualität hervorgebracht (denn die Zuneigung zum Vater verstärkt und verändert nur, erzeugt aber nicht diese Empfindung) und doch mit der unbedingtesten Aufopferung verbunden ist, die allein darauf beruht, dass ein fremdes Wesen mit dem eignen in so durchgängiger Mittheilung, so inniger Berührung steht, dass es selbst nur einen Theil desselben ausmacht, und dies Wesen doch ein lebendiges und menschliches ist, das nur, um einem unabhängigem Daseyn entgegenzureifen, auf eine kurze Zeit an ein fremdes geknüpft ist – eine solche Liebe, die noch dazu mehr als bloss in der Anlage auch denen eingepflanzt ist, die sie nie aus eigner Erfahrung kennen, und die gewiss nicht bloss ihren physischen Endzweck erfüllt, sondern sich mit ihren Einflüssen über den ganzen Charakter verbreitet, öfnet den Frauen einen ganz anderen Sinn der Aneignung, und lehrt sie einen ganz anderen Weg kennen, äussre Objecte mit sich zu verknüpfen, in sich aufzubewahren, und wieder von sich zu scheiden, als wofür der Mann nur einen Begriff hat. Daher stammt es, dass in der weiblichen Seele jede tiefere Empfindung, jede eigenthümliche Idee ein Theil ihrer selbst wird, die sie nur mit Mühe und gleichsam mit Schmerzen aus sich loswindet, und dass sie eine Freude der entbehrenden und selbst der schmerzensvollen Aufopferung kennt, die der Mann nur selten und in einzelnen leidenschaftlichen Momenten empfindet.

Lebhafte Reizbarkeit der Empfindung und Anhänglichkeit an die einmal gefasste Meynung bringen natürlich einen leidenschaftlichen, leicht erregbaren und heftigen Charakter hervor. Da aber die intellectuelle Cultur die Einseitigkeit des Verstandes, und die ästhetische die Materialität der Empfindung vermindert; so verschwindet diese Leidenschaftlichkeit auch in gebildeten Frauen wiederum bis auf ihre letzten kaum noch erkennbaren Spuren. Das Gemüth erfährt in ihnen seltner jene ungleichen, stürmischen Regungen, die wir mit dem Namen der Leidenschaften bezeichnen; aber es befindet sich dafür in dem Zustande einer fortdauernden höheren, jedoch gleichmässigeren Spannung, und wenn sich eine Leidenschaft ihrer bemächtigt, so ist es nur für einen Gegenstand, auf den sich, wenigstens der Ansicht des Subjectes nach, alle Kräfte der Seele würdig vereinigen können, und nur auf eine edle und grosse Weise. In dem Zustande einer solchen Leidenschaft verliert alsdann, sobald die Umstände es erheischen, die schöne Weiblichkeit ihre gewohnte Schüchternheit, sie tritt, auf einmal frei geworden, hervor, erklärt sich laut für den geliebten Gegenstand, und schüttelt das Joch äusserer und conventioneller Rücksichten von sich ab.

Nichts ist der Weiblichkeit so sehr zuwider, als moralische Gleichgültigkeit. In den gemeineren Naturen kündigt sich diess durch Härte und Intoleranz an; in den besseren und höheren herrscht zwar die freieste und schönste Liberalität, aber sie unterscheidet sich von der männlichen dennoch dadurch, dass, wenn Dingen, die das sittliche Gefühl beleidigen, andere sonst achtungswerthe Eigenschaften zur Seite stehen, die Schätzung dieser der Geringschätzung jener nicht das mindeste abzieht, da hingegen der Mann hierin leicht zu weit geht, und den Fehler, den er bloss toleriren will, selbst mit theilt. Ueberhaupt sind Frauen – wenigstens gilt diess gewiss von den edleren – bei weitem strenger bei Beurtheilung der Grundsätze, als ihrer Anwendung in einzelnen Momenten, und es ist selbst weiblich, die Milde oder die Inconsequenz (denn beides ist sehr häufig der Fall) bei dieser sogar zu übertreiben.

Wenn man die Frage aufwirft, ob die sinnliche, ästhetische oder moralische Empfindung im Ganzen genommen bei den Frauen die Oberhand behauptet, so lässt sich dieselbe bei keiner einzelnen vorzugsweise bejahen. Ueberwiegende und heftige Sinnlichkeit ist den Weibern in der Regel und bei einer natürlichen Ausbildung so wenig eigen, dass der berüchtigte Streit über die Kälte oder die Leidenschaftlichkeit des Geschlechts in diesem Punkte ohne Zweifel zum Vortheil der ersteren Behauptung entschieden werden muss; die ästhetische wird, wo es auf Gefühl und Charakter ankommt, wenigstens nicht im Widerspruch mit der moralischen siegen; und der trockne und zugleich dürftige Ernst der moralischen genügt für sich allein genommen wenigstens der besseren und vielseitigeren nicht, wenn er auch der gewöhnlichen und alltäglichen durchgängige Genüge leistet. Wo bei der schönen Weiblichkeit das Gemüth zu wahrer und heftiger Leidenschaft entflammt werden soll, da müssen jene drei Arten der Empfindung mit einander zusammentreffen; alsdann aber wird sich dieselbe in jeder mit einem so mächtigen Feuer äussern, dass der unerfahrne Beurtheiler die jedesmal vorwaltende leicht für die einzige erklären kann. Der rohen noch ganz der Natur angehörenden Weiblichkeit ist zwar Ausgelassenheit der sinnlichen Begierde nicht fremd, aber sie entsteht nicht sowohl aus positiver Stärke der Sinnlichkeit (die in dem selbstständigeren und objectiveren Manne ungleich grösser seyn muss) als aus Leere der Empfindung, und aus Mangel einer entgegenstehenden Kraft, die sie zu zügeln vermöchte. Daher wird sie mehr als im Manne durch die Kultur herabgespannt.

Die Harmonie, welche die Frauen in der ganzen Summe ihrer Empfindungen fodern, die Totalität, auf die sie bei jedem Gegenstands dringen, dem sie sich mit einer gewissen Wärme widmen sollen, und die Tiefe und Innigkeit ihres Gefühls müssen zusammengenommen in hohem Grade dasjenige hervorbringen, was man stäte und dauernde Gesinnungen nennt, und auf der einen Seite dem Wechsel der Laune, auf der andern der absichtlichen Wirkungsart des Willens entgegensetzt. Daher ruht die weibliche Moralität mehr auf der Natur, als auf Ueberlegung und Charakterstärke, und daher gewährt das weibliche Gemüth so oft das schöne Schauspiel einer freiwilligen Herrschaft edler Gesinnungen, da das männliche mehr das erhabene einzelner glücklich errungener Kämpfe darbietet. Dass es dem andern Geschlechte indess ebensowenig nothwendig an der Kraft gebricht, welche zu diesen erfodert wird, zeigen häufige Beispiele, nur dass freilich die unverbrüchliche Anhänglichkeit an reine Sittlichkeit mehr aus einmal in die Natur selbst übergegangenen Gesinnungen, als aus unmittelbarer Achtung für das Gesetz hervorgehen wird.

Theorie der Menschenkenntnis. Aus der Schrift: Das 18. Jahrhundert.

An dem Schlusse eines vollendeten Jahrhunderts bietet sich unserm Nachdenken sehr natürlich die Frage dar: wo stehn wir? welchen Theil ihres langen und mühevollen Weges hat die Menschheit zurückgelegt? befindet sie sich in der Richtung, welche zum letzten Ziel hinführt? und wie weit ist es ihr gelungen, in dieser Richtung bereits fortzuschreiten?

Die Beantwortung dieser inhaltvollen Fragen fodert nichts Geringeres, als eine Charakteristik der Zeit, in der wir leben, verbunden mit einer pragmatischen Herleitung unsers Zustandes aus seinen in früheren Begebenheiten und Umständen verborgenen Ursachen, mithin eine Schilderung des Jahrhunderts, das wir zurückgelegt haben. Was wir sind, muss vollständig und bestimmt gezeichnet, aber wir müssen nicht als ein todtes Bild aus dem ganzen Gemählde der Zeit herausgerissen, wir müssen vorgestellt werden als ein lebendiges Glied einer zusammenhängenden Reihe gemeinschaftlich wirkender Ursachen, zugleich als das Product von Kräften, die vor uns thätig waren, und als eine Quelle andrer neuer, die es nach uns seyn werden.

Um diesen Gesichtspunkt genau im Auge zu behalten, und dem Bilde nichts von dem frischen Leben zu rauben, durch das es allein für die Betrachtung fruchtbar wird, ist es nothwendig den Charakter der Menschheit in seiner ganzen unzertrennten Totalität aufzufassen. Nicht bloss die Seiten, die wirklich ausgebildet sind, sollen geschildert werden, auch diejenigen, welche es seyn sollten oder seyn könnten. Nicht bloss die vorhandene Kraft will man geschätzt wissen; auch den Grad der Rüstigkeit und Stärke, mit der dieselbe weiter emporstrebt. Zwei Bedingungen werden daher durchaus unerlasslich seyn: einmal alles Einzelne immer unter wenigen abgesonderten Hauptpunkten zu Einer Gestalt zusammenzudrängen; dann jeden Grad und jede Modifikation der thätigen Kräfte als Theile einer unendlichen Grösse anzusehen, die in Gränzen, die auch einem feinen Auge entgehen, mit ihren Nachbarn zusammenstossen.

Es wird daher nicht nothwendig seyn, jeden einzelnen Zug mit mühsamem Fleiss ängstlich zusammenzutragen, aber auch nicht hinlänglich, durch eine solche Nachbildung der Aussenseite der Gegenstände ihren blossen Umriss zu zeichnen. Ihr Geist, ihr Charakter muss dargestellt seyn; aber es bedarf keines Pinselstrichs mehr, sobald er einmal dasteht. Dieser Endzweck bestimmt auch die Ordnung des Vortrags. Die am meisten charakteristische Eigenthümlichkeit muss vorangehn, und um sie müssen sich die andern versammeln. Das Gemählde muss zugleich Wahrheit mit Leben in sich vereinigen. Das letztere wird ihm nie mangeln, sobald es, statt bloss die todte Form der Natur nachzuahmen, ihren Geist athmet; die erstere muss sich dadurch bewähren, dass jeder aufgestellte Charakterzug auch unmittelbar einen Belag aus der Reihe der Thatsachen aufzuweisen hat. Der beobachtende Verstand und die dichtende Einbildungskraft müssen in harmonischem Bunde stehn. Jener muss nur darum Begriffe und Thatsachen sammeln, damit diese sie in ihre Form giessen, und zu einem Ganzen umschaffen möge; sie hingegen muss jedem Stoff, den nicht er herbeigeführt hat, ihr Gepräge versagen. Die Probe des Gelingens ist der Versuch, ob das entworfene Bild die Kraft begeisternd erweckt, und lenkend richtet, welches beides es nicht kann, wenn es nicht wahr und lebendig zugleich ist.

Die zweite Bedingung hängt genau mit dieser ersten zusammen. Das lebendige unterscheidet sich vorzüglich dadurch von dem Todten, dass es in sich und durch sich beweglich, wechselnd und vorschreitend ist, dass es nie aus einem einzelnen Zustand, nur aus der Kraft begriffen werden kann, welche jene alle begründet. Diess zeigt auch der äussere Anblick. Daher entsteht die weiche Biegsamkeit, der fliessende Glanz, das duftende Ansehn der grünenden Pflanze, des lebenden Thiers; dagegen die harte Rigidität, das Starre und Erloschene in dem Verwelkten und Todten. Um das Innre der Menschheit so als ein lebendes, sich aus sich selbst entwickelndes Wesen zu schildern, muss man ihre ganze vielgestaltete Form gegenwärtig in der Seele tragen, und jedes Bild, das die Beobachtung dargiebt, gleichsam an ihr versuchen. Es ist hier nicht von der Idee der Menschheit die Rede, die überall nach Maass und Art bestimmt, und immer nur Eine ist. Zwar dürfen wir auch diese intensive idealische Grösse nie aus dem Gesichte verlieren, aber wir bedürfen hier noch ausserdem jenen extensiven möglichen Umfang des Charakters der Menschheit, der alles, was je aus menschlichen Anlagen und Neigungen entsprang, umschliesst, in keinem Punkte bestimmt, aber in jedem bestimmbar ist. Mit dem Möglichen muss das Wirkliche verglichen werden, um zu beurtheilen, wie es sich dem Nothwendigen zu nähern vermöge.

Woher aber jene Summe des Möglichen nehmen, da die Wirklichkeit sie nicht erschöpfend enthalten kann, und aus der Idee wir sie nicht vollständig abzuleiten im Stande sind? In der That und wirklich alle Möglichkeiten aufzählen zu wollen, wäre vergeblich und unnütz; der Kraft und dem Erfolge nach wird dennoch das ganze Gebiet des Möglichen umfasst, wenn durchaus die Maxime herrscht, nirgends eine einseitige Grenze zu setzen, jede neue Form in ihrer Eigenthümlichkeit zu prüfen, und von ihr aus neue Verbindungen mit allen übrigen, und einen Weg zum Ideale zu finden. Nur darum und nur insofern ist es nothwendig, mit dem Charakter der Menschheit in seinem weitesten Umfang innig vertraut zu seyn, nur um die Fähigkeit zu erlangen und zu erhöhen, schnell und leicht die feine Verwandtschaft verschiedner Anlagen und Neigungen zu entdecken, und, durchdrungen von der Idee der höchsten Vollkommenheit, in jeder neuen Gestalt scharf und fest zu bestimmen, was als gut und rein beibehalten, was als zufällig und verwerflich vertilgt werden muss. Um dahin zu gelangen müssen wir speculatives Nachdenken mit praktischer Beobachtung verknüpfen. Ohne jenes lernen wir, wie die gemeine Menschenkenntniss, nur gewisse Aeusserungen der Charaktere, nicht, wie die philosophische, ihr inneres Wesen selbst kennen; ohne diese finden wir nur, durch Eintheilung des Begriffs der Menschheit a priori, die obersten, weitumfassendsten Gattungen derselben, nicht ihre besondern Arten, noch weniger Individuen.

So also, wie hier beschrieben ist, soll das Jahrhundert geschildert werden. Einmal so, dass der raisonnirende Verstand aus den einzelnen Thatsachen, welche die Beobachtung ihm liefert, allgemeine Resultate herleitet, aber die Phantasie diese abgezognen Begriffe zu einem anschaulichen Bilde zusammenstellt. Zweitens so, dass nicht unser Stillstehn in einem bestimmten Zustande, sondern unser Forteilen zu einem andern geschildert werde; dass der Weg der ganzen Menschheit offen vor uns daliege, und die Stelle der jetzigen auf demselben bezeichnet sey; dass wir die Fussstapfen sehen, die wir verlassen haben, und diejenigen ahnden, in die wir treten werden.

Was heisst aber, das Jahrhundert schildern? Was sagt dieser seinem Begriff und seinem Umfange nach vieldeutige Ausdruck, wenn er genauer bestimmt wird?

Seinem Begriff nach kann er einen doppelten Sinn haben, die Menschen des Jahrhunderts, oder die Menschheit in demselben zu schildern. Jenes wäre allein das Werk der Geschichte, diess des philosophischen Raisonnements über dieselbe. Hier ist nur von diesem letzteren die Rede. Es interessirt uns daher hier nicht den physischen, moralischen und politischen Zustand der einzelnen Nationen und Länder in den verschiednen Epochen ihrer Umbildung durchzugehn. Wir fragen nur, welchen Charakter die Menschheit überhaupt, ob neue, vorher unbekannte Nüancen, ob erhöhte oder verminderte Grade gezeigt hat? So müssen wir einzelne Menschen, bei denen diess der Fall ist, herausheben, und können ganze Nationen, die in dieser Rücksicht nicht merkwürdig sind, mit Stillschweigen übergehen. Wie wir bei der Schätzung der Fortschritte einer Kunst, z.B. der Musik, wenigstens ohngefähr den Grad bestimmen können, der überhaupt erreicht, und die Anzahl der Gattungen, die mit Glück versucht worden ist, wie hernach, um eine spätere Periode zu würdigen, nur untersucht werden darf, ob und inwiefern dieser dem Grad und den Arten nach bestimmte Umfang abgeändert worden, oder derselbe geblieben ist, ebenso ist es auch mit dem Charakter in seiner Totalität. Aber dieser Charakter ist für sich ein blosser Collectivbegriff, und zeigt sich allein in einer Menge einzelner Formen, unter welchen der Forscher, da er unmöglich alle aufstellen kann, eine Wahl zu treffen genöthigt ist. Nach seinem Endzweck, die jetzige Menschheit der ganzen überhaupt, seine Zeit aller Zeit charakterisirend entgegenzusetzen, werden die Formen, welche seine Wahl vorzugsweise treffen wird, die neuen, die weit verbreiteten, und die sonst für die Periode, in der sie auftreten, charakteristischen seyn.

I. Allgemeines Bedürfniss der Menschheit sich von Zeit zu Zeit von den Umwandlungen ihres Charakters Rechenschaft zu geben.

Das Menschengeschlecht kann als ein grosses Ganzes betrachtet werden, dessen einzelne Glieder sich durch eine planmässige Ausbildung ihrer verschiedenen Kräfte Einem gemeinschaftlichen Ziele nähern. – Dieser Idee gemäss zu handeln, ist dem Menschen durch seine Vernunft aufgegeben, um die höchste Uebereinstimmung in seine Handlungen zu bringen, und überall den Zufall zu verbannen. – Um dieser Foderung der Vernunft zu folgen, müssen wir uns von Zeit zu Zeit auf unserm Wege orientiren. – Hieraus entsteht das Bedürfniss, eine Charakteristik des Zeitalters vorzunehmen, in dem man lebt. – Die Erfordernisse und Schwierigkeiten einer solchen Charakteristik zu prüfen, ist der Zweck dieser Abhandlung.

II. Nothwendigkeit und Zweckmässigkeit einer Charakteristik des achtzehnten Jahrhunderts insbesondre.

Das achtzehnte Jahrhundert begünstigt, theils durch seine eigenthümliche Beschaffenheit an sich, theils durch seine relative Lage gegen die übrigen Zeitalter der Menschheit, den Versuch, den Charakter desselben zu erforschen und zu beurtheilen.–

Auch fodert der Zweck des im vorigen Abschnitt geschilderten Unternehmens, dass, ausser dem eigentlichen heutigen Zustande der Menschheit, die Charakteristik des ganzen gegenwärtigen Jahrhunderts geliefert werde – und diese ist es also eigentlich, welcher diese Bogen zur Einleitung dienen sollen. – Plan der folgenden Untersuchungen.

III. Wesen und Begriff der nothwendigen Charakteristik unsrer Zeit.

Diese Charakteristik ist bestimmt, die wirkliche Gegenwart nach einem Vernunftideal zu beurtheilen. – Begriff dieses Ideals. – Aus jener Bestimmung und diesem Begriff herfliessende Beschaffenheit derselben. – Inwiefern sie historisch oder philosophisch? – speculativ oder praktisch ist?

IV. Bemerkungen über einige schwer zu erfüllende Erfordernisse jeder Charakteristik überhaupt. – Erörterung der Frage, worin der Charakter eigentlich besteht?

Die Kenntnis menschlicher Charaktere ist bisher nicht genug bearbeitet worden. – Bedeutung des Worts Charakter. – Gewöhnlicher Fehler die Verschiedenheit der Charaktere in verschiedenen Graden der absoluten Kraft aufzusuchen. – Der Charakter beruht auf dem Verhältniss – und der Bewegung der Kräfte. – Daher muss er nach seiner subjectiven Beschaffenheit, nicht nach seiner objectiven Brauchbarkeit beurtheilt – und jene nach der Art ihrer Entwicklung und ihrer Thätigkeit genetisch gezeichnet werden. – Bei jeder Charakterschilderung muss man von den Aeusserungen und Thatsachen, die eine unmittelbare Beobachtung verstatten, zu den innern Eigenschaften, die nur mittelbar wahrgenommen werden können, übergehen. – Inwiefern auch die physische Beschaffenheit und die äussre Gestalt, ästhetisch und physiognomisch betrachtet, als eine Erkenntnisquelle für den innern Charakter gelten kann? – Einwurf gegen die Tauglichkeit der hier aufgestellten Gattung der Menschenkenntniss zur Schilderung und Beurtheilung einer ganzen Periode der Menschheit im Grossen, und Beantwortung desselben.

1. Unter allen Studien sind wenige bisher so sehr vernachlässigt worden, als das Studium menschlicher Charaktere. Da man dasselbe immer nur zum Behufe eines fremden Zwecks, nie aber für sich selbst zu bearbeiten pflegt, so hat es das ungünstige Schicksal erfahren, immer zu einseitig, von den Philosophen auf eine zu allgemeine, von denen, die allein der unmittelbaren Beobachtung vertrauen, auf eine zu particulaire Weise behandelt zu werden. Die Moralisten, Geschichtschreiber und Dichter waren es vorzüglich, in deren Händen sich die Charakterschilderung befand. Die ersteren, unter denen Theophrast und seine Französischen Nachfolger mit Recht die erste Stelle einnehmen, haben einzelne Seiten mit treffender Richtigkeit, nirgends aber ganze Charaktere, am wenigsten eigenthümliche und ungewöhnliche, oder auch nur sehr individuelle ge-

zeichnet.[1] Der Geschichtschreiber entfernt sich zu leicht aus seinem Gebiet, wenn er zu tief in die Individualität der Charaktere eingeht; denn er kann es nicht vermeiden, die Lücken, bei welchen ihn seine Quellen verlassen, als Dichter auszufüllen, wenn er einmal eine vollständige Schilderung entwerfen will. Die Muster in dieser Gattung dürften daher unter allen am schwersten zu finden seyn. Plutarch, der so lange dafür galt, besitzt bloss das Verdienst, dass er zuerst deutlicher einsah, dass der Charakter sich mehr in dem täglichen Privatleben, als in glänzenden und schimmernden Thaten zeigt. Zur ächten Charakterschilderung fehlt es ihm eben so sehr an Genie als an philosophischem Geiste.

Die einzigen, die hier etwas Wichtiges geleistet haben, sind daher die Dichter, vorzüglich die dramatischen und die des neueren Romans. Da sie ihre Charaktere neu schaffen, und für die Einbildungskraft schaffen mussten, so durften sie, gleich dem bildenden Künstler, keinen Zug unvollendet lassen, und mussten alles bis auf Mine, Ton und Gebehrde berechnen. Indess kommen auch hier, in Absicht auf die vollständige Zeichnung ganzer Charaktere in ihrer lebendigen Bewegung, nur wenige in Betrachtung. Der griechischen Bühne war diese Kunst, ihrer grossen Vorzüge ungeachtet, fast gänzlich fremd. Die Helden der griechischen Tragödie haben fest gezeichnete und scharf bestimmte Charakterzüge, aber sie treten, als eben so viele einmal übliche Formen, mit einzelnen Leidenschaften, Gesinnungen und Maximen auf, die unmittelbar aus ihrer Lage und der Geschichte entlehnt sind. So ist Antigone immer nur von den zärtlichen und muthvollen Gefühlen für ihren Bruder beseelt; Elektra immer mit nieerbarmender Rache ihres gemordeten Vaters beschäftigt; in Eteokles und Polynices herrscht bloss eifersüchtiger Ehrgeitz; Ajax fühlt nur die erlittene Schmach; Dejanira (der feinste und originellste Charakter der griechischen Dichtkunst) nur die treuste, reinste und zarteste Liebe für ihren abwesenden Gatten. Die Griechen, deren ächt ästhetischer Sinn immer die reinen, man kann manchmal sagen, die nackten Formen jeder Gattung aufstellte, sahen ein, dass die Macht des Trauerspiels auf der Katastrophe beruht, dass in ihm das Schicksal den Menschen verdrängt; daher verschwindet Oedipus Charakter vor dem Gemüthe des Lesers in seinem Unglück. Die ältere Comödie der Griechen hat eine Menge charakteristischer Züge, aber keine ausgezeichneten Charaktere; die neuere, soviel sich aus den Nachbildungen der Römer schliessen lässt, glänzte vorzüglich durch diese, aber sie glichen den vorher berührten moralischen. Es waren einzelne, obgleich durch alle ihre Erscheinungen durchgeführte Leidenschaften, Tugenden, Laster.

[1] Eine Ausnahme hievon machen die Aphorismen des H. Prof. Platner, deren zweiter Theil mehrere überaus glückliche Charakterschilderungen enthält, die eben so viel feine Beobachtungsgabe, als philosophischen Scharfsinn verrathen.

Der eigentliche Schöpfer der ächten Kunst dichterischer Charakterschilderung ist erst Shakespeare und an ihn schliessen sich zunächst die besten Englischen Romanendichter an. Allein unglücklicher Weise ist diese Bahn nur erst spät wieder betreten worden. Die französische und italiänische Literatur hat in diesem Fach so gut als nichts geleistet. Ihre Romane sind, nur mit einigen Ausnahmen, sehr ungetreue Schilderungen des wirklichen Lebens, und in Rücksicht ihrer Bühne haben sich diese beiden Nationen ganz an die Griechen angeschlossen, ohne jedoch ihre Vorzüge erreichen zu können, oder nur ihre Eigenthümlichkeit gehörig zu durchschauen. Ein grosser Theil der Englischen Dramatiker und die früheren unter den Deutschen befinden sich in demselben Fall. Nur erst vor kurzem hat man wieder angefangen, einen Weg einzuschlagen, der dem Geist unsers Zeitalters angemessener ist, und vielseitige und originelle Charaktere in dem ganzen Umfange ihrer Thätigkeit aufgeführt. Wer mit unserer Literatur nur einigermaassen vertraut ist, wird nicht lange zweifelhaft seyn, wem unter unsern Dichtern dieselbe diesen Vorzug am meisten verdankt.

Der Dichter aber, wie sehr es ihm auch gelingen möchte, ahmt unmittelbar das Leben selbst nach; er zeichnet den Charakter, aber er zergliedert ihn nicht; für die raisonnirende Analyse desselben, von der wir hier reden, ist also durch seine Bemühungen nur wenig und nur so viel gewonnen, dass er freilich einen mehr geläuterten, schon durch den Geist bearbeiteten und eigen zurechtgelegten Stoff liefert. Wer indess von einem Charakter Rechenschaft geben, die Ursachen von Handlungen daraus herleiten, oder über seine Ausbildung Rathschläge ertheilen soll, befindet sich immer in derselben Verlegenheit. Er vermisst hinreichende und sichre Kennzeichen, unter der Menge verschiedener Charakterzüge gerade diejenigen auszuwählen, welche die leitenden, bestimmenden und eigentlich charakteristischen sind, und stösst vorzüglich auf die, dem ersten Anblick nach, unüberwindliche Schwierigkeit, dass seine Ueberzeugung von einem Charakter im Grunde auf einem Ganzen aller dunkel empfundenen Aeusserungen des Subjects beruht, welches er doch zu zerstören genöthigt ist, wenn er es in deutliche Begriffe zerlegen will.

Eine eigentliche theoretische Methode hierbei anzugeben, würde schon darum überflüssig seyn, weil die grösseste Schwierigkeit erst in der Befolgung derselben liegt. Da indess doch einige bedeutende Fehler bei dem gewöhnlichen Verfahren zu auffallend sind, und es für das gegenwärtige Geschäft zu wichtig bleibt, sich im Voraus über die Foderungen zu verständigen, die man an eine gute Charakteristik macht; so sey es erlaubt, hier nur einige abgerissene Regeln aufzustellen, welche vorzüglich dazu dienen sollen, der Unbestimmtheit, Seichtigkeit und Einseitigkeit der gewöhnlichen Charakterschilderungen entgegenzuarbeiten.

2. Der Ausdruck: Charakter wird, dem gewöhnlichen Sprachgebrauche nach, fast ausschliessend nur auf die Sitten und die Gesinnungen eines Menschen bezogen, und als ein Maassstab zur Beurtheilung seiner Moralität angesehen; dehnt man ihn auf die Beschaffenheit des Geistes und des Geschmacks aus, so bezeichnet man ihn vorzugsweise mit dem Beiworte des intellectuellen oder ästhetischen. In einem andern Verstande deutet man dadurch die ausdauernde Beharrlichkeit in der einmal angenommenen Denkungs- und Handlungsweise an, und alsdann heisst: Charakter haben, soviel als einen consequenten Charakter zeigen. In diesem Sinn spricht man sehr vielen Menschen allen Charakter ganz und gar ab. Keine dieser beiden Bedeutungen ist einer philosophischen Theorie der Menschenkenntnis, deren erste Grundlinien wir hier zeichnen, angemessen. Diese begreift unter dem Charakter alle diejenigen Eigenthümlichkeiten zusammen, welche den Menschen, als ein physisches, intellectuelles und moralisches Wesen betrachtet, sowohl überhaupt, als auch insbesondre einen vor dem andern auszeichnen; und da nun kein Mensch ohne alle, ihm ausschliessend angehörende Züge selbst nur gedacht werden kann, diese aber in der ganzen Natur des Individuums zerstreut liegen, so kann sie weder ein Subject völlig charakterlos erklären, noch auch sich auf irgend einen einzelnen Theil der Beschaffenheit desselben beschränken.

Je grösser aber die Zahl der Gegenstände ist, die sich dem Geist auf einmal darbietet, desto leichter verliert sich, wenigstens anfangs, die Bestimmtheit des Bildes. Er befindet sich in Verlegenheit, wobei unter so vielem er stehen bleiben soll, und geräth sehr leicht in Gefahr, statt der mehr eigenthümlichen und bestimmter bezeichnenden Züge nur die auffallendsten und hervorstechenden aufzufassen. Hierbei wäre nun zwar an sich nur wenig verloren, wenn es nur möglich wäre, die bei diesem Verfahren nothwendig übrigbleibenden Lücken nach und nach auszufüllen. Aber das Schlimme in der Menschenkenntniss ist gerade das, dass jede Lücke zugleich eine Unrichtigkeit ist, und dass man einen Charakter nie von einer einzigen Seite vollkommen richtig kennt, solange man ihn nicht zugleich auch von allen andern durchschaut. Um daher hier die rechte Bahn nicht zu verfehlen, muss man die Kunst besitzen, in dem Mannigfaltigen selbst mit Schnelligkeit gerade dasjenige Gemeinsame aufzufinden, wodurch das Ganze zu einer eignen und abgesonderten Gestalt wird.

Denn das Eigenthümliche macht den Charakter des Individuums aus, und das ganze Geschäft der Menschenbeobachtung besteht daher in der zwiefachen Bemühung, die unterscheidenden Merkmale eines Subjects vor dem andern aufzusuchen, und aus ihnen die Natur eines jeden herzuleiten. Worin aber liegt diese Eigenthümlichkeit? welches ist eigentlich der Sitz des Charakters, durch den sich ein Mensch vor dem andern unterscheidet? welches ist der Punkt, auf den sich der Blick, wenn ihn die Mannigfaltigkeit der Erscheinungen zerstreut, mit sichrer Hoffnung des Erfolges zu sammeln vermag?

Die gewöhnliche Antwort auf diese wichtige Frage, deren Auflösung die unverkennbare Gleichheit des Menschengeschlechts eben so grosse Schwierigkeiten entgegensetzt, als die mannigfaltige Verschiedenheit desselben, ist die, dass der Grad der innern Kraft vorzüglich ein Subject vor dem andern auszeichnet. Fast alle Urtheile über Menschen im gewöhnlichen Leben beziehen sich auf diese Verschiedenheit, und nicht genug, dass man bei einer und eben derselben Kraftäusserung verschiedene Abstufungen bestimmt, so setzt man auch eine Thätigkeit, eine Kraft selbst der andern vor, bald nach ihrer Tauglichkeit zu äussern Zwecken, bald richtiger nach der innern Anstrengung, die sie kosten. Der Mensch ist einmal von selbst zu geneigt, vergleichend zu schätzen und auch das Verschiedne nach Einem Maassstab zu messen, und die Bedürfnisse des Lebens führen ihn zu oft zu dieser Beschäftigung zurück, als dass er sich nicht sehr schwer an eine freie und unabhängige Würdigung gewöhnte. Denn sonst ist es sehr offenbar, dass der Grad ein höchst untauglicher Bestimmungsgrund menschlicher Charaktere ist. Nur das vollkommen Gleiche kann eigentlich mit einander verglichen werden; und der Grad geäusserter Kraft dient daher wohl zur Vergleichung verschiedner Zustände desselben Charakters, nicht aber zur Vergleichung verschiedner Charaktere unter einander. Auch liegt immer etwas Anmaassliches darin, über die Gränze absprechen zu wollen, die ein Charakter in seiner Entwicklung erreichen kann, und was hier das wichtigste ist, niemals kann man durch diese Bestimmung die eigentliche und ursprüngliche Natur einer Individualität entdecken. Denn seiner wesentlichen Beschaffenheit nach ist jeder Charakter nothwendig unendlich; keine Kraft schreibt sich selbst einen Stillstand in ihrer Entwicklung vor; alle Gränzen, die sie sich setzt, hindern sie nur, in eine fremde Bahn überzugehen, oder sind vielmehr nur Anlagen, ausschliessend und mit Festigkeit in der eigenen zu beharren; in dieser können nur äussere Umstände sie zurückhalten, und selbst diese letzteren wird sie noch, wenn ihr nur hinlängliche Zeit zu wirken verstattet ist, unfehlbar besiegen.

Es zeigt sich hier wieder der im vorigen Abschnitt bemerkte Unterschied zwischen der speculativen und empirischen Menschenkenntniss. Diese muss, ihrer Absicht gemäss, ihre Aufmerksamkeit hauptsächlich auf den Grad der Kraft richten, mit welcher ein Individuum thätig ist. Sie hat bestimmte Zwecke in bestimmten Zeiten zu erfüllen, und muss daher das Verhältniss der Kraft zur Wirkung berechnen. Jene sieht ausschliessend auf das ursprüngliche Wesen des Charakters in der ganzen Dauer seiner Wirksamkeit, und da sie sich an keinen einzelnen Zustand heftet, so findet sie nirgends Veranlassung, verschiedene Grade zu bestimmen. Die wahrhaft praktische steht wieder zwischen beiden in der Mitte. Sie ist weit entfernt, in dem absoluten Grade der Kraft eines Charakters sein Wesen aufzusuchen, und noch mehr, ihm irgendwo eigenmächtig einen Stillstand gebieten zu wollen; sie betrachtet jeden als eine unendliche Grösse, und legt immer die Ueberzeugung zum Grunde, dass auch der unscheinbarste und mangelhafteste, sobald er nur Zeit und Gelegenheit zu seiner Entwicklung erhält, sich zu seiner ersten und ursprünglichen Reinheit herzustellen vermag. Da sie aber immer von einem bestimmten Zustand ausgeht und zu einem bestimmten zurückkehrt, so übersieht sie darum den wirklichen, wenn auch zufälligen Grad der Kräfte nicht, welchen sie in diesem einzelnen Zeitpunkt erreicht haben.

Die Verschiedenheit jener beiden Ansichten hat sich in unsrer Zeit bei der Behandlung der öffentlichen Geschäfte der Nationen auf eine merkwürdige Art gezeigt. Kühne, ausschliessend an speculative Betrachtungen gewöhnte, vielleicht auch schwärmerische Köpfe haben Plane erfunden, und vermöge der Eigenheit der letztverflossenen Jahre, wo wir die Rollen so sonderbar vertauscht, und Männern, die zu ganz andern Geschäften berufen schienen, die Führung von Nationen anvertraut sahen, zum Theil wirklich ausgeführt, die wohl auf die menschliche Natur überhaupt, nicht aber auf ihren individuellen Zustand in dem gegenwärtigen Augenblick berechnet waren. Dagegen haben andre, vermöge der Eingeschränktheit ihres Gesichtskreises, oder der ängstlichen Besorglichkeit ihres Charakters, und indem sie die vorübergehenden Schranken des Zufalls mit den ewigen der Natur verwechselten, die Menschheit an eine Stufe der Ausbildung binden wollen, auf der sie nicht einmal jetzt noch durchgehends steht, und die sie wenigstens eben zu verlassen im Begriff ist. Es ist schwer zu bestimmen, welche von beiden ihrem Zeitalter mehr geschadet haben. Statt uns hierüber ein Urteil zu erlauben, sey es uns genug, zu bemerken, dass das Unheil, welches die ersteren stifteten, dadurch vermindert wurde, dass die Ausführung selbst sie zwang, sich den Umständen der Zeit biegsamer anzuschmiegen, der Nachtheil aber, den die letzteren anrichteten, das Widerstreben der Natur selbst mässigte, die sich immer nur bis auf einen gewissen Grad und eine gewisse Zeit hindurch beschränken und einengen lässt.

3. Dem so eben gerügten Fehler, alles, auch das Unähnliche unter einander zu vergleichen, überall nach Graden abgemessene Abstufungen zu bestimmen, und schlechterdings nur Eine Klasse zu kennen, ist der andre, in unsern Tagen vielleicht gleich häufige entgegengesetzt, jedes einzelne Individuum zu einer besondern Klasse zu erheben, jede Varietät, sollte ihre Eigenthümlichkeit auch bloss auf ihrer Unvollkommenheit beruhen, eigen, und jede Eigenheit interessant zu finden. Jenen treffen wir gewöhnlich bei gemeinen und eingeschränkten Köpfen an, diesen bei reizbaren

und geistvollen Personen, die aber nicht gehörig an richtige Beurtheilung und strenges Nachdenken gewöhnt sind. Um nun mit Vermeidung dieses doppelten Fehlers den richtigen Maassstab zur Schätzung verschiedener Charaktere zu finden, muss man zuvörderst festbestimmte Gattungen derselben absondern. Diese dürfen nicht bloss durch Lücken, die ausgefüllt, oder Mängel, die verbessert werden können, von einander verschieden seyn, sondern müssen vermöge dauernder und wesentlicher Merkmale auch in ihrer höchsten Ausbildung noch immer, nur feiner unterschieden bleiben. Ist diess der Fall, so lassen sie sich nicht mit einander vergleichen, sondern nur jede nach den idealischen, und durchaus formellen Foderungen beurtheilen, welche an jede Individualität ergehen, und die wir im vorigen Abschnitt (III, 2.) berührt haben; nur insofern ein Subject diese in seiner Art mehr oder weniger als ein andres erfüllt, kann es demselben vorgezogen oder nachgestellt werden. Der Unterschied dieser Gattungen, und mithin aller gesetzmässigen Charakterverschiedenheit beruht nicht auf einer Verschiedenheit der Kräfte an sich, da hierin die ganze Menschheit sich durchaus gleich ist; ebensowenig auf dem absoluten Grade derselben, da sie hier nur in ihrer ganzen Dauer betrachtet werden, für die sich der Grad nicht berechnen lässt; er kann demnach nur in zwei noch übrigen Stücken liegen, in denen wir also auch einzig dasjenige zu suchen haben, was wir im genauesten Verstande dieses Worts den Charakter nennen. Diese sind das Verhältniss und die Bewegung der Kräfte. Beide fodern, da nicht allen sogleich klar seyn dürfte, was hier unter denselben verstanden wird, noch eine kurze Erläuterung.

Erstlich: So gewöhnlich es ist, das Uebergewicht einer Kraft oder die Herrschaft einer Neigung als ein fehlerhaftes und schädliches Extrem zu erblicken, so selten treffen wir das eine oder das andre in vollkommen glücklich organisirten Charakteren als einen Vorzug an. Das Bemühen, durch Erhaltung eines richtigen Gleichgewichts Einheit zu bewirken, drängt das zu freie Streben einer einzelnen Neigung zurück, und der grössere Spielraum, den man Einer Kraft verstattet, artet zu leicht in eine Unterdrückung der übrigen aus. Wird indess dieser Nachtheil auch nur so weit vermieden, dass die Reinheit der Moralität unverletzt bleibt, und die Bestimmtheit der Grundsätze und die Richtigkeit des Geschmacks nicht zu beträchtlich leiden, so entstehen auf diesem Wege gerade die interessantesten Charaktere, die eigenthümlichsten und mannigfaltigsten Gestalten. Indem die Natur immer eine überwiegende Kraft begünstigt, und die bildende Vernunft zugleich den übrigen ihre freie Wirksamkeit sichert, verbinden sich alle fester und inniger mit einander, lernen gleichsam eine die Bahn der andern gehen, und bringen neue Verbindungen und Formen hervor. Freilich giebt es auf diesem Wege auch verderbliche Verirrungen, und im Gebiete der Wissenschaften z. B. haben dichterische Philosophen, und philosophirende Dichter zur Genüge gezeigt, dass das ächte Genie lieber Einen Pfad entschieden und ausschliessend wählt, als auf eine widernatürliche Weise zwei streitende Stoffe mit einander vermischen zu wollen. Leidet indess bei Verbindungen dieser Art keine der einzelnen thätigen Kräfte in ihrer Freiheit, wird in dem soeben gebrauchten Beispiel die Strenge, Reinheit und Bestimmtheit der philosophischen Begriffe unverletzt erhalten, so kann nur eine einseitige Beschränktheit des Geistes es misbilligen, wenn der Arbeit des Verstandes und der Vernunft auch das Werk der dichterischen Einbildungskraft beigesellt wird. In je mehr Formen vielmehr derselbe Stoff gegossen, je mehr er auf neue und vorher unversuchte Weise bearbeitet wird, desto mehr gewinnt er, nicht zwar an objectivem, aber an subjectivem Werthe für den Bearbeiter, desto fruchtbarer wird er für den menschlichen Geist.

Wo durch das Uebergewicht eines einzelnen Seelenvermögens eine eigenthümliche Charakterform auf eine, allen Foderungen des Ideals entsprechende Weise entsteht, da wird sie dem Gehalte nach keine andern Handlungen, keine andern Maassregeln hervorbringen, als welche, ohne alle Rücksicht auf individuelle Ansicht, die Natur der Sachen selbst anrathen muss; in der Beschaffenheit der Handlungsweise allein, in dem Geist und der Gesinnung, die aus ihr spricht, wird der ganze, aber wichtige Unterschied liegen. Diess ist es, wodurch vorzügliche Menschen sich von gewöhnlichen unterscheiden, diess Gepräge der Eigenthümlichkeit, womit wir ihre Handlungen, ihre Worte, ihre Gebehrden bezeichnet finden. Diess entspringt allemal aus dem Uebergewicht einer Kraft, einer Neigung, oder einer Ansicht der Dinge, und je weniger dasselbe den Gehalt der Gedanken, Empfindungen und Grundsätze verändert, je mehr es bloss ihre Form und ihre Manier bestimmt, desto reiner und schöner ist die Stärke und das Feuer, die es hervorbringt.

An nichts heftet sich daher das Studium des Charakters mit so günstigem Erfolge, als an die Aufsuchung dieser herrschenden Seite. Welche andre es auffassen könnte, so läuft es beständig Gefahr, etwas zu finden, wodurch das bestimmte Individuum entweder nicht ganz, oder nicht ausschliessend bezeichnet wird. An edlem, emporstrebendem Ehrgeitz, an feiner und tiefer Staatsklugheit, in der Kunst, die Menschen ohne Mühe nach dem Winke ihres Willens zu beherrschen, in dem genievollen Talent, auf dem Thron und in der Schlacht den entscheidenden Augenblick zu benutzen, mögen Alexander, Cäsar und Friedrich einander im Ganzen und bis auf schwer zu bestimmende Grade vielleicht ähnlich genug seyn. Aber wie scharf sind sie durch die herrschenden Züge unterschieden, welche aus dem individuellen Charakter eines jeden hervorleuchten? A l e x a n d e r, phantasiereich und dichterisch, wähnte nach Art der alten Heroen seiner Nation, in die Fussstapfen fabelhafter Gottheiten zu treten, und suchte, unbekümmert um die Dauer seiner Werke, nur durch ungeheure und riesenmässige Thaten in dem Munde der Nachwelt zu leben. Cäsar, mehr staatsklug und ernst als er, verfolgte nicht leere Träume seiner Einbildungskraft, sondern wesentliche und wirkliche Zwecke, aber indem er sich durch tief berechnete und kühn ausgeführte Plane zur Alleinherrschaft emporschwang, arbeitete er nur für sich, für die Befriedigung der Leidenschaft, die keinen Nebenbuhler ertrug, und liess keine wohlthätigen Spuren seines Andenkens hinter seinem Namen zurück. Friedrich dagegen, beseelt von dem edlen Eifer, mit welchem ausserordentliche Menschen sich berufen fühlen, durch Leitung der Menschheit Wohlthäter derselben zu werden, verschaffte seiner Monarchie Macht, Sicherheit, und Einfluss auf das Staatssystem von Europa, um zugleich mit erleuchteter Liberalität und weiser Vorsicht physischen Wohlstand, bürgerliche Sicherheit und geistige Freiheit mit einander zu verknüpfen, und Stifter eines Jahrhunderts zu werden, in welchem ein weiser Zwang das Menschengeschlecht nach und nach zu seiner höchsten Ausbildung führte. Treffender als in diesen drei in ihrer Art gleich bewundernswürdigen Männern kann die Verschiedenheit des dichterischen Schwungs des Griechischen, des Ernstes und der eigensüchtigen Leidenschaftlichkeit des Römischen, und der philosophischen Würde des modernen Charakters nirgends geschildert werden.

4. Zweitens: Da der Charakter in einer fortwährenden Thätigkeit ist, so verändert sich mit jedem Augenblick das Verhältniss seiner Fähigkeiten. Daher ist jede Schilderung, die von der Beschaffenheit der Kräfte hergenommen wird, immer insofern falsch, als sie einen Stillstand voraussetzt, der in der Natur nirgends vorhanden ist. Dagegen giebt die Thätigkeit des Bestrebens, mit welcher ein Mensch in seinen Gedanken, Empfindungen und Handlungen fortschreitet, ein der Wirklichkeit getreueres Bild seiner Individualität, und gewährt ausserdem den Vortheil, dass sich nach derselben auch zugleich die Art seiner fortwährenden Umänderungen richtiger beurtheilen lässt. Diese Thätigkeit ist es, die wir oben die Bewegung der Kräfte nannten, und in der wir, nebst dem Verhältniss derselben, den Sitz des eigentlichen Charakters zu finden glaubten. Dass schon die alltäglichste Charakterbezeichnung sehr häufig Merkmale dieser Gattung wählt, zeigen die Ausdrücke eines trägen oder lebhaften, langsamen oder heftigen, gleichen oder ungleichen, in sich gekehrten oder heitern Gemüths u.s.f. Hier aber werden freilich noch weit mehrere Verschiedenheiten und schlechterdings alle diejenigen unter dem einzigen Ausdruck der Bewegung zusammengefasst, welche die Art der Wirksamkeit der menschlichen geistigen Kräfte nach allen ihren möglichen Bestimmungen bezeichnen können, sowohl in Rücksicht auf ihr Verhältniss zur Wirkung, ihrer Stärke oder Schwäche, als in Rücksicht auf ihr Verhältniss zur Zeit,

ihrer Schnelligkeit oder Langsamkeit; sowohl in Beziehung auf die Folge ihrer Aeusserungen allgemein genommen, als in Beziehung auf die Folge verschiedner Gattungen derselben insbesondre; ferner sowohl in Betreff ihrer Richtung überhaupt, nach aussen hin, auf fremde Gegenstände, oder nach innen auf sich selbst zurück, als in Betreff ihres ausdauernden Beharrens in Einer und ebenderselben Richtung; endlich sowohl, insofern als der menschliche Geist als Eine ungetheilte Kraft wirkt, als insofern er aus verschiedenen Fähigkeiten besteht, von welchen eine einzelne bestimmte Wirksamkeit einen grössern oder geringeren Theil in Bewegung setzt.

Dem aufmerksamen Beobachter wird es freilich nicht entgehen, dass alle diese, die Bewegung der Kräfte bezeichnenden Eigenschaften auch zugleich, nur mehr oder weniger, das Verhältniss derselben schildern. In dem lebhaften Charakter wird unfehlbar die Einbildungskraft und das Gefühl, in dem langsamen der Verstand und die Ueberlegung herrschen; in dem heitern wird die Neigung, in der Wirklichkeit, in dem in sich gekehrten der Hang, in Ideen zu leben, überwiegend seyn. Man würde sich indess auch zugleich gänzlich von dem Wege einer richtigen Naturbeobachtung entfernen, wenn man dasjenige, was nur als eine zwiefache Ansicht Einer und ebenderselben Sache abgesondert wird, auch an sich in der Natur getrennt glauben wollte. Nur weil in dem menschlichen Charakter eine bestimmte Kraft in einer gewissen Art, gleichsam einem gewissen Rhythmus wirkt, scheint es bequem jenen Stoff und diese Form jedes für sich zu betrachten. An sich sind beide vollkommen Eins und lassen sich gegenseitig aus einander erklären.

Die Hauptsache ist nur die, dass man den Menschen nicht sowohl, wie jetzt gemeinhin geschieht, nach einzelnen Aeusserungen, oder auch einzelnen Kräften zu charakterisiren suche, nach dem Maass seines Verstandes, seiner Phantasie u. s. f., sondern mehr nach allgemeineren Eigenschaften, welche alle Kräfte in allen ihren Aeusserungen an sich tragen, und die man gleichsam als die Formen ansehen kann, in die sie gegossen sind, oder als die Bahnen, in welchen sie sich bewegen; ob es sich gleich von selbst versteht, dass die Schilderung der einzelnen Kräfte hernach immer noch hinzukommen muss. Diese allgemeinen Eigenschaften nun werden sich alle entweder auf das verschiedene Verhältniss oder auf die verschiedene Bewegung der Kräfte zurückbringen lassen, einige ausgenommen, welche aus beiden zusammengesetzt sind. Beispiele der beiden ersteren Gattungen sind im Vorigen angeführt worden; zu einem der letzteren kann die Klarheit oder Verworrenheit des Charakters dienen.

Niemand wird abläugnen, dass diese Eigenschaft sich durch alle Thätigkeiten des Gemüths hindurch erstreckt. Der Beobachter der Natur ist klar, wenn er alles, aber nichts anders sieht, als was wirklich vor seinen Augen in der Natur daliegt; der Philosoph, wenn er sich von dem Zusammenhang seiner Sätze deutliche Rechenschaft zu geben versteht; der Dichter, wenn er die Einbildungskraft des Lesers nöthigt, sich scharf begränzte, und bestimmt geschiedene Bilder zu entwerfen; der empfindende Mensch, wenn er sich des Zwecks und der Art seiner Gefühle, und ihrer Möglichkeit nach den allgemeinen Bedingungen der Natur bewusst ist. Diese glückliche Klarheit nun, welche die Bedingung aller dauerhaften Zufriedenheit und aller fruchtbaren Thätigkeit ist, beruht einestheils auf einem richtigen Verhältniss der Kräfte. Gerade diejenige muss immer die Herrschaft besitzen, welche für den jedesmaligen Gegenstand ihrem Wesen nach geeignet ist. Dennoch hängt sie auch anderntheils von einer gehörigen Bewegung der selben ab. Denn ihre einzelnen Aeusserungen müssen 1., die nothwendige Stärke besitzen; 2., in gleichmässiger und hinlänglicher Weile auf einander folgen; 3., in Absicht ihrer Richtung das glückliche Mittel zwischen der Zerstreuung nach aussen und der Reflexion nach innen treffen, das wir durch den Ausdruck der Besonnenheit bezeichnen. Denn die sinnliche Begierde, die in den Gegenstand, und die schwärmerische, die in sich selbst vertieft ist, sind beide gleich dunkel und verworren. Wie die steigende Vollkommenheit der physischen Organisation sich dadurch ankündigt, dass alle Theile deutlicher dargelegt, und bestimmter abgesondert sind, und wie der Ausdruck und der Adel der Gesichtszüge in dem Maasse grösser ist, in welchem sie fester begränzt sind, ebenso beruht auch die geistige Klarheit, die man als die erste Bedingung zur Tauglichkeit eines Subjects zu allen möglichen beliebigen Zwecken ansehen kann, darauf, dass sowohl die neben einander bestehenden Kräfte, als ihre auf einander folgenden Aeusserungen jede in ihrer eignen und gehörig bestimmten Sphäre wirken.

Schon der doppelte Vorzug, dass die, von der Thätigkeit der Kräfte hergenommene Charakterschilderung der Wahrheit der Natur getreuer ist, und alle Eigenthümlichkeiten der Individualität vollständiger umfasst, macht sie dem Beobachter in hohem Grade empfehlungswürdig. Aber sie führt noch ausserdem einen dritten mit sich, welcher jene beide noch beinah überwiegt. Indem sie die Art zeichnet, wie der Mensch sich im gewöhnlichen Leben geschäftig erweist, giebt sie nicht, wie wenn man einzelne Eigenschaften aufzählt, dem Verstande abgezogne Begriffe, sondern bestimmt die Einbildungskraft, selbst ein vollendetes sinnliches Bild zu entwerfen. Denn sehr viele Ausdrücke, deren sie sich gewöhnlich bedient, haben auf körperliche Verrichtungen Bezug, und werden ursprünglich nur von diesen gebraucht. Immer aber ist es ein wichtiger Vorzug, wenn man, ohne der Bestimmtheit der Begriffe zu schaden, bei dem Studium der Menschenkenntniss die Phantasie mit ins Spiel ziehen kann. Der Verstand, als solcher, nimmt immer nur allgemeine Begriffe auf, und bedarf, um sie zu individualisiren, eines neuen ihm von der Erfahrung gegebenen Stoffs.

Die Einbildungskraft hingegen ist denselben Gesetzen unterworfen, welchen auch die sinnliche Wahrnehmung folgt; ihre Geburten sind also freie, aber immer in einigem Grade treue Nachahmungen der Natur. Es kann ihr daher nie an analogen Zügen fehlen, durch die sie aus dem Schatze ihrer gesammelten Bilder eine unvollkommen angedeutete Gestalt zu ergänzen im Stande ist. Nur muss sie freilich zu diesem Behufe gewöhnt seyn, sich einem unermüdet thätigen und genauen Beobachtungsgeist willig unterzuordnen. Daher wird es dem Dichter so schwer, zugleich dichterisch zu seyn und vollkommen wahr und natürlich zu bleiben, da seine Einbildungskraft, um diesen Gipfel der Kunst zu erreichen, noch mitten im strengsten Gehorsam ihre Freiheit bewahren muss.

Ein nahe liegendes Beispiel wird diese verschiedene Tauglichkeit des Verstandes und der Phantasie zum Gebrauch für die Menschenkenntniss ohne Mühe erläutern. Bei der Schilderung des Nationalcharakters der Franzosen pflegt man ein auffallendes Uebergewicht ihrer Phantasie als den eigenthümlichsten Zug anzuführen. Und wenn man die Schnelligkeit betrachtet, mit welcher diese Nation so oft grosse Entschlüsse genommen, und mit kühner Heftigkeit ausgeführt hat, wenn man auf die Leichtigkeit sieht, mit welcher sie nicht selten, fast ohne alle sichtbare Revolution von einem Zustand zu einem ganz entgegengesetzten übergieng, auf den frohen Muth, den sie in den furchtbarsten Unglücksfällen, die heitre Geistesgegenwart, die sie in den dringendsten Gefahren beibehielt, wenn man die Freiheit des Gemüths bedenkt, mit der sie selbst in den heftigsten Aufwallungen der Leidenschaft noch für die Bemerkung einer lächerlichen Seite, oder eines witzigen Einfalls offen ist, so findet man diess Urtheil in der That in hohem Grade bestätigt, und erinnert sich zugleich, dass auch die ersten Keime der neueren gefälligeren Poesie in den Troubadours unter diesem Volke aufsprossten, und selbst das Ritterwesen des rohen Mittelalters, das in Spanien in einer bloss abentheuerlichen, in Deutschland in einer furchtbaren und barbarischen Gestalt erschien, in Frankreich einen zierlichen, leichten und romantischen Charakter annahm. Dagegen wollen andre, die sich eine noch tiefere Kenntniss dieser Nation zutrauen, ihre auffallendste Eigenthümlichkeit gerade in der überwiegenden Herrschaft des Verstandes entdecken. Weder die Schönheit eines Gegenstandes, sagen sie, macht einen so lebhaften Eindruck auf ihre Phantasie, noch die moralische Güte auf ihr Gefühl, als die Richtigkeit eines Raisonnements oder der Witz eines Einfalls auf ihre Urtheilskraftt; weder dichterisch, noch empfindsam, sind sie überall nur raisonnirend, die bildenden Künste haben nie einen ausserordentlichen und originellen Schwung unter ihnen genommen, ihre dichterischen Werke verrathen zweckmässige Anordnung, genaue Regelmässigkeit, und gesunde Lebensphilosophie, aber nirgends jene Tiefe und jenen Reichthum der Einbildungskraft, welche die

Griechen und die Engländer charakterisiren, und im täglichen Leben handeln sie zwar nicht nach lange zuvor angelegten, aber durchaus nach fein berechneten Planen, und verfallen eher in den Fehler der Kleinlichkeit, als in den der Ueberspannung. Was hingegen die blosse Schärfe, Schnelligkeit und Gewandtheit des Verstandes vermag, darin sind sie unbezweifelte Meister. So beruht ihr wissenschaftlicher Ruhm vorzugsweise auf dem mathematischen Genie, auf der Beobachtung der Natur, und derjenigen Art der praktischen Philosophie, welche ihren Stoff mehr aus dem Leben sammelt, als aus dem Innern des Menschen mühsam abzieht, darum ist es ihrer Politik fast zu allen Zeiten und unter den verschiedensten Gestalten gelungen, eine überwiegende Rolle unter den Mächten Europens zu spielen, und vorzüglich sind sie dadurch Muster in allen Dingen des täglichen gesellschaftlichen Lebens geworden, weil nirgends so sehr, als hier das Talent erfodert wird, viele und mannigfaltige Zwecke durch die kürzesten Mittel und mit scheinbarer Leichtigkeit zu erlangen. Auch diese entgegengesetzte Behauptung stützt sich auf zu triftige Gründe, als dass man ihr seinen Beifall versagen könnte, und ob man gleich sieht, dass die beiden gechilderten Urtheiler dadurch fehlen, dass sie die Gattung der Phantasie und des Verstandes, die sie meynen, nicht bestimmt genug bezeichnen, so wird es schwer, ohne neue und mehrere Data diesen Mangel zu ergänzen. Der Fehler von beiden liegt darin, dass sie mehr die einzelnen Triebfedern des Charakters schildern, als den Charakter selbst: Schlägt man einen gänzlich verschiedenen Weg ein, und verfolgt man mehr die Art der Thätigkeit, als die Bestandtheile des Charakters, so wird man ein klares und bestimmtes Bild nicht verfehlen. Der Französische Nationalcharakter, wird man alsdann etwa sagen, besitzt eine nicht gerade lang anhaltende, aber leicht erregte und schnell wirkende Heftigkeit, die aber mit kalter und besonnener Gewandtheit verbunden ist, und sich mehr nach aussen hin zum Handeln, als nach innen zum grübelnden Nachdenken, Dichten oder Empfinden neigt. So unvollkommen auch diese Bestimmung, die mehr die zuerst auffallenden Seiten des Charakters, als das Wesen desselben angeben soll, unläugbar noch ist, so lassen sich doch daraus schon jene beiden Beschreibungen hinlänglich berichtigen. Denn mit nur irgend geübtem Takte fühlt man jetzt bald, dass in einem solchen Charakter nothwendig der Verstand überwiegend seyn muss, aber freilich nicht derjenige, welcher im Denken die Tiefen der Dinge ergründet, und im Handeln nach langsamer Ueberlegung verfährt, sondern der, welcher schnell auffasst, treffend bemerkt, mit Gewandtheit Mittel auffindet, mit Klugheit sie dem Zweck anpasst, und mit rücksichtsloser Kälte seine Entschlüsse ins Werk richtet. Man fühlt ferner, dass ein solcher Charakter allerdings auch eines hohen Grades der Phantasie nicht entbehren kann, aber nur derjenigen nicht, welche dem Gedächtniss, der praktischen Urtheilskraft, und dem täglichen Lebensgenuss dient, da ihm die starke und unabhängige des Dichters, oder des zu empfindsamer Schwärmerei Geneigten vielmehr nothwendig fremd seyn muss.

Die Bezeichnungsarten, auf die man geräth, wenn man den zuletzt vorgeschlagenen Weg versucht, und die an körperliche Eigenschaften, des Leichten und Schweren, des Hohen und Tiefen, Langsamen und Schnellen u.s.f. erinnern, schildern gleichsam die äussre Handlungsweise der Seelenkräfte. Selbst ohne dass man es sich bereits ganz deutlich machen kann (wobei man aber freilich nie stehen bleiben darf), empfindet man schon ohngefähr, welche Art von Verstand, Urtheilskraft, Phantasie, oder Gefühl sich mit dem Begriff der Langsamkeit oder Schnelligkeit, Heftigkeit oder Ruhe u. s. w. verträgt, und was besonders wichtig ist, in welchem gegenseitigen Einfluss diese Kräfte stehen müssen. Wie man daher bei der Beschreibung eines Gesichts besser damit anfängt, den allgemeinen Ausdruck desselben, und erst nachher die einzelnen Theile zu schildern, so geht man auch in der Zeichnung der moralischen Gestalt immer besser von jenen allgemeinen Eigenschaften und Aeusserungsarten zu den besondern einzelnen Anlagen über.

Doch muss man freilich auf diesem Wege die schwankende Unbestimmtheit vermeiden, in die man so leicht geräth, wenn man es sich einfallen lässt, das Körperliche und Geistige gegenseitig durch einander erklären oder erforschen zu wollen. Dieser Gefahr aber völlig zu entgehen, ist es nie möglich, so oft man Fragen, welche die ungetheilte und ganze Natur des Menschen betreffen, auf eine durchaus befriedigende Weise zu beantworten unternimmt. Uebertriebene Scheu vor Unbestimmtheit und Schwärmerei, eine solche, die auch schon die Gefahr, nicht bloss das Uebel selbst flieht, führt, man kann es bei einem Gegenstand, wie der gegenwärtige ist, nicht oft genug wiederholen, zu dürftiger Einseitigkeit. Wer glücklich genug ist, sich vor diesem, so wie vor dem entgegengesetzten Extrem gänzlich zu hüten, besitzt dasjenige, was man vorzugsweise Geist nennt, die beneidenswerthe Lage der Gemüthskräfte, in welcher Sinne, Phantasie und Vernunft immer gemeinschaftlich und immer in richtigem Verhältniss zusammenwirken. Hier aber wird überdiess nichts weiter verlangt, als dass man 1., solche Eigenschaften zur Charakterschilderung wählte, welche sich über die Thätigkeit aller Kräfte erstrecken, und daher den ganzen Menschen zeichnen; und 2., diese so, wie sie erscheinen, aufstelle, um auch der Phantasie zugleich ein sinnliches Bild zu geben. Diess letztere ist auf diesem Wege um so leichter möglich, da selbst die körperlichen Bewegungen eines Menschen mit seiner geistigen Thätigkeit in einer beständigen Analogie zu stehen pflegen, die wir schon im täglichen Gespräch so oft bemerken hören. Ueberhaupt scheint die Bewegung der Seelenkräfte sehr tief in dem Wesen des Individuums, und selbst in der Beschaffenheit seines Körpers gegründet. Sie ist es, durch die sich die verschiedenen, so genau mit physischen Eigenthümlichkeiten verbundnen Temperamente am auffallendsten unterscheiden, und je genauer man dieselbe untersucht, desto mehr findet man den ursprünglichen, noch nicht durch Erziehung und Bearbeitung umgeänderten Charakter. Die Bildung schleift vorzüglich hier die Extreme ab, beschleunigt den zu langsamen, hemmt den zu raschen, giebt dem ungleichen und unterbrochnen Gange die nothwendige Gleichförmigkeit. Wenn es richtig ist, dass die Erziehung den Menschen nur veranlassen soll, sich selbst zu bilden, so kann sie beinahe nichts Angemesseneres thun, als hauptsächlich diesen Rhythmus der Thätigkeit im Denken, Empfinden und Handeln zu leiten suchen. Indem sie ihn zwingt, in einer festen Bahn einen gleichförmigen Gang zu nehmen, stimmen sich die Kräfte von selbst in ihr richtiges und natürliches Verhältniss.

Zugleich bildet sich der Mensch fast in keinem andern Punkt so leicht nach einem fremden Muster, als in Absicht des Ganges und des Grades seiner Thätigkeit. Wer Gelegenheit hat z. B. zwei Menschen von langsamer Gedankenfolge, die viel und vertraut mit einander leben, zu verschiedenen Zeiten zu sehen, der wird bei jeder neuen Beobachtung diese Unvollkommenheit mehr als irgend eine ähnliche unter denselben Umständen gewachsen finden. Indess kommt diess auch zum Theil schon daher, dass diejenigen, welche einander in der Weile ihrer Gedanken und Empfindungen ursprünglich ähnlicher sind, sich begieriger aufsuchen und fester mit einander verbinden. Denn die grösseste Verschiedenheit in Meynungen oder in Ansichten der Dinge schmälert nicht so sehr das Vergnügen einer raisonnirenden Unterredung, als eine bei weitem kleinere Ungleichheit in der schnelleren oder langsameren Folge, oder in der verschiedenen Verknüpfung der Ideen, wo z. B. der eine der Freiheit der Phantasie folgt, der andere sich an die strengen Regeln des logischen Zusammenhangs bindet. Ein langsamer und ein schneller Kopf können nie anders, als unter einem gewissen Zwang mit einander umgehn; und man sieht verständige und geschmackvolle Menschen selbst die geistreichsten fliehen, wenn sie ihnen zu lange bei einer Sache verweilen, oder zu flüchtig zu viel umfassen, obgleich jenes Verweilen oft nur von einem tieferen Ergründen, und diese Flüchtigkeit von einem schnelleren Begreifen herrührt. Noch mehr aber ist diess bei Verhältnissen der Fall, die Gefühl und Leidenschaft fodern. Wenn da die Empfindung des einen zu rasch zuvoreilt, indess der andere zu langsam zurückbleibt, oder wenn der eine schnell, aber flüchtig begeistert, der andre nach und nach, aber wenig erwärmt wird, so fühlen sich beide verlassen und einsam, und ringen vergebens nach dem höchsten Gipfel des Genusses, zu dem sie sich beide von Moment zu Moment wechselsweis hätten emportragen müssen.

Was sich in der Seele des Menschen bewegt, seine Gedanken, Empfindungen, Neigungen und Entschlüsse, und wie, in welcher Folge und Verknüpfung sie wirken, sind also die Punkte, worin sein Charakter besteht – das Verhältniss und die Bewegung seiner Kräfte, zugleich und als Eins gedacht. Denn darin liegt die Schwierigkeit der Kunst der Menschenbeobachtung, dass der Stoff und die Form des Geistes (Ausdrücke, die nach dem Vorigen nicht mehr dunkel seyn können) zugleich und als Eins vorgestellt werden müssen, eine Operation, bei welcher der Verstand und die Phantasie in Einer und ebenderselben Seelenthätigkeit gegenseitig auf einander bezogen werden müssen. Darum kann diese Kunst nicht nach Regeln erlernt werden. Das Genie besitzt sie von selbst; und wem die Natur dies versagt hat, der muss sie durch vielfache Uebung mühsam erwerben.

5. Die erste Regel jeder Charakterschilderung, die sich nach den bisherigen Betrachtungen beinah von selbst darbietet, ist die, dass der Charakter vorzüglich nach seinem subjectiven Werthe, und seinem innern Zusammenhange, nicht aber nach seiner äussern Tauglichkeit zu diesem oder jenem Zwecke, ja nicht einmal, wenigstens nicht ausschliessungsweise, nach der objectiven Güte seiner Producte beurtheilt, der Mensch nicht mit seinen Werken verwechselt werde.

Nur was wir sind, ist vollkommen unser Eigenthum, was wir thun, hängt von den Zufall und den Umständen ab. Jeder Mensch, pflegt man mit Recht zu sagen, ist mehr als sein Werk, weil es ihm nie gelingt, das Ideal, das er im Kopf trägt, zu erreichen; obgleich in einem andern Sinn auch wiederum das Werk mehr ist als er, da es eine Frucht seiner gesammelten und exaltirten Kräfte ist, die sonst nur zerstreut und minder thätig wirken. Die gewöhnliche Beurtheilungsart, welche, unbekümmert um die Ursachen und Absichten der Handlungen, nur ihren objectiven Werth prüft, ist praktisch sehr nützlich, weil sie Gesetzmässigkeit befördert, mit Strenge leere Entschuldigungen zurückweist, und doch nicht mit Argwohn bei guten Handlungen nach unedlen Absichten spürt; aber sie ist moralisch verwerflich, weil sie Schuld und Verdienst nicht abwägt, und philosophisch völlig unbrauchbar, weil sie nur das Betragen, nicht den Charakter untersucht. Die Menschenkenntniss kann als ein Zweig der Naturkunde angesehen werden, ihr einziger Zweck ist, den Menschen zu kennen, und zwar das Individuum, nicht bloss die Gattung; Aeusserungen, Geistesproducte, moralische Handlungen selbst dienen ihr daher nur als Data, nicht als Richtschnuren ihrer Beurtheilung. In unsern Tagen indess, wo man häufiger als sonst Passivität und Schlaffheit mit Bildung und Geistesfähigkeit vereint antrift, ist der Werth einer ausser sich productiven Kraft schon zu sehr herabgesunken, und durch übertriebene Vorstellungen von demjenigen, was der Mensch, unabhängig von aller äussrer Thätigkeit, seyn könne, verdrängt worden. Man vergisst, dass die menschlichen Kräfte wirklicher Lagen bedürfen, um sich zu ihrer wahren Stärke zu sammeln, dass eine unbestimmte Ausbildung so gut als gar keine ist, und dass wir tiefer in menschliche Verhältnisse eingehen (das einzige Mittel wahrer Cultur), wenn wir uns durch selbstthätigen Antheil an einen kleinen Kreis fesseln, als wenn wir uns durch kaltes Zurückziehn die Freiheit bewahren, uns jedem zu nahen. Selbst unsre Einbildungskraft schlummert, und wir bedenken nicht, dass ein Leben, das keine grosse That, kein wichtiges Werk, nicht einmal das Andenken an eine nützliche Geschäftigkeit unter einer grössern Anzahl unsrer Mitbürger hinterlässt, ein verlornes und vergebens verschwendetes Leben ist. Es war nothwendig, dieses Abweges hier warnend zu erwähnen, da gerade das Studium der Menschenkenntniss leicht verführen kann, ein bloss beschauendes Leben zu allzugrossem Nachtheil eines thätigen zu begünstigen, und über der Schätzung der blossen innern Anlagen und Gesinnungen der Menschen den Werth äusserer Brauchbarkeit und Nützlichkeit unrichtigerweise herabzusetzen.

Gewöhnlich wird man auf die subjective Beurtheilung von Menschen durch die objective ihrer Producte geleitet. Die Tragödiendichter verschiedner Nationen z. B. vergleicht man gewöhnlich bei Gelegenheit allgemeiner Untersuchungen über das Trauerspiel, und alsdann beschäftigt man sich freilich natürlicher mit den objectiven Foderungen, die sie erfüllt oder nicht erfüllt haben, als mit den interessanten Geistesanlagen, die sie ihrem nationellen oder individuellen Charakter nach einer vor dem andern verrathen. Auf den ersten Anblick sollte man sogar denken, dass die letztere Rücksicht der allgemeinen Untersuchung nachtheilig seyn könnte. Dennoch bemerken wir gerade das Gegentheil. Die Urtheilskraft ist, im Ganzen genommen, geschäftiger in uns als der Erfindungsgeist, und wir sind mehr gemacht, ein uns gegebnes Gebiet zu reinigen, als zu erweitern. Wir laufen daher nie so grosse Gefahr, durch die begierige Aufsuchung neuer, selbst fehlerhafter Varietäten einen verderbten, als durch die strenge Beurtheilung jeder Eigenthümlichkeit nach einer Regel einen dürftigen und einseitigen Geschmack zu bekommen. Richtigkeit ist das Werk der Vernunft, Reichthum ein Seegen der Natur. Die Thätigkeit der Vernunft steht in unsrer Gewalt, die Gaben der Natur müssen wir erwarten. Dem Wege, von dem wir hier reden, entgegengesetzt ist der, wo man von der Beurtheilung der Menschen aus zu der ihrer Producte übergeht. Dieser ist es, den man in diesem Werke durchgängig gewählt finden wird. Richtig verfolgt müssen beide an dasselbe Ziel führen: zu vollkommener objectiver Richtigkeit in entschiedener subjectiver Eigenthümlichkeit. Natürlicherweise wird indess auf dem einen die nothwendige Uebereinstimmung, auf dem andern die erlaubte Verschiedenheit mehr ins Licht gestellt werden, und darum muss man jeden besonders, mithin beide nach einander einschlagen. Auch wird jeder Kopf von Natur nur für den einen gebohren seyn, und sich nur durch Studium auch an den andern gewöhnen.

Wir können diese Betrachtung nicht zweckmässiger beschliessen, als mit der Erinnerung an einen wichtigen Charakterzug, durch den sich die Deutsche Nation von allen früheren und gleichzeitigen und das Ende dieses Jahrhunderts von dem Anfange desselben unterscheidet. Es mag dahingestellt bleiben, ob man den Deutschen eben so jetzt die entscheidende Stimme in der Kritik, insbesondre der ästhetischen (bei der wir hier zur Erläuterung unsers Satzes stehen bleiben können) beimessen dürfe, als man sie den Franzosen unter Ludwig XIV. und noch späterhin einstimmig zugestand. Wenn es erlaubt ist, diess einen Augenblick anzunehmen, so könnte das Urtheil beider unmöglich mehr und auffallender entgegengesetzt seyn. Die Franzosen jener Periode kannten schlechterdings nur Eine, zugleich nach den Mustern der Alten und den Gränzen ihrer Individualität gemodelte Form, dieser Einen Regel unterwarfen sie alles, ohne Schonung irgend einer Eigenthümlichkeit, in die sie nicht einmal einzugehen werth achteten. Es ist nicht möglich, um den mildesten Ausdruck zu brauchen, befremdendere Urtheile über die Griechen und über Shakespeare zu lesen, als Voltaire, der nicht mit Unrecht für den Repräsentanten jener Kritiker gilt, so oft ausspricht, und selbst diejenigen, welchen die Alten ein Gegenstand des täglichen Studiums und der Verehrung waren, vermögen es nicht, nur auf einen Augenblick aus dem Standpunkte ihrer Zeit und ihrer Nation (denn der Einfluss von beiden kommt hier zusammen) herauszutreten. Barthelemy's Anarcharsis[2] liefert hierzu fast auf jeder Seite die neuesten Beispiele. Wir hingegen gewöhnen uns jetzt die Eigenthümlichkeiten jeder Zeit und jeder Nation zu studiren, so viel wie möglich in dieselben einzugehen, und diese Kenntniss zum Mittelpunkt unsrer Beurtheilung zu machen. Wenn jenes erstere Verfahren zugleich, wie die Uebermacht des Französischen Geistes so lange that, die andern Nationen in knechtischer Unterdrückung zurückhielt, und die Gemeinschaft mit ihnen erschwerte, wenn es ausserdem noch den freien Blick auf die Menschheit hinderte und verfälschte, so muss dieses letztere nothwendig zugleich alle Kräfte wecken, die erwachten in Berührung bringen, und die vollständigste Uebersicht über alle Theile des Menschengeschlechts zur Hervorbringung der reinsten und höchsten Humanität verstatten. In der That giebt es keinen ehrwürdigern Charakterzug, der unserer Zeit, und man darf es mit Stolz hinzusetzen, unsrer Nation so ausschliessend angehörte, und so beruhigende und erhebende Hofnungen für die Zukunft

[2] Barthélémys berühmter Roman „Voyage du jeune Anarcharsis en Grèce vers le milieu du quatrième siècle avant l'ère vulgaire„ erschien zuerst Paris 1788.

gewährte, als dieser. Da die Fortschritte der Erdkunde, der philosophischen Aufklärung, und des gelehrten Forschungsgeistes zugleich thätig waren, um ihn hervorzubringen, da fast alle Eigenthümlichkeiten dieses Jahrhunderts mit ihm in Verbindung stehen, und der grösste Theil der wohlthätigen Folgen, die ein solcher Vorzug hervorbringen muss, erst künftig zu erwarten sind, so wird sich ein sehr grosser Theil dieser Charakteristik einzig damit beschäftigen, diese Charakterseite gehörig zu entwickeln, und aus ihren ächten Ursachen zu erklären.

6. Die so eben aufgestellte Regel verweist den Beobachter des Menschen an die innere und subjective Beschaffenheit seiner Seelenkräfte; die zweite, die unmittelbar zunächst aus der vorigen herfliesst, verlangt, dass er auch diese noch so viel als möglich nach der Art ihrer Entwicklung und ihrer Thätigkeit (genetisch) zeichne, und mehr den Gang, als das Resultat ihrer Ausbildung und ihrer Wirksamkeit schildre.

Alle Vorzüge, die denjenigen Beschreibungen überhaupt eigenthümlich sind, welche das Wesen eines Gegenstandes von seinem Ursprunge herleiten, und in seiner Entstehungsart seine Beschaffenheit zeigen, treffen bei der Schilderung eines Charakters in doppelt hohem Grade zusammen. Denn die eigne Mitwirkung des Geistes, die immer auf diesem Wege lebhafter und dauernder erregt wird, ist nirgends so nothwendig, als hier, wo der Gegenstand niemals durch Begriffe vollkommen ausgemessen werden kann, und wo es nicht möglich ist, ihn genau und richtig aufzufassen, ohne ihn gleichsam selbst, nur nach den beobachteten Datis, erst neu zu bilden. Jeder gute Beobachter wird daher schon im täglichen Gespräch, wenn er die Schilderung eines Charakters entwirft, denselben, mehr wie der Dichter, handelnd und redend einführen, als gleich dem Moralisten seine Eigenschaften einzeln herzählen; und selbst der schlechteste Kopf wird sich sehr bald durch die Schwierigkeit, für die verschiedenen Modificationen der Gemüthsstimmungen und ihrer Grade angemessene Ausdrücke aufzufinden, zu demselben Verfahren genöthigt sehen. Denn dem Mangel an bestimmten und entsprechenden Bezeichnungen, der in allen Sprachen wenigstens in Vergleichung mit der Menge der zu bezeichnenden Gegenstände sehr gross ist, und den Fortschritten der raisonnirenden Menschenkenntniss eine so grosse Schwierigkeit entgegensetzt, ist es kaum möglich anders, als durch ausführliche Umschreibungen zweckmässig abzuhelfen. Die Methode, neue Wörter zu bilden, oder alten eine bestimmtere Bedeutung unterzulegen, so empfehlungswürdig sie auch an sich ist, muss hier mit doppelter Vorsicht angewandt werden.

Alle Wörter, welche moralische Eigenschaften bezeichnen, können nur immer bis auf einen gewissen Grad, nie aber ganz, den Dingen, die sie bezeichnen, entsprechen. Sie drücken, wie alle Wörter überhaupt, Begriffe aus, welche feste und bestimmte Gränzen haben, da ihre Objecte, vermöge der unauflösbaren Verbindung, in welcher alle Theile der moralischen Welt unter einander stehen, ohne alle eigentlich bemerkliche Gränzen in einander überfliessen. Dieser Verlegenheit hilft der Sprachgebrauch ab, indem er, ohne sich so genau an den logischen Begriff eines Worts zu halten, die Anwendung desselben mehr den Aussprüchen eines geübten Gefühls unterwirft. Daher pflegen alle diese Ausdrücke eine doppelte Sphäre zu haben, eine logische, nach den Gränzen des Begriffs, den sie bezeichnen, und eine praktische, welche die Gewohnheit und der Sprachgebrauch bestimmt. Der wahre Unterschied zwischen beiden müsste auf demjenigen beruhen, welcher immer zwischen dem durch den Verstand gemachten Begriff, und dem durch den Sinn und das Gefühl aufgefassten Bilde eines Gegenstandes ist, welche beide, da wir mehr und feiner wahrnehmen und fühlen, als denken, nie vollkommen zusammenfallen. Der wirkliche Unterschied in den meisten Sprachen hingegen hängt freilich mehr von Zufall und Vorurtheil ab. Man darf nur bei einigen solcher Ausdrücke, wie z.B. Witz, Feinheit, Schwärmerei u.s.f. den Umfang des Sprachgebrauchs mit den besten und bestimmtesten Definitionen derselben vergleichen, um sich zu überzeugen, dass der erstere bald grösser, bald kleiner ist, als der letztere. Daher drückt sich ein Anfänger in einer Sprache so oft uneigentlich aus, ohne doch geradezu falsch zu reden, darum nehmen die Menge der Synonymen immer mit dem Grade der Ausbildung der Sprache ab, und darum erkennt von diesen der raisonnirende Sprachforscher noch immer mehrere an, als der Gebrauch der feinsten und gebildetsten Schriftsteller. Wird nun ein Wort neu geformt, oder doch seine Bedeutung neu gestempelt, so hat es fürs erste wenigstens bloss die eine, logische Sphäre des dadurch bezeichneten Begriffs. Es stellt daher nur diesen dem Verstande dar, die Phantasie und das Gefühl lässt es unberührt; denn da es durch eine freie Verstandeshandlung, nicht bei Gelegenheit und auf Veranlassung einer Wahrnehmung des Takts entstanden ist, und der Gebrauch noch keine Nebenvorstellungen damit verknüpft hat, so haben beide nichts, woran sie es festhalten könnten. Daher sind viele und vorsätzlich gemachte neue Worterfindungen nur in völlig speculativen oder technischen Wissenschaften empfehlungswürdig, wo man es mit blossen reinen Verstandesbegriffen, nicht mit wirklichen Dingen zu thun hat, oder wo es genug ist, diese nach einzelnen Eigenschaften zu unterscheiden; in dem Gebiete der praktischen Philosophie hingegen, wo es darauf ankommt, in der Erfahrung gegebene moralische Gegenstände nicht bloss nach gewissen Kennzeichen zu denken, sondern sie nach ihrer natürlichen Beschaffenheit ganz vorzustellen, muss man mit diesem Hülfsmittel viel sparsamer und vorsichtiger umgehn, wenn man nicht Gefahr laufen will, seinem Raisonnement allen Geist und alle Fruchtbarkeit zu benehmen. Zwar vermindert die Gewohnheit, die sich, selbst bei dem neuesten Ausdruck, nach und nach bildet, mit der Zeit einen Theil des geschilderten Nachtheils, aber immer bleibt bei vorsätzlichen Sprachbereicherungen dieser Art ein zu grosses Uebergewicht, wenn nicht der Willkühr, doch der Selbstthätigkeit des Verstandes da übrig, wo man die Empfänglichkeit der Beobachtungsgabe frei und unabhängig wirken lassen soll.

Ohne also noch auf höhere Vorzüge Anspruch zu machen, nöthigt schon die Armuth und Unbestimmtheit der Sprache, die es pedantisch und zweckwidrig seyn würde, in einer Kunst, welche nur als die freie Beschäftigung des gesellschaftlichen Gesprächs und des täglichen Lebens gedeiht, wissenschaftlich und systematisch berichtigen zu wollen, zu ausführlicheren Umschreibungen seine Zuflucht zu nehmen. Allein auch ausserdem dringt man nie tief in das Wesen eines Charakters ein, wenn man nicht das Geheimniss seiner Verrichtungen zu enthüllen versucht. Nur dann versetzt man sich ganz in den Mittelpunkt seines Objects, und läuft nie Gefahr, dasselbe aus einem fremden Standpunkt falsch oder einseitig anzusehn. Diese Foderung aber ist freilich noch nicht erfüllt, wenn, wie wir oben sagten, der Charakter selbst redend und handelnd eingeführt wird, wodurch man doch nur immer bei seiner Aussenseite stehen bleibt. Das innere Spiel der Kräfte muss aufgedeckt, die Beziehungen derselben auf einander müssen gezeigt, die Triebfedern der Handlungen auseinandergelegt werden.

7. Man soll also schildern, was nirgends und niemals den Blicken unmittelbar erscheint; man soll in mehrere Kräfte zerlegen, was immer nur als Eine ungetheilt wirkt; was die Menschenkenntniss auf diesem Wege an philosophischer Tiefe gewinnt, scheint sie wiederum nothwendig an natürlicher Wahrheit zu verlieren.

Hieraus fliesst eine dritte, äusserst wichtige Regel her: dass man bei jeder Charakterschilderung immer dasjenige, was unmittelbar in die Sinne fällt, die Handlungen und Aeusserungen überhaupt, vorausschicke, und von da nach und nach zu demjenigen, was weniger deutlich sichtbar ist, bis zu der innern Beschaffenheit des Charakters übergehe, die gar nicht mehr wahrgenommen, sondern allein geschlossen werden kann.

Alles, was nur immer über einen vollständig gezeichneten Charakter gesagt werden kann, lässt sich in drei Classen bringen, die in Absicht auf ihre mittelbare oder unmittelbare Evidenz stufenweis von einander unterschieden sind. In die erste kommen die eigentlichen Thatsachen, auf welche sich alles übrige nothwendig stützen muss, die Reden, Handlungen und Aeusserungen überhaupt, die physische Beschaffenheit des Subjects, seine Mine und seine Gestalt; in die zweite die allgemeinen Eigenschaften, welche sich aus jenen Thatsachen unmittelbar ergeben, und auf die jeder ohne weiteres Studium sogleich schliesst, als er jene wahrnimmt; in die dritte endlich der eigentliche innere Charakter in seiner wesentlichen Beschaffenheit, das Verhältniss und die Bewegung seiner Kräfte, die Art ihres Zusammenwirkens in der Thätigkeit ihrer Verrichtungen.

Wenn man auf diese Weise die verschiedenen Charakterbestimmungen, deren sich ein Beobachter bedienen kann, nach dem Grade ihrer Evidenz von einander absondert, wenn man alle oft unter einander vergleicht, und die Thatsachen lieber als Grundlagen vorausschickt, denn als Beweise nachfolgen lässt, so hat man nicht leicht zu besorgen, die Natur gerade dann zu verfehlen, wenn man ihr Innerstes zu durchspähen versucht. Auch fehlt es nicht an mancherlei Hülfsmitteln die Schwierigkeiten zu vermeiden, welche sich der Erforschung des Gemüths in der Thätigkeit seiner Verrichtungen selbst entgegensetzen. Zu diesen pflegt man wohl, vorzüglich in moralischen oder psychologischen Schriften, die allgemeinen Charakterformen zu rechnen, in denen man nach einer willkürlich angenommenen Seite, einem Temperament oder einer Leidenschaft, die übrigen analogisch bestimmt. Diese aber sind dem Studium der Menschenkenntniss vielmehr nur nachtheilig. Sie gewöhnen, bei zu allgemeinen, nicht genug individualisirten Beschreibungen stehen zu bleiben, und ganze Charaktere zu sehr von einzelnen Seiten zu betrachten. Auch haben sie immer ein so einförmiges und systematisches Ansehn, dass nur die einseitigsten und gewöhnlichsten Charaktere in der Wirklichkeit damit zusammentreffen, oder mahlen bloss, wie das komische Theater so oft, Einen einzigen Zug durch alle seine kleinlichen Aeusserungen hindurch aus. Daher ist die Tragödie, wo der Dichter die Charaktere nach den Handlungen und Begebenheiten bestimmt, soviel fruchtbarer für die Menschenkenntniss, als die Komödie, wo er gewöhnlich den umgekehrten Weg nimmt, und die Fabel aus den früher entworfenen Charakteren hernimmt. Ueberhaupt ist die Schwierigkeit zu gross, ganze Charaktere aus eigner Erfindung, und doch raisonnirend, nicht dichterisch, zusammenzusetzen. Viel zweckmässiger beschränkt man sich auf die Untersuchung einzelner Gemüthskräfte, Leidenschaften, Stimmungen u. s. f., erforscht, welche Gestalt eine Kraft annimmt, wenn sie diesen oder jenen Grad des Uebergewichts über die übrigen erlangt, mit welchen andern sie wohl Verbindungen eingeht, ob leicht oder schwer, ob flüchtig oder dauernd, ob sie alsdann meist herrschend oder untergeordnet ist, und welche Erscheinungen sie in allen diesen verschiedenen Fällen hervorbringt. Für diese einzelnen Fälle kann man in seiner Erfahrung lebendige Beispiele auffinden, man kann sich Charaktere auszeichnen, welche einzelne Eigenschaften im Extrem zeigen, und dadurch zum Maassstab für geringere Grade dienen, andre, welche sich durch ihre Aehnlichkeit, andre, welche sich durch ihren Gegensatz erklären u. s. f., und dies allein ist es, worauf alles ankommt, so wenig als möglich allgemeine Begriffe des Verstandes, oder schwankende

Bilder der Phantasie, sondern immer wahre Natur, und wirkliche Beobachtungen gegenwärtig zu haben.

Die Kunst einer vollkommen praktischen Menschenkenntniss beruht allein auf drey verschiedenen Punkten: richtige und vollkommen individuelle Beobachtungen zu machen, aus denselben das Wesen des Charakters, das in den Aeusserungen nur theilweise erscheint, gehörig und ganz zu abstrahiren, und sich von der Beobachtung zu dem Begriff, und von diesem zu jener mit vollkommener Leichtigkeit hin- und herüber zu bewegen, um beide durcheinander gegenseitig zu berichtigen. Wem das Talent eigen ist, diese drei Handlungen zugleich so unabhängig als möglich von einander vorzunehmen, und einander dennoch so nah zu bringen, dass, indem er die eine verrichtet, er zugleich die andre schon vorbereitet, der allein besitzt das ächte Genie zur Menschenbeobachtung.

8. Zu den bestrittensten Punkten in Absicht auf die Menschenkenntniss gehört ohne Zweifel die Frage: welchen Einfluss man der Beobachtung der äussern Gestalt und Mine auf das Urtheil über den innern Charakter verstatten müsse? Je nachdem die Gefahr, auf einem zu empirischen Wege in Schwärmerei und Chimären zu versinken, oder die, sich mit gänzlicher Abweichung von der Natur in grübelnde Speculation zu verlieren, grössere Besorgnisse erregt, pflegt man diesen Einfluss entweder gänzlich zurückzuweisen, oder zu hoch anzuschlagen. Wir wollen versuchen, diesen Streit durch eine einfache Regel zu schlichten, und glauben als solche mit Gewissheit folgende aufstellen zu können.

Vierte Regel: Man darf die physische und physiognomische Beschaffenheit eines Subjects niemals geradezu als eine Erkenntnissquelle für den innern Charakter betrachten; aber man muss dieselbe genau und vollständig studiren, um die auf andern Wegen erhaltenen Resultate Schritt vor Schritt mit derselben zu vergleichen, und durch sie theils zu berichtigen, theils genauer zu bestimmen.

Unter der physischen Beschaffenheit muss man jedoch mehr, als gewöhnlich geschieht, zusammenbegreifen. Sie umfasst die ganze physische Natur des Subjects, nach der Art, wie dieselbe innerlich ist, und äusserlich erscheint. Die einzelnen Punkte, auf die es bei derselben ankommt, sind ohngefähr folgende:

1., die gleichsam mechanische Lage der Theile des Gesichts und des Körpers, von deren verschiedenem Verhältniss, Grösse und Beschaffenheit die innere Tauglichkeit und Stärke und das äussere Ansehn desselben abhängt.

2., der Eindruck auf den ästhetischen Beobachter, die Schönheit oder Hässlichkeit.

3., der Eindruck auf den physiognomischen Beobachter, der Charakterausdruck in der Ruhe und der Bewegung.

4., die eigenthümliche Natur der physiologischen Verrichtungen, durch deren individuelle Verschiedenheit der physische Unterschied mehrerer Menschen im Zustande der Gesundheit entspringt.

5., die pathologische Eigenthümlichkeit, die Anlage des Körpers zu gewissen Gattungen der Krankheiten, und das Verhalten der Natur im Kampf mit denselben.

Würde ein einziges auch sogar in sich unbedeutendes Individuum nach allen diesen Rücksichten physisch und hernach auch nach den vorher erwähnten moralisch erkannt, so gewänne die Menschenkenntniss dadurch auf einmal so ungeheure Fortschritte, dass alle ihre bisherigen als Nichts dagegen verschwänden. Es würde auf einmal der ganze Zusammenhang der innern und äussern Natur des Menschen vollkommen durchschaut, und man besässe die Form seines Wesens, die alsdenn auf alle übrige Subjecte eine leichte Anwendung leiden würde. Aber es ist offenbar unmöglich, je zu diesem Ziel zu gelangen, und nicht darum, um alles zu ergründen, sondern nur darum, um in dem Wenigen, was wir erspähen, nicht allzugrosse Fehler zu begehn, ist es nothwendig unsre Blicke nach so verschiedenen Seiten zu richten.

Die Physiognomik pflegt seit einiger Zeit als ein trügliches und chimärisches Studium verworfen zu werden. Ohne sie gegen diesen Vorwurf retten zu wollen, sey es uns genug zu bemerken, dass sie denselben gerade ihren Beschützern verdankt, und dem Bemühen, sie von einer Kunst, die mehr zur Schärfung des Blicks des Beobachters, als zur Ergründung des beobachteten Gegenstandes zu dienen, mehr uns im ersten Augenblick zu leiten, als in überlegten Entschlüssen den Ausschlag zu geben bestimmt ist, zu einer Wissenschaft zu erheben. Woher käme sonst der Widerspruch, dass auch diejenigen, welche sie als Theorie entschieden verwerfen, dennoch im Leben täglich Gebrauch von ihr machen? Der Fehler der neueren Physiognomiker besteht darin: 1., die äussre Gestalt nicht bloss zu einer Erkenntnissquelle überhaupt, sondern zur besten und fast einzigen des ganzen innern Charakters zu machen; 2. Resultate, die sich aufs höchste aus dem lebendigen Anblick der ganzen Gestalt ergeben können, aus einzelnen Umrissen in Bildern und Schattenrissen zu ziehen, überhaupt der Grösse und dem Verhältniss der einzelnen und festen Theile zu grosse Wichtigkeit beizumessen, den Eindruck des Ganzen und die beweglichen Züge hingegen zu sehr zu vernachlässigen. Alles, was sich der mathematischen Methode nur von fern nähert; tödtet den Geist der ächten praktischen Physiognomik, die sich aber freilich nicht so glänzender Erfolge rühmen kann, als jene theoretische und wissenschaftliche.[3]

[3] Es ist in der That zu verwundern, wie ein wenigstens oft so scharfsinniger Kopf, als Lavater, und ein so treflicher Naturforscher, als Camper, so lange dabei verwei-

Die Aufsuchung des physiologischen und pathologischen Charakters ist das Geschäft des denkenden Arztes. Aber dieser Gegenstand ist leider noch in einem zu grossen Dunkel verhüllt, und die Natur desselben versagt uns sogar die Hofnung, ihn je bis zu dem Grade aufklären zu können, dass er auch auf den moralischen Charakter ein wohlthätiges Licht zurückzuwerfen vermöchte. Indess sind doch einige Züge hier zu auffallend, um übersehen zu werden. So ist es z. B. in unsern Tagen eine unläugbare Erscheinung, dass besonders bei dem andern Geschlecht und in den höhern Ständen nicht bloss Nervenkrankheiten sehr häufig sind, sondern dass sich auch durchaus eine grosse Nervenreizbarkeit äussert, welche ein offenbares Uebergewicht der Nervenkraft verräth. Die wichtige Frage, ob die Kultur unsre physische Constitution schwächt, und ob nur eine falsche und einseitige, oder ob überhaupt jede, auch die beste und gleichförmigste, dadurch dass sie, indem sie das ganze menschliche Wesen mehr verfeinert und höher spannt, auch den Körper in eine grössere und mehr verwickelte Thätigkeit, die sich daher auch leichter aufreibt, versetzt? – kann nicht anders als mit der sorgfältigsten Rücksicht auf die physiologische Beschaffenheit des Menschen beantwortet werden. Schon die alte, nur zu sehr durch Hypothesen entstellte, und zu wenig durch Beobachtungen aufgehellte Lehre von den Temperamenten ist aus diesem Gebiet hergenommen. Dennoch hat man diesem Gegenstand noch immer zu wenig Aufmerksamkeit gewidmet. Der moralische Erzieher versucht doch immer, ein allgemeines Bild des ganzen Charakters seines Zöglings, unabhängig von einzelnen Vorzügen oder Fehlern, seiner Neigung zu diesem oder jenem Extrem u.s.f. zu erlangen. Ebenso sollte der philosophische Arzt

len können, die Aehnlichkeit jener eines Löwen und eines Apollokopfes, dieser eines Vogels und eines Pferdes u.s.f. durch die Entfernung oder Näherung zweier Linien in nach und nach erweiterten oder verkleinerten Winkeln zu zeigen. Sie scheinen gemeint zu haben, hierin eine Aehnlichkeit der Bildung ganz verschiedener Wesen zu entdecken, die, wenn sie wirklich ausser uns (zufällig durch die Natur oder absichtlich durch den Schöpfer) vorhanden wäre, allerdings Bewunderung und Prüfung verdiente. Aber diese Einförmigkeit rührt einzig und allein von uns selbst her, aus der nothwendigen Form unsrer sinnlichen Anschauung. Da uns jeder Körper, in einem begränzten Raum, in einer gewissen Gestalt erscheint, und die Gränzen dieser Gestalt auf den einfachen Dimensionen des Raums (nach der Länge, Breite und Höhe) beruhen, so ist es sehr begreiflich, dass durch die verschiedene Zusammensetzung und Neigung der Linien, welche diese Dimensionen bezeichnen, alle mögliche Gestalten auf einander zurückgebracht werden können. – Die Gleichförmigkeit des Baues der ganzen animalischen und zum Theil auch der vegetabilen Natur ist allerdings bewundernswürdig, aber sie muss in der physischen und chemischen Beschaffenheit der Theile und ihren physiologischen Verrichtungen, nicht in der Aehnlichkeit ihrer Gestalt aufgesucht werden.

noch angelegener streben, sich mit dem allgemeinen philosophischen Charakter eines Subjects, auch im gesunden Zustande, mit dem Verhältniss seiner verschiedenen organischen Kräfte, dem Gange der Thätigkeit ihrer Verrichtungen, der Geneigtheit zu Krankheiten, die sich aus innern organischen Fehlern oder Misverhältnissen erzeugen, und dem Grade der Empfänglichkeit zur Aufnahme fremder Krankheitsstoffe bekannt zu machen. Eine solche Kenntniss gäbe alsdann die Grundlage zur Kurart im kranken und noch mehr zur nothwendigen Diät im gesunden Zustande ab. Allein so praktisch diese Arbeit seyn würde, wenn eine grosse und sichre Hofnung ihres Gelingens vorhanden wäre, so sehr wird sie durch die Unmöglichkeit, je weit darin vorzudringen, zu einer blossen speculativen Beschäftigung, und der praktische Arzt hütet sich daher mit Recht vor der Gefahr, dadurch in seinem, bei weitem ehrwürdigeren und nützlicheren Geschäfte gestört zu werden. Jeder irgend denkende Mensch aber sollte sich, was ohne grossen Zeitaufwand geschehen kann, die allgemeinen wissenschaftlichen Kenntnisse von dem Bau und den Verrichtungen des menschlichen Körpers verschaffen, und nun an sich selbst Versuche und Beobachtungen anstellen, und überhaupt, was auch in andrer Hinsicht sehr heilsam seyn würde, mehr auf eine richtige Behandlung seiner Gesundheit bedacht seyn, und es würde alsdann nicht fehlen, dass auf diesem Wege nicht in Kurzem eine Menge von Erfahrungen gesammelt werden sollten.

Die soeben genannten Hülfsmittel zur Menschenkenntniss sind daher, wie man leicht einsieht, nicht von der Art, dass sie unmittelbar wichtige und genau bestimmte Resultate versprechen sollten. Aber sie leisten dagegen einen noch mehr ausgebreiteten und wichtigeren Nutzen. Indem die Seele des Beobachters sich die Gestalt, die physische Beschaffenheit und sogar (denn auch diess muss hieher gerechnet werden) die äussre Lage des beobachteten Individuums einzuprägen sucht, macht sie sich genauer mit demselben bekannt, und kommt mehr in den Stand, sich an die Stelle desselben zu versetzen. Der Takt, von dem in der Menschenkenntniss so viel abhängt, kann und muss durch ein doppeltes Mittel unterstützt werden. Das erste besteht darin, die Aussprüche desselben immer auf deutliche Begriffe zurückzubringen und nach den Regeln des Verstandes zu prüfen, das zweite ist aber das, wovon wir hier reden, die äussre Erscheinungsart des Subjects genau zu beobachten und sich lebendig einzuprägen. Jenes berichtigt seine Fehler, nachdem er sehr thätig gewesen ist; diess leitet ihn während seiner Wirksamkeit selbst, und ist daher insofern noch wichtiger, als das erstere. Es ist mit diesen Hülfsmitteln gerade ebenso, als mit dem des Reisens. Bei dem heutigen Zustand unsrer Literatur ist das Reisen selten nothwendig, um eigentliche Nachrichten über die Länder einzuziehen, die man besucht; dies kann in der Regel zu Hause, unter einer tüchtigen Menge guter Bücher besser und bequemer geschehen. Aber es führt den Geist unmittelbar in die verschiedene Lage der Nationen ein und macht ihn mit ihren Sitten und ihrer Lebensart (wenn er dieselbe auch theoretisch schon vorher vollkommen kennt) vertraut, und nützt selbst dann, wenn man ganz andere Gegenden besucht, als diejenigen, welche man studiren will, indem es die Gewandtheit befördert, sich in verschiedne Lagen zu versetzen. Daher ist es dem feineren Beobachter des Menschen so unentbehrlich; darum reist aber auch nur der schon sehr tief Unterrichtete mit eigentlichem Vortheil. Wer auf der Reise erst lernen will, ist in jeder Rücksicht verloren; man muss bloss sehen, was man schon weiss.

Nicht also für eine Erkenntnisquelle des innern Charakters kann die Beobachtung der äussern physischen Beschaffenheit gelten, nur für ein Hülfsmittel, den Beobachter sichrer bei der Natur zu erhalten, die anderswoher gefundnen Resultate zu prüfen, und sich anfangs einigermaassen zu orientiren. Sie muss die leeren Momente ausfüllen, in welchen noch nichts Wichtigeres geschehen kann, und ohne sich noch ein Urtheil zu erlauben, ohne nur ein Raisonnement zu wagen, muss man fürs erste bloss sehen und auffassen. Erst wenn man auf zuverlässigeren Wegen schon Resultate gefunden hat, darf die Vergleichung mit dem physiognomischen Eindruck beginnen. Trift man eine Verschiedenheit an, so muss eine sorgfältige Prüfung diesen oder jene berichtigen. Kommen beide mit einander überein, so muss der letztere die ersteren in ihren feineren Modifikationen und in ihren Graden bestimmen. Die Gestalt und die Mine thut alsdann dasjenige, was bei dem begleiteten Gesang die Musik leistet. Wie diese dem Sinn der Worte zwar immer getreu bleibt, aber denselben bald verstärkt, bald mildert, oder den Uebergang der Gedanken, welcher im Ausdruck immer loser und abgebrochener wird, fester und stetiger macht, ebenso geschieht es auch hier. Der Blick des Auges, der Schnitt des Mundes, die Falten der Stirn z. B. mahlen in ihren feineren Nüancen und Graden die leidenschaftliche Heftigkeit des Charakters, welche sich ausserdem in einzelnen Handlungen und dem ganzen Betragen verräth.

Nicht selten sind gewisse Züge der Physiognomie so auffallend und hervorstechend, dass man sich nicht erwehren kann, ihnen nicht eine entsprechende moralische Bedeutung zuzuschreiben, die man doch in der übrigen sichrer begründeten Charakterkenntniss entweder vermisst, oder gar widerlegt antrift. Es entsteht alsdann die Frage: wem man in diesem Fall das Versehen beimessen soll? ob der physiognomischen oder der innern intellectuellen Beobachtung? Wäre man gewiss, sich nicht in der ersten zu irren, so müsste man die Schuld unmittelbar auf die letztere schieben. Denn dass ein stark gezeichneter Zug ganz bedeutungslos sey, lässt sich auf keine Weise annehmen, und man kann nie einem zuverlässigeren Führer folgen, als dem Ausdruck der Natur. Deswegen und weil doch auch wiederum jene Gewissheit nie vollkommen erlangt werden kann, wird der feine Menschenbeobachter in solchen Fällen sein Urtheil aufschieben; wird er aber genöthigt, sich für eine Meynung zu erklären, so wird es einzig und allein, und ohne dass sich eine Regel dafür angeben liesse, von seinem Genie abhängen, ob er die richtige oder die falsche erwählt?

Gewisse Eigenschaften des Menschen werden unläugbar in hohem Grade durch die physische Natur bestimmt; andere sind mehr ein Eigenthum seiner Vernunft und Freiheit. Die erstern drücken sich natürlich auch deutlicher in der Gestalt und der körperlichen Beschaffenheit aus, als die letzteren. Daher kann es stark angedeutete Züge geben, deren moralische Bedeutung die Kultur und Moralität so gut als gänzlich verlöscht haben. Auch giebt es ganze Charaktere und einzelne Fälle, in welchen die physische Natur eine stärkere Gewalt ausübt, und in denen man daher auch ihrem Ausdruck mehr Gewicht beimessen muss. Zu diesen gehören die des Geschlechts, der Alter, zum Theil der Nationen, ja einzelner Individuen, welche der Herrschaft ihres Temperaments mehr unterworfen sind, ferner die sinnlichen Kräfte des Menschen, seine Neigungen und Triebe mehr als die intellectuellen und moralischen, endlich die Momente, in welchen die Heftigkeit der Leidenschaft die Ruhe des Gemüths und die vernünftige Ueberlegung verdrängt. Was in diesen Fällen vom Naturcharakter auch nur schwach durchscheint, wird der gute Beobachter sich immer merken; denn der wirkliche Charakter ist nicht und darf nicht der blosse und reine Willenscharakter, er ist und muss immer ein Zusammengesetztes von beiden seyn: die ursprüngliche Natur berichtigt und gebilligt durch die Vernunft und die Freiheit.

9. Der Begriff einer ächten Charakterschilderung ist nunmehr zur Genüge entwickelt.

Sie muss alle Eigenthümlichkeiten des Individuums, aber nichts weiter als diese enthalten, und das innere Wesen desselben vollständig und getreu darstellen, nach dem Verhältniss und der Bewegung seiner Kräfte, in der Thätigkeit seiner Verrichtungen, in Beziehung auf seine fortschreitende Entwicklung, nach der innern Beschaffenheit und dem äussern Ausdruck desselben in dem Körper und der Gestalt.

Ist diess aber, dürfte man nicht mit Unrecht fragen, die Art der Charakterschilderung, mit der man es wagen kann, grosse Perioden der Menschheit und ganze Jahrhunderte zu zeichnen, oder ist nicht vielmehr eine so ausführliche, feine, raisonnirende Methode nur für einzelne Subjecte oder gar nur für einzelne Lagen des wirklichen Lebens geeignet? Der Dichter, welcher individuelle Scenen darstellt, muss in die wechselnden Gemüthsbewegungen, Gefühle und Leidenschaften eingehn, er muss seinem Takt und seinem Genie die nothwendige Freiheit gewähren. Aber der Geschichtschreiber bedarf eines andern, mehr einfachen und zuverlässigeren Führers. In einem Jahrhundert verschwinden die Menschen, und nur ihre Werke bleiben zurück. Wer also diess zu zeichnen unternimmt, muss die Menschheit nicht sowohl denkend oder empfindend, sondern handelnd schildern; und wie ist es möglich, den grossen, sichern, einfachen, politischen Blick zu behalten, wenn der Geist durch eine Menschenbeobachtung, wie die oben geschilderte, zu sehr verfeint und verzärtelt worden ist?

Allerdings ist der Schilderung der Menschheit im Grossen nichts so nachtheilig, als eine solche Verzärtelung, und unläugbar ist diese kränkelnde Gemüthsstimmung auch unserm Zeitalter, mehr als den vorigen, sogar unsrer Nation, mehr als den auswärtigen, eigen. Sie ist es, welche den philosophischen Forscher so oft begieriger nach verborgenen Feinheiten, als nach offenbaren grossen und fruchtbaren Wahrheiten suchen, den Dichter verwickelte und seltene Gefühle den gewöhnlichen und natürlichen vorziehen lässt, und uns überhaupt im Leben mehr raisonnirend und empfindsam, als handelnd und thätig macht. Freilich besitzen wir auch, um eine grosse Periode kennen zu lernen, fast nur die Handlungen und Werke der Menschheit, aus welchen sich bei weitem nicht alles das herleiten lässt, was im Vorigen zu einem vollständigen Charaktergemählde verlangt wird.

Indess ist es dennoch nicht unmöglich einen vollkommnen, pragmatischen und politischen Blick, welcher die Menschen im Ganzen und als Massen betrachtet, und auf äussre Thätigkeit und fest gegründete Dauer sieht, mit einem gleich psychologischen zu verbinden, der überall individuelle Verschiedenheiten aufsucht, und nur auf die innere Kraft und die höchste und edelste Anstrengung seine Aufmerksamkeit richtet. Wenigstens ist diese Verbindung zur Erreichung des ursprünglichen Endzwecks: durch die Betrachtung der Menschheit im Ganzen den Einzelnen ihr Verhältniss zu demselben verständlich zu machen, schlechterdings unentbehrlich. Wenn grosse Foderungen nicht vollkommen erfüllt werden können, ist es darum nie gut, bei kleineren stehen zu bleiben. Wer ein ganzes Jahrhundert zu zeichnen unternimmt, müsste seinen Gegenstand schlechterdings nicht studirt haben, wenn er nicht deutlich fühlen sollte, dass er da, wo er schon der Menge der Objecte beinah unterliegt, nur grosse, einfache und gewisse Resultate aufstellen darf, dass er seinen Stoff aufhellen und vereinfachen, nicht aber durch ein unzeitiges Haschen nach feinen und verborgenen Zügen verwirren und vervielfachen muss. Ist nun, neben dieser Ueberzeugung, sein Geist mit den höchsten Foderungen der vollständigsten Charakterschilderung vertraut, hat er seine Menschenkenntniss nicht bloss aus dem Gebiet der Geschichte und dem weiten Kreis des öffentlichen Lebens, sondern auch aus den engeren Cirkeln des vertrauten Umgangs geschöpft, ist er nicht bloss politisch, sondern auch moralisch und psychologisch gebildet, so wird er auf keiner Seite zu weit gehen, und es wird seiner Schilderung weder an Klarheit und Treue, noch an Feinheit und Vollständigkeit mangeln.

Die Beweise, aus welchen wir ein ganzes Jahrhundert zu erkennen im Stande sind, müssen freilich zum Theil mangelhaft und einseitig seyn. Wenn indess von unserm eignen gegenwärtigen Jahrhundert die Rede ist, so giebt es auch eine Menge vollgültiger und lebendiger Zeugen. Vermöge des verschiednen Alters der Menschen, mit denen wir umgehn, der stufenweisen Entwicklung der Nationen, und der dauernden Spuren, welche jede Generation ihren Werken aufdrückt, übersehen wir einen bei weitem grösseren Zeitraum, als wir ohne diese Hülfsmittel eigentlich mit unsrer unmittelbaren Erfahrung zu begleiten im Stande wären. Wenn wir genau erwägen, wie wenig eigentlich dasjenige ist, was wir unmittelbar erfahren, so erschrecken wir vor der Beschränktheit unsrer ursprünglich gewissen Erkenntniss, und gerathen in Versuchung, an den ungeheuern Fortschritten des menschlichen Geistes, selbst dem klaren Augenscheine zuwider, zu zweiflen. Aber ausser dem Vermögen unsers Verstandes, dasjenige, was wir mittelbar empfangen, zu prüfen, zu berichtigen und zu verknüpfen, besitzt unsre Einbildungskraft, wenn sie nur gehörig geleitet und gestärkt wird, eine wunderbare Fähigkeit, das auf jene Weise und also nur symbolisch Erkannte auch sinnlich und anschaulich zu machen, und dadurch gewissermaassen die Stelle der wirklichen Beobachtung zu vertreten.

V. Erörterung der Frage, wie das Zufällige im Charakter von dem Wesentlichen desselben unterschieden werden kann?

Rückblick auf das durch die bisherigen Untersuchungen Geleistete. – Man ist dem eigentlichen Charakter bloss näher gerückt, ohne ihn jedoch selbst wirklich aufzufinden. – Er ist verschieden von den Handlungen und von allen Aeusserungen des Individuums, ist die gemeinschaftliche Ursache derselben, das ursprüngliche Ich, die mit dem Leben zugleich gegebne Persönlichkeit, und insofern ist es sogar unmöglich, ihn unmittelbar aufzufassen und auszusprechen. – Widerlegung eines doppelten Einwurfs. – Die bisherige Behandlung hat der philosophischen Beurtheilung nur einen sorgfältig ausgewählten und gesonderten Stoff in die Hände geliefert. – Was jetzt noch übrig bleibt, ist 1., die Absonderung des Zufälligen und Wesentlichen im Charakter. – 2., die Zusammenziehung seiner mannigfaltigen Eigenthümlichkeiten in den möglichst kurzen und einfachen Ausdruck. – Der gegenwärtige Abschnitt beschäftigt sich bloss mit dem ersten Erforderniss. –Begriff des Zufälligen im Charakter in seinem weitesten Umfange. – Abweichung desselben von dem gewöhnlichen Begriff. Doppelte Gefahr, zufällige Mängel für wesentliche Züge, oder wesentliche

Unvollkommenheiten für zufällige Schwächen zu erklären. – Nothwendigkeit einer richtigen Unterscheidung beider um den Begriff der Idealität mit dem der Individualität zu verbinden, an zwei Beispielen gezeigt. – Verschiedene Grade der Zufälligkeit gewisser Charaktereigenschaften. – Relativität dieses Begriffs und Verschiedenheit seines Umfangs nach der Art der anzustellenden Beurtheilung. – Methode der Absonderung des Zufälligen nach dem nunmehr entwickelten Begriff. – Menge der Zufälligkeiten in dem Charakter einer Zeit überhaupt und in dem der unsrigen insbesondre.

1. Keine Art der Behandlung philosophischer Gegenstände ist der Erforschung der Wahrheit nachtheiliger, als wenn man das wahre und ursprüngliche Wesen der Dinge übersieht und dasjenige, was in seiner wahren Gestalt schlechterdings nicht erkannt werden kann, mit Begriffen ausgemessen und erschöpft zu haben wähnt, und kein Vorwurf kann für einen Schriftsteller niederschlagender seyn, als der, die beschränkten Gränzen seines Kopfs auch seinem Stoff aufzubürden. Unbestimmtheit im Raisonnement, Unzulänglichkeit in Beweisen, Lücken in Schlussketten können mit der Zeit berichtigt oder ausgefüllt werden; wer sich ihrer schuldig macht, beweist sich als einen unsystematischen, vielleicht sogar als einen verwirrten Kopf, aber es fehlt ihm darum noch nicht an Sinn und an Geist, die Wahrheit zu sehen und zu entdecken, wenn auch an Fähigkeit, sie darzustellen und zu beweisen; er wird das Gebiet seiner Wissenschaft nie aufräumen, aber er ist nicht unfähig, es zu erweitern. Wer hingegen wirkliches und unverkennbares Daseyn hinwegläugnet, der entrückt der Betrachtung ihren eigentlichen Gegenstand, verschliesst den Weg ihn zu finden und giebt uns leere Worte, indem er uns den inhaltvollen Stoff raubt.

Der widrigste und für den Verfasser beschämendste Eindruck, welchen der soeben beendigte Abschnitt in dem Gemüthe des Lesers zurücklassen könnte, wäre daher der, wenn jemand sich einbildete, nunmehr im Besitz der Mittel zu seyn, den eigentlichen Charakter des Menschen vollständig und in seiner wahren Gestalt zu erkennen, und das menschliche Gemüth, gleich einer Maschine, erklären und berechnen zu können. In einen so thörichten Misverstand wird indess auch niemand verfallen, welcher die Kenntniss menschlicher Charaktere zu seiner eignen Beschäftigung zu machen gewohnt ist; von einem solchen haben wir vielmehr ganz im Gegentheil den Vorwurf zu erwarten, dass wir, trotz aller unsrer Bemühungen, doch um die wahren und eigentlichen Triebfedern des Charakters nur im Kreise herumgegangen sind, sie selbst aber nirgends aufgedeckt haben, und dass schon die Vielfachheit der empfohlnen Hülfsmittel zur Genüge beweist, dass dasjenige, worauf es in der That und zuletzt ankommt, ganz und gar nicht auf einem einfachen Wege gefunden werden kann, sondern nur von fern und von allen Seiten her ausgespäht und errathen werden muss.

Und in der That verhält es sich nicht anders. Der Mensch ist mehr und noch etwas anders, als alle seine Reden und Handlungen, und selbst als alle seine Empfindungen und Gedanken; und wie genau man auch ein Individuum kennen mag, so versteht man immer nur einzelne seiner Aeusserungen und leistet sich niemals ein Genüge, wenn man nunmehr alles zusammennehmen, dasjenige, was es eigentlich ist, und diess auf einmal aussprechen will. Bis auf einen gewissen Punkt lassen sich alle Plane und Raisonnements eines Menschen ohne grosse Schwierigkeit entwickeln und auseinanderlegen; kommt man aber dahin, wo der Gedanke oder der Entschluss zuerst entstand, so befindet man sich auf einmal wie an den Gränzen einer unbekannten Welt, aus der nur einzelne und abgerissene Erscheinungen plötzlich hervorspringen, indess sie selbst in undurchdringlichem Dunkel verhüllt liegt. Und doch sind es gerade diese ersten Triebfedern, diese innern Kräfte, die das eigentliche Wesen des Individuums ausmachen und ursprünglich alles in Bewegung setzen, in welchen das, was den Menschen am meisten adelt, Seelengrösse, Tugend und Heroismus, seinen Sitz hat, und aus welchen allein jede grosse That und jeder genievolle Gedanke hervorgeht.

Sowohl in den Denkmälern der Geschichte, als in dem Kreise seines eignen Privatlebens wird jeder leicht sich an Personen erinnern, die, ohne sonst je eine mehr als gewöhnliche Kraft oder Energie zu verrathen, in kritischen und gefahrvollen Lagen auf einmal eine ausdauernde Beharrlichkeit oder eine muthvolle Entschlossenheit zeigten, die sie über sich selbst und ihre sonstige Mittelmässigkeit plötzlich emporzuheben schien. Wem schwebt nicht aus den furchtbaren Scenen der französischen Revolution mehr als Ein Beispiel dieser Art nur noch zu lebhaft vor Augen? Vergebens sucht man alsdann diesen höheren Charakter aus den bekannten Grundsätzen und Maximen der Menschen, die ihn zeigen, zu erklären; nirgends, so weit man auch nachspüren mag, findet man etwas, das zu den Erwartungen einer solchen Grösse berechtigte. Auch pflegt man nicht selten zu sagen, dass alsdann die ungewöhnliche Lage den Geist erweckt und befeuert, aber dazu wird doch nothwendig eine schon vorhandene Kraft erfodert, die einer solchen Erweckung fähig sey. Es ist daher nichts anders, als der innere, verborgene Charakter, der schlechterdings nicht durch die Masse seiner bis zur Deutlichkeit entwickelten Begriffe oder seiner gewöhnlichen Empfindungen ausgemessen werden kann, der vielleicht lange schlummert, aber dann, wenn die Gelegenheit sich darbietet, auch plötzlich rege wird und in seiner ganzen Stärke auftritt. Dieser Charakter ist so wenig ein blosses Resultat der Grundsätze des Verstandes oder ein Werk des Raisonnements, und so sehr blosse und ursprüngliche Natur, dass vielmehr umgekehrt jene Grundsätze selbst unter seinem Einflusse stehen, und dass wir ihn fast in umgekehrtem Verhältnisse mit der Ausbildung des

Verstandes und mit der Menge der Kenntnisse antreffen. So ist er in der Regel und unter übrigens gleichen Umständen stärker bei dem weiblichen, als bei dem männlichen Geschlecht, in roheren, als unter gebildeten Nationen, und in diesen unter den niedrigeren, als unter den vornehmeren Klassen. Die Kultur scheint seine Triebfedern gewissermaassen abzuspannen; ob es sich gleich von selbst versteht, dass diess nur ein sie gewöhnlich begleitender, nicht ein nothwendig in ihr gegründeter Nachtheil ist. Das beständige Nachforschen nach der Verbindung zwischen Grund und Folge, das Aufsuchen des Zwecks aller Handlungen und Ereignisse schwächt sehr leicht die Energie, mit der man einen Gegenstand, ohne Rücksicht auf allen Zweck, bloss um sein selbst willen, liebt oder verabscheuet, und da diese den edelsten und rein moralischen Neigungen zugleich mit denen, die bloss auf Vorurtheil und Laune beruhen, eigen ist, so wird sie durch die Kultur nicht selten, statt nur auf die gehörigen Objecte gerichtet zu werden, gänzlich vernichtet. Auch die moralischen Neigungen sind ursprünglich im Menschen instinctartig da, und es geschieht sehr leicht, dass die Kultur durch Vernunft, die nur hindern soll, dass sie nicht auch bloss instinctartig bleiben, sie verfälscht und verunreinigt. Es ist daher unläugbar, dass wir sehr häufig in den Menschen Erscheinungen antreffen, die wir aus allen seinen noch so sorgfältig und vollständig beobachteten Aeusserungen nicht zu verstehen, noch weniger zu erklären im Stande sind; und diess führt uns nothwendig auf eine innere und ursprüngliche Kraft in ihm, die sein eigentliches Ich, seinen wahren Charakter ausmacht und der wir uns auf dem im vorigen Abschnitt gezeigten Wege wohl nähern können, die wir aber nie ganz zu enthüllen hoffen dürfen.

Eben diese Kraft ist es, welche auch in der Erziehung so oft unsre Erwartungen täuscht oder unsre Bemühungen fruchtlos macht. Das ursprüngliche Naturell, der angebohrne Charakter des Zöglings widersteht jedem Versuche, ihn auszurotten oder wesentlich umzustimmen, und es ist eine sehr gewöhnliche Erscheinung, dass Geschwister, die eine durchaus gleiche Erziehung genossen, dennoch in den Jahren ihrer Reife noch dieselbe Verschiedenheit der Charaktere zeigen, die sie schon in ihrer frühesten Kindheit verriethen. Keine lebendige Kraft verhält sich gegen fremdes Einwirken bloss leidend; wie sehr man sie auch von aussen stärken, leiten und unterstützen mag, so ist dennoch alles, was in ihr geschieht, nur das Werk ihrer eignen und innern Energie, und wenn wir uns über den Widerstand beklagen, welchen die menschliche Natur auch einer weisen Bildung entgegensetzt, so dürfen wir nicht vergessen, dass ohne eine solche Kraft des Zurückstossens auch nicht ein solches Vermögen der Aneignung möglich war. Diese innere Selbstständigkeit, die wir durch die ganze organische Natur hindurch antreffen, besitzt der Mensch in einem noch vorzüglicheren Verstande. Die Sphäre der in ihm möglichen Wirkungen ist in ihm grösser, aber die Gesetze, deren Gewissheit allein den Erfolg verbürgen kann, sind weniger fest und bestimmt. Die Freiheit lässt sich nicht, gleich der Natur, berechnen, und ausser der allgemeinen Beschaffenheit des Menschen überhaupt muss noch die besondre Eigenthümlichkeit des Individuums in Anschlag kommen. Denn auch das Individuum trägt einen ursprünglichen Charakter an sich, und wollten wir auch selbst mit der Sorgfalt unsrer Erziehung bis zu dem Augenblick der Geburt zurückgehn, so würden wir auch da schon vorhandnen Eigenthümlichkeiten begegnen.

Es ist daher ein schlechterdings vergebliches Bemühen, das Wesen eines Menschen vollständig aus den Umständen, die auf ihn eingewirkt haben, herleiten und durchaus begreifen und darstellen zu wollen. Wie tief man eindringen, wie nah man zur Wahrheit gelangen möchte, so bleibt immer doch Eine unbekannte Grösse zurück: die primitive Kraft, das ursprüngliche Ich, die mit dem Leben zugleich gegebne Persönlichkeit. Auf ihr beruht die Freiheit des Menschen, und sie ist daher sein eigentlicher Charakter.

2. Ehe wir aber diese Betrachtung weiter fortsetzen, müssen wir bei dem soeben aufgestellten Resultate einen Augenblick verweilen, um ein Paar Einwürfen zu begegnen, die hier sehr leicht gemacht werden können. Da von einer primitiven Kraft geredet worden ist, so scheint es, als wollten wir eine ursprüngliche und angebohrne moralische Verschiedenheit unter den Menschen behaupten, und da wir diese Kraft als unvertilgbar und jeder äussern Einwirkung unbesiegbar vorgestellt haben, so entsteht eine nicht geringe Verlegenheit, diese innern Hindernisse mit den völlig allgemeinen Foderungen der Moral zu vereinigen.

Ob ein Mensch im genauesten und strengsten Verstande von Natur von dem andern verschieden ist, oder ob die anfangs durchaus gleiche Beschaffenheit aller nur durch die individuelle Lage eines jeden verändert und individualisirt wird, ist eine Frage, die gänzlich ausser dem Gebiete unsrer Erfahrung und unsrer Einsicht liegt. Wir sehen den Menschen nicht eher, als bis er einen, zwar nicht der Länge der Dauer, aber der Grösse der Fortschritte nach, beträchtlichen Theil seiner Laufbahn zurückgelegt hat, und da alles, worüber wir zu urtheilen vermögen, immer nur Resultate der gemeinschaftlichen Wirksamkeit äusserer Umstände und der innern Kräfte sind, so können wir diese beiden für uns immer zugleich thätigen Stoffe niemals genau von einander unterscheiden. Alles, was wir mit Sicherheit zu behaupten im Stande sind, ist nur soviel, dass irgend eine Kraft, sey es nun eine gleiche oder ungleiche (obschon diess letztere, wenn man sich einmal ein Urtheil, zu dem man nicht befugt ist, erlauben will, eine grössere Wahrscheinlichkeit hat), zuerst und unabhängig von allen sie umgebenden Umständen vorhanden ist, weil ja sonst nichts da wäre, worauf von aussen eingewirkt werden könnte. Uebrigens aber ist es für uns gerade ebenso, als ob die Verschiedenheit, die wir zwischen mehreren Menschen bemerken, in der That von Natur und ursprünglich vorhanden wäre. Denn da sich das Kind, ehe es noch den Schooss seiner Mutter verlässt, schon in einer bestimmten Lage befindet, da diese und die Beschaffenheit des Körpers, die es empfängt, einen durch das ganze Leben hindurch fortdauernden Einfluss auf seinen Charakter ausüben, diese ganze Reihe der Ursachen aber ausserhalb des Kreises unsrer Erfahrung liegt, so sehen wir auch diese in der That von aussen her bewirkte Verschiedenheit mit Recht als ursprünglich und wesentlich an.

Den moralischen Menschen, gleich dem physischen, zum Gegenstande einer wissenschaftlichen Beobachtung zu machen und ihn dadurch gleichsam in die Reihe blosser Naturwesen zu versetzen, ist allemal ein bedenkliches Unternehmen, das einen nicht geringen Grad der Vorsicht erfodert. Denn ausserdem dass der Beobachter nicht selten veranlasst wird, uneingedenk der selbstständigen Würde seines Objects, dasselbe als ein blosses Werkzeug dem Endzweck seiner Forschungen unterzuordnen, es willkührlich und zum Behuf seiner Absichten zu behandeln; so werden auch leicht Erscheinungen, die vielleicht oft und gewöhnlich wiederkehren, der moralischen Natur als feste und unveränderliche Naturgesetze aufgedrungen, da doch dieselbe vollkommen frei seyn muss und nichts dem Gebote der Vernunft und des Willens widerstehen darf. So oft wir uns aber in philosophischen Untersuchungen dem unergründlichen Geheimniss der Freiheit nahen, fühlen wir uns in unzählige Schwierigkeiten und scheinbare Widersprüche verstrickt. Auf der einen Seite dürfen wir nicht läugnen, dass jeder Charakter, den uns die Natur eingeprägt haben könnte, unter der Macht unsers Willens stehen muss, dass es möglich seyn muss ihn zu vertilgen, sobald es unmoralisch würde, ihn länger zu behalten. Auf der andern Seite können wir es uns nicht verbergen, dass ein wahrhaft ursprünglicher und angebohrener Charakter auf keine Weise ausgerottet werden kann, dass wir ihn zu schwächen, zu verändern, nie aber so aufzuheben vermögen, dass er nicht in jeder Umänderung noch sichtbar bliebe. Wie nun, wenn uns die Natur einen Charakter mittheilte, welcher mit der moralischen Ausbildung unsers Geistes schlechterdings unverträglich wäre? Wäre der Mensch, wie einige Philosophen uns zu überreden versucht haben, das Resultat eines blossen Naturmechanismus, hinge er einzig und allein von den Lagen ab, in die das Schicksal ihn schleudert, so wäre jener Widerspruch in der That unauflösbar und diese Gefahr unvermeidlich. Es stünde allein in der Gewalt des Zufalls, uns ebenso gut zu Bösewichtern, als jetzt uns zu Wahnsinnigen zu machen. Aber schon diese abgeschmackte und vernunftwidrige Folge zeigt, dass in dem Menschen ursprünglich eine Kraft wohnt, welche sich der äussern Einwirkungen nur bemeistert, um dieselben, ihrer Natur gemäss, zu gebrauchen; und diese Kraft, die wir freilich erst spät als eine moralische kennen lernen, ist vom ersten Augenblick seines Daseyns an dieselbe, die sich uns hernach in einer so erhabenen Gestalt zeigt. Der Mensch ist von seinem ersten Odemzuge an Mensch, und sein ursprünglicher Charakter ist kein andrer als der Charakter seiner Persönlichkeit, von welcher dasjenige, was wir Vernunft nennen, nichts anders als eine Form ist, unter der wir sie selbst, die an sich unergründlich ist, am deutlichsten und bestimmtesten erkennen. Wo also irgend ein individueller Charakter der Moralität Hindernisse in den Weg zu legen scheint, da können dieselben immer nur von zufälligen Beschaffenheiten desselben herrühren, nie in seinem Wesen gegründet seyn; und man kann es als einen festen Grundsatz annehmen, dass die Natur der Vernunft (in dem Sinn nämlich, in dem man beide einander gegenüberstellen kann, da die Zweideutigkeit des Ausdrucks: Natur eigentlich allein diess ganze Misverständniss veranlasst) niemals unübersteigliche Hindernisse entgegensetzt.

Freilich aber ist diess nur insofern richtig, als die Vernunft sich selbst getreu bleibt und nur dem moralisch Nothwendigen unbedingt, übrigens aber bloss dem physisch Erreichbaren nachstrebt. Dem thörichten Unternehmen, mit Vertilgung des eignen Charakters einen durchaus fremden anzunehmen, würde sich die Natur allerdings und mit entschiedenem Erfolg widersetzen, da sie hingegen das Bemühen, den eignen zu reinigen, und zu erhöhen, allemal unterstützt.

So findet man auch hier die beiden Hauptregeln aller geistigen Ausbildung bestätigt, die eine für die Bildung seiner selbst, sich bei seiner eignen moralischen Bearbeitung schlechterdings keine schonende Rücksicht auf scheinbare Hindernisse des Körpers, des Temperaments oder der Gewohnheit u.s.f. zu erlauben, und die andre für die Bildung andrer, die Eigenthümlichkeiten ihrer Individualität aufzusuchen und denselben mit strenger Anhänglichkeit getreu zu bleiben. Die Beherzigung dieser beiden Regeln ist um so nothwendiger, als die feige Schwäche, zufälligen Schwierigkeiten der Umstände und der physischen Natur nachzugeben, und das einseitige Verlangen, alle Naturen Einer Richtschnur zu unterwerfen, nur zu allgemein verbreitet sind.

3. Die im vorigen Abschnitt aufgezählten Hülfsmittel zur Kenntniss individueller Charaktere führen uns demnach noch nicht gänzlich zum Ziel. Sie sammeln die Aeusserungen des Charakters, sondern die unwichtigen von den wichtigen ab, ordnen die letzteren unter gewisse Gesichtspunkte und geben dadurch zwar der Phantasie ein vollständiges und bestimmtes Bild, das zum praktischen Lebensgebrauch hinreicht, bereiten auch wohl die strengere philosophische Beurtheilung vor; aber immer lassen sie etwas als unbekannt und unausgesprochen zurück, und man kann es sich keinesweges verbergen, dass diess gerade das ist, worauf es am meisten ankommen würde, das eigentliche Ich, die individuelle Persönlichkeit.

Der Charakter (darauf haben wir schon im Vorigen (IV. 4.) aufmerksam gemacht) kann als eine Kraft betrachtet werden, die mit einer gewissen Beschaffenheit (Materie) in einer gewissen Art (Form) wirkt. Beide aber, seine Materie und seine Form, bestimmen sich gegenseitig durch einander, und er gleicht hierin (wenn wir ein kühnes Bild wagen dürfen) den rollenden Weltkörpern, welche durch die anziehenden Kräfte ihrer Stoffe die Richtungen ihrer Bahnen und durch ihre Bahnen wiederum ihre Gestalt und Dichtigkeit erhalten. Die Materie haben wir durch das Verhältniss, die Form durch die Bewegung der Kräfte auszudrücken gesucht. Aber obschon diese Methode der Wahrheit allerdings näher zu führen scheint, als die bisherigen, so bedarf es dennoch nicht erst einer Erinnerung, wie unvollkommen dasjenige, was Eine und eine ungetheilte Kraft ist, durch unsre, bloss vermöge der Abstraction gemachte Zerlegung in viele, wie untreu eine rein geistige Energie durch Analogien körperlicher Bewegung, und wie dürftig überhaupt ein lebendiges und unaufhörlich thätiges Wesen durch abgezogene Begriffe und todte Worte geschildert wird. Diese Fehler im Einzelnen möchten indess noch erträglich seyn; das Schlimmste und Schwierigste ist die Verbindung der Materie und Form, die Kunst beide, die nur wir willkührlich trennen, als Eins und ebendasselbe zu denken. Diess kann nur durch eine Handlung der selbstthätigen Einbildungskraft geschehen, die auf der einen Seite sich keine Willkühr erlauben soll und auf der andern keine äussere Erfahrung (da diese nur immer die Wirkungen, nie das Wesen der Kräfte zeigt) zu ihrer Leitung nehmen kann, von inneren aber nur die Erfahrung der eignen Persönlichkeit vor sich hat, die ihr, indem sie sich eine fremde vorstellen will, nur von sehr mittelbarem Gebrauche seyn kann. Indess leuchtet doch hieraus deutlich hervor, in wie hohem Grade eine eigene vielseitige Bildung die intuitive Kenntniss fremder Eigenthümlichkeiten befördert.

Alles was wir bisher gethan haben, ist daher nur ein Annähern zur Wahrheit, kein eigentliches Ergründen derselben.

Diess Ergründen ist aber auch schlechterdings unmöglich. Wir sehen den Charakter nur allein in seinen Aeusserungen, und da er nicht bloss in keiner einzelnen derselben, sondern nicht einmal in ihrem Total, insoweit wir nämlich diess übersehen, ganz, noch auch in irgend einer allein und von allem Einfluss äussrer und fremdartiger Ursachen gereinigt erscheint, da er ferner eine freie und selbstthätige Kraft ist, die nicht, wie die Naturkräfte, sichre analogische Schlüsse von einem Theil ihrer Bahn auf den Ueberrest erlaubt; so ist es nie möglich, ihn eigentlich und in seiner wahren Gestalt zu kennen, noch weniger auszusprechen, immer nur, ihn aus seinen Wirkungen zu schliessen und zu errathen.

Und zu diesem Behufe nun scheint die im vorigen Abschnitt aufgestellte Methode in hohem Grade empfehlungswürdig, die jedoch bloss den untergeordneten Zweck hat, alles, aber nur das, was ein Subject charakteristisch von dem andern unterscheidet, vollständig zu sammeln, mehr ein Gemählde des Charakters zu entwerfen, als den Begriff desselben festzusetzen, und der philosophischen Beurtheilung nur zuerst einen zweckmässig ausgewählten und eigen zurechtgelegten Stoff in die Hände zu liefern. Für diese ist indess jetzt noch eine andre Arbeit nothwendig. Die philosophische Beurtheilung will nämlich das Verhältniss eines einzelnen Individuums zum Ideale bestimmen, überschlagen, wie mehrere Individuen zweckmässig zusammenwirken können, um ihre allgemeine und eigenthümliche Ausbildung zu befördern und Vorzüge, die ein Einzelner nicht in sich zu vereinigen vermöchte, gesellschaftlich darzustellen. Um nun diese schwierige Vergleichung zu erleichtern, muss sie die Form jedes Charakters theils in vollkommener Reinheit, theils in dem möglichst einfachen Ausdruck zu erhalten bemüht seyn. Die unbehülfliche Masse der einzelnen charakteristischen Züge liesse sich weder unter einander, noch nach Einem Maassstab mit dem Ideale vergleichen.

Ihr erstes nunmehr noch übriges Geschäft ist daher die Absonderung der zufälligen Beschaffenheiten von den wesentlichen Eigenschaften des Charakters.

Das zweite der Versuch, die Mannigfaltigkeit der wahrgenommenen Eigenthümlichkeiten in einen möglichst kurzen und einfachen Ausdruck zusammenzuziehen. Diess aber geschieht vielleicht am natürlichsten dadurch, dass man auf die letzten und einfachen Bestrebungen zurückgeht, in welchen alle Menschen durchaus mit einander übereinkommen, und die Art untersucht, wie diese sich in verschiedenen Individuen verschieden modificiren. Auf diese Weise gelingt es vielleicht am besten, die Formen der höchsten und ursprünglichsten Verschiedenheiten unter der Menschheit zu entdecken.

So erhebt sich also die philosophische Menschenkenntniss von einer Stufe zur andern und zieht ihren Stoff, gleichsam in pyramidalischer Gestalt, immer mehr und mehr zusammen. Unten ruht er auf der breiten Basis der beobachteten Thatsachen und Aeusserungen, und oben endigt er sich in dem einfachsten Ausdruck, welcher noch die Charaktereigenthümlichkeit zu bezeichnen vermag.

4. Jeder aufmerksame Beobachter menschlicher Charaktere muss es an sich und an andern sehr häufig wahrnehmen, wie Wenigen, und wie auch diesen Wenigen nur in seltnen und glücklichen Augenblicken es gelingt, ihr innres Wesen vollkommen rein zu empfinden, oder noch mehr vollkommen rein ausser sich darzustellen. In den meisten Perioden unsers Lebens fühlen wir uns entweder durch einengende Hindernisse niedergedrückt oder durch zufällige und fremdartige Ursachen von unsrer eigenthümlichen Bahn abgeführt und vermissen das hohe und schöne Gefühl,

welches die Thätigkeit unsrer Kräfte in ihrer vollen und natürlichen Energie immer begleitet. Aeussere Ursachen kommen hier mit innern zusammen und überladen den Charakter mit fehlerhaften und nicht einmal immer bloss vorübergehenden Zufälligkeiten. Die Beschaffenheit unsers Körpers, die Lage, in der wir uns befinden, der Lauf unsrer gewöhnlichen Geschäfte, der aufmunternde Beifall oder der zurückschreckende Tadel andrer geben dem Geist einseitige und fremdartige Richtungen, oder halten ihn wenigstens in seinen natürlichen Fortschritten auf. Bei weitem mächtiger aber wirken noch in dieser Hinsicht die inneren Ursachen, die Herrschaft gewisser Neigungen, das schädliche Uebergewicht einzelner Anlagen, die Macht des Eindrucks, durch welchen eine einzelne Handlung, ja ein einzelner Gedanke manchmal grosse und plötzliche Umänderungen in uns hervorbringt, die Trägheit, welche der Gewohnheit nachgiebt, und vor allem der gefährliche Hang, eine einmal glücklich geübte Eigenthümlichkeit nun auch bis zum gänzlichen Misverhältniss zu übertreiben oder aus Ueberdruss und Liebe zum Wechsel plötzlich gegen eine entgegengesetzte vertauschen zu wollen. Denn das Bestreben, mit dem wir an uns selbst zu arbeiten bemüht sind, vermehrt, was das schlimmste ist, noch sehr oft diese Nachtheile, und nicht selten verdrehen wir in uns durch Künsteleien der Vernunft die Natur, die wir nur besser entwickeln und ausbilden sollten. Von unsrer Kindheit an stehen wir unter dem Einflusse bestimmender Umstände; mit den Veränderungen, die sie in uns hervorbringen, werden auch die Standpunkte unsrer Betrachtung verrückt; wie schwer ist es daher aus diesem verwirrten Chaos sich rein herauszufinden und wie viel schwerer sich rein zu erhalten. Je eifriger wir nach diesem Ziele ringen, desto mehr laufen wir Gefahr dasselbe zu verfehlen. Denn unsre Vernunft, die immer unruhig ist, immer zweifelt, ob der gewählte Weg auch der richtige sey? eilt alsdann sehr leicht dem langsamen, immer mehr im Ganzen, als im Einzelnen sichtbaren Gange der Natur zu vorschnell zuvor, und schreitet, ohne den Erfolg und die Erfahrung sorgfältig genug abzuwarten, von Aenderung zu Aenderung hinüber.

Diese Zufälligkeiten nun soll die philosophische Menschenkenntniss von dem eigentlichen Wesen des Charakters abscheiden; sie soll denselben in seiner ächten und eigenthümlichen Gestalt aufsuchen, ehe sie sich ein Urtheil über seinen Werth erlaubt oder ihm eine Stelle in der Reihe menschlicher Charaktere überhaupt anweist. Diese Absonderung aber ist von einer Menge von Schwierigkeiten begleitet; denn wenn die Ursachen so verschieden sind, welche dem Charakter zufällige Züge beimischen, wenn diese oft so dauernd und herrschend angetroffen werden, wo soll man alsdann die hinlänglichen Kennzeichen auffinden, dieselben von den wesentlichen mit Sicherheit zu unterscheiden? Auch muss die Natur des Gegenstandes und die Verschiedenheit des Zwecks der Absonderung auf den Begriff des Zufälligen selbst nothwendig einen nicht geringen Einfluss ausüben, da z. B. dasjenige, was in Rücksicht auf das ganze Leben eines Menschen mit Recht zufällig heisst, bei der Beurtheilung einer einzelnen Periode desselben vielleicht nicht mehr so genannt werden darf.

Um aber, ehe wir in diese einzelnen Verschiedenheiten eingehen, den Begriff des Zufälligen im Charakter in seinem weitesten Umfang aufzusuchen, müssen wir unsern Blick auf die höchsten Aeusserungen seiner Kräfte richten. Was mit voller Energie, mit der ganzen Anstrengung des Gemüths geschieht, kann nicht anders, als aus einer eigenthümlichen Natur entspringen. Nun aber wird sich jeder bessere Mensch einzelner Momente bewusst seyn, in welchen er sein Wesen in einer ungewöhnlichen vollendeten Stärke fühlte; auf diese wird er zurückblicken, wenn er sich ein Bild seiner ächten Natur zu entwerfen versucht, und nur in ihnen wird er sich ganz, in allen übrigen bloss zerstückt und theilweise wiederfinden. Man suche daher das Beste und Höchste auf, was irgend ein Subject nach allen verschiedenen Richtungen hin geleistet hat, man knüpfe diess in Eins zusammen, und nehme diess so gestaltete Ganze als seine eigenthümliche und wesentliche Beschaffenheit an. Alles, was diesem Begriff nicht entspricht, wird nun zufällig heissen können, es sey nun, dass es wirklich fremdartige Eigenschaften, oder nur geringere Grade oder einseitige Aeusserungen jener Eigenthümlichkeit zeige.

Wenn hier die Begriffe des Wesentlichen und Zufälligen in Charakteren so gestellt sind, dass dieses eigentlich überall, jenes nur äusserst selten erscheint, so darf uns diess auf keine Weise irre machen. Denn wenn man erforschen will, was die Menschheit eigentlich zu leisten vermag, so darf man sich nicht an lange Strecken und ganze Perioden, nur an einzelne Kraftäusserungen und einzelne Momente heften. Alle übrigen sind hinlänglich gerechtfertigt, wenn sie nur langsam dazu beitrugen, jene ans Licht zu rufen, und überall in der todten und lebendigen Natur sehen wir wenige und einzelne, aber grosse und wohlthätige Früchte durch die Vereinigung vieler, lange ununterbrochen fortwirkender Kräfte reifen.

5. Unläugbar weicht indess der soeben aufgestellte Begriff des Zufälligen im Charakter von demjenigen ab, welcher im täglichen Leben üblich ist, und den man, dem ersten Anblick nach, auch hier natürlich erwarten müsste. Dort nämlich wird das Zufällige als gleichbedeutend mit dem Fremdartigen und Vorübergehenden angesehn, da es hier nicht allein dauernd, sondern sogar, zwar nicht dem ganzen Wesen des Individuums, aber doch einer einzelnen Beschaffenheit desselben eigenthümlich seyn kann. Der Unterschied beider Vorstellungsarten beruht darauf, dass man bei der einen von der besten, bei der andern von der gewöhnlichen Natur des Subjects ausgeht. Das Letztere mag in einiger Rücksicht natürlicher scheinen, aber nur das Erstere kann den Begriff durchaus erschöpfen und dem

gegenwärtigen Endzweck ein Genüge leisten, bei dem es hauptsächlich darauf ankommt, den Umfang dessen zu zeigen, was irgend eine Kraft möglicherweise zu leisten und zu welcher Höhe sie ihre Individualität zu steigern vermag.

Gerade aber dasjenige, was hier zufällig genannt wird, dient sehr häufig am besten das Individuum, dem es angehört, zu charakterisiren. Denn nicht leicht wird es einen wichtigen Charakterzug geben, welcher nicht, wenn man ihn entweder übertreibt oder ihm eine einseitige Herrschaft erlaubt, in einen Fehler oder wenigstens in eine Schwäche ausarten sollte, und von jedem irgend interessanten Subject lassen sich daher zwei durchaus verschiedene Gemählde entwerfen, eins, worin dasselbe in der besten und verhältnissmässigsten Stimmung seiner Kräfte auftritt, und ein anderes, worin es nach allen den einseitigen Zügen und Misverhältnissen geschildert ist, die immer sogleich hervorkommen, als nicht eine gewisse höhere Begeisterung das Ganze beseelt. Ihrer grossen Verschiedenheit ungeachtet werden doch beide aus einander gegenseitig erklärbar seyn, und dem aufmerksamen Beobachter werden auch bei der glücklichsten Stimmung die Punkte nicht entgehen, von wo aus, wenn jenes schöne Gleichgewicht verschwindet, sich der Charakter in einseitige Extreme verliert. Das letztere Bild zeichnet bloss fehlerhafte und im eigentlichsten Sinne zufällige Züge, da das erstere, nicht weniger treue, hinlänglich beweist, dass der Charakter von denselben frei bleiben kann, aber doch immer Züge solcher Art, die es nicht möglich ist, zu vernachlässigen, da sie in so vielen Zuständen des Subjects wirksam sind, [haben], und selbst die grössere oder geringere Seltenheit ihres Erscheinens in dem eigentlichen Wesen gegründet seyn muss.

Wie alle Extreme überhaupt, so fallen auch diese Züge am sichtbarsten ins Auge, und sie sind es daher, welche die gemeine Menschenbeobachtung immer zuerst auffasst, und bei denen sie sogar überhaupt stehen bleibt. Die philosophische begeht dagegen leicht den entgegengesetzten Fehler, der nicht minder gross und vielleicht, da er zu einer noch schlimmeren Unkunde der Wirklichkeit verleitet, noch gefährlicher ist. Die Kunst, einen Charakter in seiner Vollendung durchaus zu begreifen und in seiner Individualität bestimmt allen andern entgegenzusetzen, ist in mehr als Einer Hinsicht schwer und erfodert zugleich lange Beobachtung und reifes Nachdenken, Scharfsinn im Trennen und Geist im Verbinden der Züge. Bei weitem leichter ist es dagegen, mehrere Eigenthümlichkeiten an einzelnen hervorstechenden Extremen, die schon eine flüchtige Aufmerksamkeit entdecken kann, zu unterscheiden, und es ist daher kein Wunder, dass diese letztere Methode bei der Charakterisirung der Geschlechter, Nationen und Individuen im gewöhnlichen Gebrauche die allgemeingültige ist, das Weib durchaus schwach und unbeständig, der Mann fest und eigensinnig, der Engländer tiefsinnig und schwärmerisch, der Franzose witzig und leichtsinnig, der Italiener rachgierig und üppig, der Deutsche pedantisch und nachahmend heisst. Für die ächte Menschenkenntniss ist indess hierdurch noch so viel als gar nichts gewonnen; ihr ist es wenig, Gestalten nur bloss unterschieden zu haben, wenn es ihr nicht zugleich gelingt, die mannigfaltigen Züge jeder einzelnen auch zu einem Ganzen zu verbinden.

Nie ist der Charakter daher vollständig gezeichnet, wenn nicht in der Schilderung seiner höchsten Natur zugleich die Anlässe seiner Verirrungen, und nicht umgekehrt in diesen letzteren zugleich die Möglichkeit jener ersteren erscheint, wenn er nicht, im Fall er ein einzelnes Subject darstellt, ebensogut seinen besten, als seinen ungünstigsten Moment erklärt, und im Fall er das Bild einer Gattung entwirft, nicht ebensowohl auf das bedeutendste, als auf das vorzüglichste Individuum derselben passt.

6. Je schwerer es ist, den Begriff der Idealität mit dem der Individualität zu verbinden, desto nothwendiger wird die Trennung des Zufälligen im Charakter (nach der soeben bestimmten Bedeutung dieses Worts) von dem Wesen desselben. Denn der vorzüglichste Grund, warum man so häufig gegen die individuellen Charaktere der Nationen, ja selbst gegen den moralischen Unterschied der Geschlechter Klagen erhebt, warum man gern alle Völker in Eine Form giessen und die Weiber zu Männern umschaffen möchte, ist gerade der, dass man die fehlerhaften Charakterzüge, welche die Individualität nur veranlasst, für nothwendig und wesentlich mit ihr verbunden ansieht. Jede Eigenthümlichkeit neigt sich, da sie immer eine gewisse Einseitigkeit mit sich führt, zu einem Extreme hin, aber da diess Extrem ohne Verlust an ächter Originalität vermieden werden kann, so darf es in Rücksicht auf den Begriff der Charaktergattung nie anders als zufällig heissen.

Man pflegt es dem weiblichen Geschlechte zum Vorwurf zu machen, dass es die Welt um sich her zu sehr aus sich und seinem Standpunkte heraus ansieht, und statt sie rein und einfach aufzufassen, sich in dieselbe überträgt. Auch muss man in der That gestehen, dass diess nicht selten der Fall ist. Denn so viel treuer auch die Frauen die Natur mit ihren Blicken zu begleiten scheinen, so ist ihnen die eigentliche Objectivität, die Stimmung, die überall zuerst den trocknen und blossen Buchstaben, völlig abgesondert vom Geist und Wesen, auffasst, dennoch, genau genommen, in hohem Grade fremd. Sie eilen zu leicht dem Resultate zuvor, verbinden früher, als das Einzelne gehörig gesammelt ist, und knüpfen selbst die unmittelbarste und einfachste Beobachtung zu gern, nicht gerade an ganz individuelle, aber doch an subjective Verhältnisse des Gefallenden oder Misfallenden, Schönen oder Hässlichen u. s. w. Daher folgen sie nur mit Mühe einem abstracteren Raisonnement, das, ohne sogleich das Ziel zu zeigen, in einer

Reihe von Folgerungen fortgeht, glauben schwerer der Ueberzeugung, die der blosse Verstand durch Gründe erzwingt, mistrauen selten ihrem Gefühl und ihrer Ansicht und entscheiden sich nur sehr schwer gegen ihre Neigung durch das Gewicht reiner Vernunftgründe. Mit einer so starken Einmischung der Empfindung in die Geschäfte der übrigen Seelenkräfte kann eine vollkommene Klarheit auf keine Weise bestehen; auch fehlt dieselbe den Frauen um so eher, als ihr Gefühl einen ausgezeichnet hohen Grad der Innigkeit, Stärke und Tiefe besitzt; aus dem Mangel an Klarheit aber entspringen nothwendig, nur nach Verschiedenheit der Lagen und der Personen, bald wahre Verirrungen, bald die innern unfruchtbaren Schmerzen und Spannungen, mit welchen die Seele, ohne ein äusseres Object, bloss weil sie mit sich nicht Eins zu werden vermag, sich vergeblich quält. Von dem Anblick dieses Fehlers und seiner nachtheiligen Folgen verleitet, hat man es versucht, das andre Geschlecht auf einmal und gänzlich vor diesem Abwege zu verwahren, ihm alle feinere Kultur seines Empfindungsvermögens zu entziehen, ihm jede Nahrung der Schwärmerei abzuschneiden, und aus Verzweiflung, es in einer kühnen Höhe bleibend zu erhalten, ihm lieber jeden Aufflug versagen wollen. Zu diesem Irrthum konnte nur die Verwechselung des Zufälligen und Wesentlichen im Geschlechtscharakter verführen. Mit dem Uebergewicht der Empfänglichkeit muss zwar ein Hinneigen zur Subjectivität nothwendig verbunden seyn; Phantasie und Gefühl werden daher immer eine höhere Herrschaft in dem andern Geschlechte, als in dem unsrigen ausüben. Allein die Empfindung sowohl als die Empfänglichkeit überhaupt wird nur durch die höchste Realität vollkommen befriedigt, und man nähert sich der Wahrheit ebenso gut, wenn man das Gemüth zu ihrer unverfälschten Aufnahme vorbereitet, als wenn man mit grösserer Selbstthätigkeit den Stoff absondert, zurechtlegt und bearbeitet. Nicht also in dem Gelingen des Bemühens wird ein nothwendiger Unterschied liegen, nur in den Mitteln dazu, in dem Zweck und den Gegenständen, zu dem und an welchen es sich äussert. Auch sehen wir Männer vielleicht noch öfter durch vorgefasste Begriffe, als Frauen durch willkührlich eingemischte Bilder der Phantasie irren. Nur werden diese letztern freilich ihren Endzweck in eben dem Grade schwerer und seltner erreichen, als es seltner gelingt, sein ganzes Wesen zu einer gewissen Verrichtung zu stimmen, als wie der Mann thut, einzelne Kräfte einseitig anzuspannen. Aber dafür erreichen sie auch unvergleichbar mehr, da sie die Natur in demselben Moment, in dem sie sie beobachten, schon auch sich aneignen.

Nur ein überwiegendes Streben, an die äussere Beobachtung auch unmittelbar und zugleich die innere Individualität zu knüpfen, die Wahrheit mehr durch Sinn, Takt und Empfindung in sich aufzunehmen, als durch den Verstand und das Abstractionsvermögen zu erspähen, und die Neigung mit der Pflicht überall in friedlicher Harmonie auszugleichen, ist demnach eine wesentliche Eigenschaft des weiblichen Charakters. Dagegen ist es eine blosse Zufälligkeit einzelner Individuen, wenn das Object sich in dem Subjecte verliert, die Wahrheit der Einbildung weicht und die Ueberzeugung von der Neigung beherrscht wird.

7. Wenn schon die Ungerechtigkeit gegen vollendete Charaktere nachtheilig ist, so ist es noch bei weitem gefährlicher, solche zu verkennen, die sich erst auf dem Wege ihrer Entwicklung befinden. Darum ist die Absondrung der reinen Eigenthümlichkeit für den Erzieher so nothwendig, aber auch zugleich so schwierig. Denn die Jugend zeigt ebenso wie das höhere Alter, da in beiden der innern Charakterkraft die nothwendige Reife und Stärke mangelt, eine beträchtliche Anzahl theils bloss vorübergehender, theils tiefer gegründeter Zufälligkeiten. In einer Zeitperiode ganzer Nationen kommen beide Fehler zusammen, da eine solche, weil die Einwirkungen der Vorzeit noch fortdauern, indem schon die Eigenthümlichkeiten der folgenden aufkeimen, immer die beiden äussersten Stufen des individuellen Lebens in sich vereinigt.

Ein interessantes Beispiel einer solchen falschen Beurtheilung der Zeit giebt in unsern Tagen die häufige Klage, die man in so mannigfaltigen Gestalten über Abspannung und Schlaffheit des Charakters führen hört. In der politischen Welt, sagt man, fehlt es, wenige Ausnahmen abgerechnet, an der lebendigen Energie der Nationen, die selbst das Mittelalter noch hie und da aufwies, überall hat das Privatinteresse das öffentliche erstickt, und vorzüglich vermisst man einzelne Individuen, die durch die Uebermacht ihres Geistes dem Laufe der Begebenheiten eine entscheidende Richtung ertheilten. In dem Reiche der Wissenschaften giebt, ungeachtet aller unläugbaren Fortschritte und Erweiterungen, doch gerade derjenige Theil die kärgste Ausbeute, welcher das feurigste Gefühl und das productivste Genie erfodert, die bildende und dichtende Kunst. Da aber auch hievon einzelne bewundernswürdige Ausnahmen vorkommen, und Talente, die immer nur Einzelnen angehören, keinen Schluss auf eine ganze Zeit erlauben, so ist die Erscheinung noch sichtbarer in den Massen des Volks. Die Regierungen der Staaten sind weniger als je den Fähigkeiten und dem Charakter von Einzelnen anvertraut; in feste Formen gegossen, gehen sie einen sichreren, weniger von persönlichen Kräften und Gesinnungen abhängigen, aber auch weniger auf sie zurückwirkenden Gang. Religionsschwärmerei, wenn sie auch noch hie und da einzeln erscheint, ist gewiss weniger allgemein verbreitet, aber auch der reine und edle Religionseifer in hohem Grade erkaltet. Die Philosophie hat die sichersten Wege zur Er forschung der Wahrheit gewählt und sich bescheidener, als sonst, innerhalb der Gränzen der menschlichen Vernunft gehalten; zugleich ist es ihr gelungen, ihre Herrschaft weiter, als je, zu verbreiten, und so hat sie dem

Geiste unläugbar eine gewisse Kälte und Nüchternheit mitgetheilt. Bei allen politischen, wissenschaftlichen und selbst mechanischen Arbeiten sind die mannigfaltigen Geschäfte so sehr unter dem Fleisse vieler Einzelnen vertheilt, dass keiner eigentlich die Kraft fühlt, die erfodert wird, solche Massen in Umschwung zu bringen, keiner seine Thätigkeit anspannt, in diesem Bestreben zu gelingen, keiner seinen Muth gegen den Widerstand stärkt, den sie ihm entgegensetzen. Im gesellschaftlichen Leben stösst man häufiger auf Verbindungen, welche gemeinschaftliches Interesse, Gleichheit in Beschäftigungen oder in Meynungen stiftete, höchst selten aber auf solche, die freie Neigung und der eigentliche Charakter knüpfte. Selbst diejenige Leidenschaft, welche am meisten gemacht ist, die ursprüngliche Kraft des Menschen zu erwecken, zeigt, sogar in ihren Verirrungen, bei weitem eher weichliche Schwäche und kränkelnde Reizbarkeit, als kühne Energie.

Allerdings leiden auch von der andern Seite alle hier angeführte Beweise wichtige Ausnahmen, aber es bleibt unläugbar, dass alle Eigenthümlichkeiten unserer Zeit uns mehr zum Raisonniren als zum Empfinden und Handeln führen, und nichts auf der Welt wirkt so feindselig gegen Heroismus und Enthusiamus als ein übermässiger Hang zum Raisonnement. Auch sind viele der Einrichtungen, die sonst einen mächtigen Einfluss auf die Phantasie und das Gefühl ausübten, durch die Länge der Zeit und die veränderte Richtung des menschlichen Geistes zu todten Formen geworden, die, statt energisch und belebend zu wirken, nun bloss als einschränkende Hindernisse dastehn. Dagegen hat der neuer entstandene Hang zu einer philosophirenden Beurtheilung aller Dinge das Ansehn der Meynung geschmälert, häufigere Zweifel erregt, und zugleich den Abscheu vor Gegenständen der Misbilligung mit der Anhänglichkeit an Gegenstände der Billigung vermindert, den heftigen Hass und die leidenschaftliche Liebe seltner gemacht. Sie hat derjenigen Stimmung das Uebergewicht verschaft, die alles in ein Object ihrer zergliedernden Betrachtung verwandelt, und es ist unvermeidlich, dass diese Stimmung, indem sie den intellectuellen Menschen befriedigt, nicht den moralischen gleichgültig machen sollte.

Alter und Jugend der Zeit kommen daher zusammen, die Triebfedern unsers Charakters zugleich abzuspannen. Wenn man indess die Ursachen dieser Abspannung genauer erwägt, so ist dasjenige, was wir verlieren, nur gleichsam die Stärke und Heftigkeit des Instincts, da wir der Stärke der Vernunft vielmehr jetzt erst entgegenreifen. Zwar ist es schwer von einem ganzen Zeitalter das zu behaupten, was selbst dem Einzelnen nur selten gelingt. Allein gewiss ist es doch, dass nicht bloss einzelne Vorurtheile, sondern die ganze Richtung des Geistes, welche der Herrschaft von Vorurtheilen leicht Raum giebt, in hohem Grade vermindert worden ist, und dass die Schlaffheit und Abspannung, die unmittelbar auf einen solchen Zustand freilich erfolgen muss, nicht anders als vorübergehend und augenblicklich gedacht werden kann. Die einzelnen sowohl, als die vereinten Kräfte unsers Zeitalters sind mit zu entschiedenem Glücke den besten und höchsten Zwecken zugerichtet; die Fortschritte der Vernunft sind zu sicher gegründet und die Wissenschaften aller Art haben ihr Gebiet zu sehr erweitert, als dass bei diesen Zeichen einer blühenden und kraftvollen Gesundheit des Geistes auch nur der Verdacht einer wesentlichen und bleibenden Schwäche entstehen könnte. Es mag allerdings die Entzündbarkeit der Phantasie und der Empfindung fehlen, die sich leicht und plötzlich zu grossen Thaten entflammt, es mögen selbst viele der Gegenstände jetzt unwirksam geworden seyn, welche sie bisher zu erregen pflegten; das Interesse an dem Glück und der Veredlung der gesammten Menschheit aber ist einmal zu allgemein verbreitet, es wird durchaus richtiger, als sonst verstanden und liberaler beurtheilt, und dieser Gegenstand ist schlechterdings zu gross, als dass er nicht auch sinnlich auf die Einbildungskraft und das Gefühl mit Macht einwirken und einen hohen und erleuchteten Enthusiasmus erzeugen sollte.

Jene Schlaffheit und Kraftlosigkeit, von welcher freilich bedeutende Anzeichen nicht abgeläugnet werden können, ist daher nur zufällig in der Lage des Augenblicks, nicht wesentlich in der Beschaffenheit des ganzen Zeitalters gegründet, sie wird nicht, wie sie sonst unfehlbar müsste, wachsen, sondern vielmehr wieder verschwinden, und alles, was man allenfalls zugeben kann, ist, dass auch die künftige Zeit, vergleichungsweise mit der vorigen, weniger auffallende und grosse Kraftäusserungen Einzelner, weniger heldenmüthige Thaten und Bewunderung erregende Aufopferungen aufweisen, oder vielmehr (denn auch diess ist schon zu viel zugestanden) dass man den einseitig auflodernden Enthusiasmus und die Heftigkeit des Gemüths seltner, als ehemals antreffen wird, die immer durch eine wachsende Kultur in gewissem Grade zurückgedrängt werden. Dagegen werden gewiss Geist und Charakter durch ganz andre Beweise die ächte und rüstige Stärke zeigen, von welchen jene einzelnen leuchtenden Erscheinungen sehr oft nur unsichre Zeugen sind.

8. Wenn eine Eigenschaft so tief, als es in den beiden vorigen Beispielen der Fall war, in dem Charakter gegründet ist, so dient sie, wenn sie auch nach genauer Untersuchung dennoch zufällig genannt werden muss, mehr als irgend eine andre dazu, die wesentliche Natur desselben aufzudecken. Um daher diese nicht zu verfehlen, ist es nothwendig, Zügen solcher Art eine vorzügliche Aufmerksamkeit zu widmen, und folglich die verschiedenen Grade der Zufälligkeit sorgfältig von einander abzusondern. Da alles, was aus der ächten Eigenthümlichkeit des Individuums herfliesst, demselben durchaus wesentlich ist, so muss alles Zufällige entweder nicht aus der

wahren oder nicht aus der ganzen Individualität entspringen, und diese Eintheilung erschöpft in der That alle Gattungen desselben.

Was von aussen eingewirkt wird und also gewissermaassen dem Charakter immer fremdartig bleibt, ist entweder bloss vorübergehend oder bleibend. Von der ersten Art sind die Zufälligkeiten, welche einzelne Individuen von einzelnen Perioden ihres Lebens, Personen ihres Umgangs, Büchern ihrer Lectüre u. s. f., ganze Nationen von einzelnen Thaten oder Begebenheiten, temporärem Verkehr mit einer benachbarten oder dergl., Zeiten endlich von dem Einflusse einzelner Menschen oder Ereignisse annehmen. Die Zufälligkeiten der letztern Art macht schon ihr länger dauerndes Fortwirken auf den innern Charakter bedeutender. Zu ihnen gehören die Eigenthümlichkeiten, welche Staatsmänner, Schriftsteller, Menschen überhaupt durch ihren Stand, ihre Nation, ihre Zeit gegen ihre ursprünglichen Anlagen empfangen. So drückt z. B. Shakespearen unläugbar die Unkultur und die Geschmacklosigkeit seines Zeitalters, aber ebenso kann auch ein Charakter durch diese Zugabe manchmal, statt zu verlieren, vielmehr gewinnen. So ist es z. B. zweifelhaft, ob nicht der abentheuerliche Leichtsinn und die jugendliche Unbesonnenheit Franz I. schlechthin tadelnswerth, selbst seine gerade und zuversichtliche Offenheit wenigstens unbedeutend scheinen würde, wenn er nicht von dem Ritterwesen seiner Zeit einen mehr romantischen, glänzenderen Schimmer erborgte:

Am tiefsten endlich gehen in den Charakter diejenigen Zufälligkeiten ein, welche ihm zwar im genauesten Verstande eigenthümlich, aber einseitige Extreme seiner sonst höhern und edleren Natur sind. Ohne gerade durch bestimmte äussere Anlässe hervorgebracht zu werden, können dieselben durch allgemeine Schwäche und Unthätigkeit entstehen, indem, wenn alsdann das Gleichgewicht verloren geht, die überwiegende Anlage eine verhältnisswidrige Herrschaft erlangt. Dieser ist es möglich auf einem doppelten Weg zu begegnen, entweder von aussen dadurch, dass man dem Geiste eine Beschäftigung giebt, durch die er schlechterdings, alle seine Kräfte zu sammeln, genöthigt wird, oder von innen, indem man die Fähigkeiten desselben absichtlich zu ihrem wahren Verhältniss stimmt. Die letztere Methode setzt eine genaue, ächt philosophische, d. h. aus Gründen hergeleitete und auf die mögliche künftige Entwicklung berechnete Kenntniss seiner selbst voraus; die erstere mehr indirekte hingegen ist, vorzüglich bei der Bildung andrer, bei weitem anwendbarer und praktischer. Sie dient zugleich zu einem treflichen Mittel die wahre Eigenthümlichkeit, der man auf dem unmittelbaren Wege am schwersten nahkommt, selbst erst aufzudecken, da man (was sogar durch planlos angestellte Versuche geschehen kann) nur dasjenige auffinden darf, worin ein gegebnes Individuum mit der glücklichsten Leichtigkeit thätig ist, und wodurch es sich am stärksten auch für ähnliche künftige Productionen begeistert fühlt.

9. Von jeder der hier genannten drei Gattungen der Zufälligkeiten im Charakter hat unser Zeitalter mehr als Ein Beispiel aufzuweisen. Die erstere muss ihrer Natur nach äusserst häufig wiederkehren, und es ist kaum nöthig einzelne Beispiele aus ihr herauszuheben. Auch wirkt sie meistentheils nur auf kleinere Theile des Ganzen, nicht aber auf dieses selbst. Indess gehört hierher, um nur bei Einer Thatsache stehen zu bleiben, das Glück, welches vorgebliche, geheimnissvolle Kenntnisse nicht allgemein verbreiteter Wissenschaften, eingebildete Wunderkraft, Geisterbeschwörungen u.s.f. selbst noch in unsern Tagen gemacht haben. Die Fortschritte der Wissenschaften sind zu gross, das Streben nach Wahrheit zu ernstlich, als dass diese Erscheinung nicht hätte nur vorübergehend seyn sollen, aber auf der andern Seite hängt sie doch äusserst genau mit der Eigenthümlichkeit unsers Jahrhunderts zusammen, in welchem der entschiedne Hang, alles mit eignen Augen zu sehen und selbst durch Versuche zu prüfen, sich auf jede Behauptung einlässt, und nichts für unmöglich hält, weil es aus allgemeinen Gründen unbegreiflich scheint, und die allen Zeitaltern gemeinschaftliche Freude am Ungewöhnlichen und Wunderbaren, verbunden mit der Leichtgläubigkeit Einzelner, dennoch dem Betrug oder der Seichtigkeit um so eher Gehör giebt, als schwerlich je oberflächliche Vielwisserei und darauf gegründete Zuversicht des eignen Urtheils so allgemein, als jetzt, verbreitet war.

Zu der zweiten Gattung zufälliger Züge in dem Charakter unsers Jahrhunderts muss man die Herrschaft rechnen, welche Frankreich seit so langer Zeit in Geschmack, Sprache und Sitten über den grössesten Theil der kultivirten Welt ausübt. Die ganze Art ihres Entstehens und Fortdauerns kündigt sie als fremdartig und aufgedrungen an, und die Eigenthümlichkeit des Französischen Nationalcharakters ist dem Geiste unsers Zeitalters zu wenig entsprechend, als dass man sie als eine Modification betrachten könnte, die er auch aus sich selbst frei entwickelt haben würde. Als jene Herrschaft entstand, war der grösste Theil von Europa noch zu barbarisch, und späterhin ein nicht geringer philosophisch und ästhetisch zu hoch kultivirt, als dass sie sich ohne fühlbaren Zwang hätte behaupten können; eben dadurch aber wurde sie in so hohem Grade wohlthätig, da sie jene Barbarei wenigstens die Form der Kultur anzunehmen nöthigte, und dieses bessere und edlere Streben dennoch zu stark war, um sich von ihr zurückdrängen zu lassen. Die zufällige Ursache ihres Entstehens war die politische Uebermacht Frankreichs, aber sie hängt doch insofern mit den wesentlichsten Charakter-Eigenthümlichkeiten zusammen, dass nur diese Nation so herrschen, nur diess Jahrhundert eine solche Herrschaft so schnell aufnehmen konnte. Das Bedürfniss eines nahen und ununterbrochenen Verkehrs unter allen Nationen war schon im Anfange desselben bis auf einen beträchtlichen Grad gestiegen; unter den Mächten Europens hatte sich nach und nach ein gemeinschaftliches politisches System gebildet; die Verfassung fast aller Staaten und noch mehr die Richtung des Geistes aller Einzelnen war noch im höchsten Verstande monarchisch, von dem Lehnswesen her war man noch an eine strenge Form stufenweiser Unterordnung und an ein steifes Cärimoniell gewöhnt. Unter diesen Umständen hatte nun Frankreich nicht bloss ein politisches Uebergewicht, sondern, was bei weitem wichtiger ist, zugleich auch durch den Glanz seines Hofes, die Feinheit seiner Sitten, die Leichtigkeit und Eleganz seiner Literatur ein gesellschaftliches. Wenn daher, wie es jetzt anfieng, alle Höfe Europas Eine grosse, durch Gesandten und Reisende immerfort in Verbindung unter einander stehende Gesellschaft ausmachten, so mussten sie sich natürlich vorzugsweise nach dem Punkte des grössesten Schimmers hinwenden und von dort aus Gesetze empfangen. Von ihnen aber bereitete sich dieser Einfluss auf die übrige Nation aus. So war die äussere Lage. Im Innern gährte überall ein Verlangen nach höherer und feinerer Kultur. Nationenweis, wo jeder Schritt mit so vielen Hindernissen umgeben war, hätte sich diess nur spät und langsam, wenn auch vielleicht am Ende besser und vielseitiger ausbilden können. Natürlich folgte daher jeder gern dem Volke, das, vermöge seines Charakters selbst, seine Vorzüge immer am leichtesten und schnellsten entwickelt und nichts abgesondert und für sich bearbeitet, sondern immer alles in ein Eigenthum der Gesellschaft zu allgemeinem Nutzen und allgemeinem Genuss verwandelt. Der Gallomanie (wenn es erlaubt ist, noch eine Bemerkung hinzuzufügen, die nicht ganz hieher gehört) folgte bald die Anglomanie nach und diese beiden Nationen theilten dem übrigen Europa die Zwietracht mit, welche sie beide unter einander spaltet, bis auf und durch diese endlich die bessere und partheilosere Kultur durchzubrechen begann, der wir uns jetzt erfreuen, und welche den Deutschen in einem nicht wenig ehrwürdigen Lichte zeigt. – Auf diese Weise war zwar die Herrschaft Gallischer Sitten dem Charakter unsers Jahrhunderts ursprünglich fremd, aber wenn ihr Einfluss auch zufällig anfieng, so dauerte er dennoch sichtbar in bleibenden Folgen fort.

Für die letzte und bedeutendste Klasse der Zufälligkeiten im Charakter kann dasjenige zu einem Beispiel dienen, was im Vorigen von der Schlaffheit und Abspannung unsrer Zeit gesagt ist. Die abgesonderte Ausbildung des raisonnirenden Verstandes und das unläugbare Bestreben, die trocknen Aussprüche der blossen kalten Vernunft an die Stelle der tiefer in das Innre des Menschen greifenden Herrschaft der Meynung und der Gewohnheit, des Gefühls und des Enthusiasmus zu setzen und den Willen, mit der ungebundensten Freiheit von dem Einflusse aller sinnlichen Triebfedern, nur auf den Gehorsam gegen Grundsätze zu beschränken, hat ein gewisses Maximum erreicht, durch welches unser Jahrhundert in seinen Vorzügen selbst zugleich auch seine Einseitigkeit beweist.

10. Wie genau man auch den Begriff des Zufälligen im Charakter bestimmen möge, so hört er nie auf ein relativer zu seyn, und zwar wird er immer weiter und umfassender, je grösser die Entfernung ist, in welche sich der Beurtheiler, seinem jedesmaligen Endzweck gemäss, von dem Gegenstande seiner unmittelbaren Betrachtung stellt. Wer geradezu nur eine einzelne Handlung oder ein einzelnes Product würdigt, kann nichts davon zufällig nennen, was nicht schlechterdings ausserhalb des Einflusses seines Urhebers lag; wer hingegen über den ganzen Charakter eines Menschen, einer Nation, einer Zeit einen Ausspruch wagt, muss sehr oft vieles übergehen, das er nur mit Unrecht in den Kreis seiner Beurtheilung ziehen würde, da auch der einzelne Mensch sich nicht immer gleich bleibt, von äussern Anlässen irre geführt wird oder sich innerlich gehn lässt. Der Hauptunterschied beruht hier darauf, ob die Prüfung mehr in historischer oder philosophischer Rücksicht unternommen wird, ob sie mehr den Werth des Objects oder die Fähigkeit des Subjects vor Augen hat. Der Historiker sucht durchaus nur das Individuelle; der Gegenstand hat diese und diese Beschaffenheiten; diess ist ihm genug. Mögen sie ihm zufällig oder wesentlich angehören, genug sie sind ihm einmal eigen und dienen, ihn von andern unterscheidend zu charakterisiren. Den Philosophen interessirt in dem Individuellen nur das Allgemeine; auch in dem einzelnen Menschen forscht er nur nach der Form der Menschheit überhaupt, welche in demselben ausgeprägt ist. Findet er diese in ihrer vollen Energie auch nur in einem einzigen Augenblick, so heftet er sich an diesen und es kümmert ihn nicht, ob das Individuum ihr auch in allen übrigen treu geblieben ist oder nicht?

Die philosophische Menschenkenntniss hält, wie oben weitläuftiger ausgeführt worden ist, eine gewisse mittlere Richtung zwischen jenen beiden Extremen. Sie begnügt sich nicht bloss an dem, was in der Gegenwart wirklich vorhanden ist, aber sie will diess doch ganz und vollkommen wahr sehn. Sie zählt alle Erscheinungen sorgfältig auf, ohne irgend andre, als die offenbar unbedeutenden, zu übergehen, aber sie sondert sie auch nach ihrer Beziehung auf die innerste Eigenthümlichkeit des Subjects in verschiedene Klassen ab. Ihr Zweck ist es, dem vorhandenen Charakter zu der Vollendung, die er erreichen kann, den Weg zu zeigen; es ist ihr daher gleich wichtig, Keime und Anlagen, deren Entwicklung durch zufällige Umstände unterdrückt ist, nicht zu vernachlässigen, als bei einer zu liberalen Beurtheilung nicht wesentliche Mängel nur für zufällig und vorübergehend zu erklären. Indem sie aber auf diese Weise am meisten bei der wesentlichen Eigenthümlichkeit ihres Gegenstandes verweilt, geniesst sie zugleich die wohlthätige Freude, gerade den schönsten und edelsten Theil ihres Stoffes auch am längsten im Gesicht zu behalten.

11. Die Kunst, das Zufällige von dem Wesentlichen des Charakters zu

unterscheiden, so schwer sie auch manchmal in der Ausübung seyn mag, braucht und verstattet dennoch keine andern Regeln, als diejenigen, welche überhaupt zu einer richtigen Menschenkenntniss führen. Es kommt nur darauf an, die wahre und die ganze Individualität des Subjects zu kennen, und es wird nicht mehr schwer seyn, zu entscheiden, was aus ihrem Innern herfliesst oder nur von aussen an sie angeknüpft ist, was aus ihrem Ganzen oder nur aus einzelnen Theilen derselben hervorgeht. Bei diesem wie bei jenem Geschäft ist die Hauptsache die, sich in die Mitte seines Gegenstandes zu versetzen, alle seine Leistungen und seine Erscheinungsarten, so wie alle Umstände, die bedeutend auf ihn einwirken, lebendig zu umfassen, alle mit einander zu vergleichen und aus allen durch Gefühl und Einbildungskraft ein anschauliches Bild, durch den Verstand aber einen deutlichen Begriff herauszuziehen, die Aussprüche des Takts durch das Raisonnement zu berichtigen, die Resultate dieses letzteren durch die Feinheit des erstern zu ergänzen, mit Einem Wort den Scharfblick zu üben, der unter einer Menge gleichgültiger Merkmale sogleich die bedeutenden, unter vielen gemeinsamen die unterscheidenden, und unter diesen letzteren wiederum diejenigen aufasst, die nicht Einem Moment oder Einer Stimmung, sondern allen ohne Ausnahme und mithin der eigenthümlichen Natur angehören.

Wenn die Zergliederung eines Charakters durchaus gelungen ist, so muss der Zusammenhang dessen, was wesentlich und zufällig genannt wurde, klar seyn und die Art, wie das letztere aus dem erstern entstehen, und wie dieses sich doch von dem Einflusse jenes befreien kann, deutlich vor Augen liegen. Man muss bestimmt einsehen, dass das Zufällige dem reinen und vollendeten Begriff der Individualität fremd ist; aber man muss auch in diesem die Keime nicht verkennen, aus welchen es bei geringerer innerer Energie oder bei weniger sorgfältig bewachtem Gleichgewichte hervorsprosst.

Die meisten Zufälligkeiten entstehen da, wo ein individueller Charakter zugleich durch mehrere Gattungscharaktere specificirt wird. In jedem Menschen kommen eine Menge allgemeiner Ursachen zusammen, welche seiner individuellen Charakterform besondre Bestimmungen mittheilen oder dieselbe vielmehr zusammengenommen selbst bilden: Geschlecht, Alter, Temperament, Nation, Stand, Beschäftigung u.s.f. Jede dieser Ursachen bestimmt das Individuum und wird wiederum selbst durch dasselbe bestimmt, so dass es oft gleich schwer ist, aus mehrern Individuen den Gattungscharakter, als unter dem Einfluss verschiedener Gattungscharaktere das Individuum herauszufinden. Von der gegenseitigen Einwirkung beider nun hängt es ab, welche von ihnen die Oberhand gewinnt, und so muss z.B. manchmal die nationelle Form in einem Subjecte für bloss zufällig, manchmal hingegen für wesentlich und herrschend erklärt werden. So schaft sich bei Weibern manchmal die Individualität durch das Geschlecht hindurch Raum, indess in andren das Geschlecht das Individuum besiegt. Wenn diese Schwierigkeit schon bei der Beurtheilung einzelner Menschen eintritt, so ist sie noch bei weitem grösser bei der Beurtheilung einer ganzen Zeit. Denn der Charakter eines Zeitalters erscheint nicht anders, als an Individuen, deren jedes ausser vielfachen Gattungsformen noch seine ihm eigenthümliche an sich trägt, und kann daher nur erst, wenn alles, was jenem angehört, abgesondert ist, klar und bestimmt gesehen werden. Diese Schwierigkeit, die auf den ersten Anblick beinah unüberwindlich scheint, werden wir im zweiten Theile dieser Schrift näher zu betrachten haben.

Je weitumfassender ein Charakter ist, je mehr Seiten er hat, die eine fernere Entwicklung verstatten, je grösser die Zahl der Gegenstände ist, die auf ihn einwirken, desto mehr läuft er Gefahr, sich von seiner natürlichen und eigenthümlichen Bahn auf zufällige Nebenwege zu verlieren. Daher bleiben Frauen, wenn man auf die ganze Charakterform, nicht auf einzelne Launen und Stimmungen achtet, sich mehr gleich, als Männer, ein rohes Zeitalter mehr als ein kultivirteres, dasjenige, in welchem Natur und Gefühl noch ursprünglicher herrschen, mehr als dasjenige, das mehr für die Erkenntniss und durch den Verstand gebildet ist. Diesen letzten Charakter trägt nun gerade unser Jahrhundert in vorzüglichem Grade an sich. Weniger als irgend ein vorhergegangenes zeigt es einen einzelnen und engen Naturweg, vielmehr zeichnet es sich gerade dadurch aus, dass es sich vielfache Bahnen gebrochen und die Fähigkeit bewahrt hat, jede zu verfolgen. Bei der Beurtheilung einer solchen Periode war es daher doppelt nothwendig, der gegenwärtigen Materie eine verweilende Aufmerksamkeit zu schenken.

Interpretation

Humboldts ›Anthropologie und Theorie der Menschenkenntnis‹: Grundlegung einer vergleichenden Anthropologie

Einleitung

Die anthropologischen Studien ›Plan einer vergleichenden Anthropologie‹ (1795) und ›Theorie der Menschenkenntnis‹ (1797) nehmen in Humboldts Gesamtwerk eine wichtige Stellung ein. Beide hängen thematisch eng miteinander zusammen und beziehen sich auf die Erkenntnis des Charakters. Dabei werden in der erstgenannten Studie Begriffe und Zusammenhänge erörtert, die in der ›Theorie der Menschenkenntnis‹, die aus der umfassenderen Schrift ›Das achtzehnte Jahrhundert‹ stammt, wieder aufgenommen und weiter expliziert werden. Beide Studien sind Fragmente geblieben.

Schon im Rückblick auf die Geschichte der Anthropologie kommt beiden Studien eine besondere Bedeutung zu. Sie stellen den Versuch dar, der Anthropologie, ausgehend von einer anthropologisch motivierten Kritik der Philosophie, ein epistemologisches, methodologisches und methodisches Fundament zu verschaffen. Anthropologie soll in Form einer vergleichenden Anthropologie den Status einer Wissenschaft erlangen. Das Humboldtsche Anthropologie-Projekt ist umfassend und anspruchsvoll: Es hat den Charakter in seiner Totalität zum Gegenstand. Heute würde es eine ganze Reihe von Humanwissenschaften beschäftigen.

Im Folgenden werden die beiden Studien möglichst Sequenz für Sequenz rekonstruiert und in einem eigenen Kapitel zusammengefasst. Folgende Aspekte stehen im Vordergrund unserer struktural orientierten Rekonstruktion: die Erkenntnis- und Konstitutionstheorie, der Gegenstandsbereich, die Methodologie und Methode, die Hermeneutik, die Frage nach dem Verhältnis von Universalität und Historizität sowie die kritische Einschätzung.

„Plan einer vergleichenden Anthropologie“

Humboldts ›Plan einer vergleichenden Anthropologie‹ stammt aus dem Jahr 1795. Bis zu diesem Zeitpunkt gab es keine systematisch vergleichende Anthropologie. Was meint nun Anthropologie? Was sind ihre Eigenschaften? Rekonstruieren wir die Eröffnungssequenz der Humboldtschen

Studie. Diese lautet: „Wie man in der vergleichenden Anatomie die Beschaffenheit des menschlichen Körpers durch die Untersuchung des thierischen erläutert: ebenso kann man in einer vergleichenden Anthropologie die Eigenthümlichkeiten des moralischen Charakters der verschiedenen Menschengattungen neben einander aufstellen und vergleichend beurtheilen."[4]

Humboldt nimmt von vornherein Bezug auf eine Disziplin, die bereits empirisch arbeitet, d.h. die vergleichende Anatomie. Diese untersucht den Aufbau und die Funktionen des menschlichen Körpers, indem sie ihn mit dem tierischen vergleicht. Damit haben wir bereits zwei Aspekte namhaft gemacht, die in Humboldts Anthropologie-Projekt eine zentrale Rolle spielen, und zwar die Empirie und den Vergleich. Das empirische und vergleichende Vorgehen ist Humboldt zufolge auch in der Anthropologie angebracht. Gegenstand der empirisch und vergleichend verfahrenden Anthropologie sind die „Eigenthümlichkeiten des moralischen Charakters der verschiedenen Menschengattungen"[5]. Die Analysen beziehen sich demzufolge sowohl auf Individuen als auch auf höher aggregierte Einheiten (Gruppen, Gemeinschaften bis hin zur Gattung Mensch). Es geht Humboldt primär, und das zeigt der Rekurs auf die vergleichende Anatomie, um die Konstitution einer Wissenschaft, die empirisch und vergleichend verfährt, und deren Gegenstand der Charakter ist. Offensichtlich ist die Geschichte der Anthropologie dadurch gekennzeichnet, dass in ihr bislang die Erhebung der Anthropologie zur Wissenschaft nicht gelang, sie immer noch aussteht.

Interessant ist, wo Humboldt bei seinem Versuch ansetzt, die Anthropologie in den Status einer Wissenschaft zu erheben. Gehen wir dazu zur folgenden Sequenz über: „Geschichtschreiber, Biographen, Reiseschreiber, Dichter, Schriftsteller aller Art, selbst den speculativen Philosophen nicht ausgenommen, enthalten Data zu dieser Wissenschaft. Auf Reisen, wie zu Hause, im geschäftigen, wie im müssigen Leben bietet sich überall die Gelegenheit dar, sie zu bereichern und zu benutzen, und unter allen Studien ist kein anderes in so hohem Grade unser beständiger Begleiter, als das Studium des Menschen. Es kommt nur darauf an, den reichen Stoff, den das ganze Leben hergiebt, zu sammeln, zu sichten, zu ordnen und zu

[4] Humboldt: Plan einer vergleichenden Anthropologie (1795). In: Wilhelm v. Humboldts „Philosophische Anthropologie und Theorie der Menschenkenntnis". Herausgegeben und eingeleitet von Fritz Heinemann. Halle/Saale 1929, S.9. Siehe zu der folgenden Rekonstruktion der beiden Humboldtschen Studien auch: Wagner, H.-J.: Die Aktualität der strukturalen Bildungstheorie Humboldts. Weinheim 1995.

[5] Ebd.

verarbeiten.“[6] Humboldt verfährt bei seinem Projekt der Konzeptualisierung einer vergleichenden Anthropologie von Anfang an interdisziplinär. Historiker, Biographen, Dichter, Schriftsteller und Philosophen können Daten zu der neu zu konstituierenden Wissenschaft der vergleichenden Anthropologie beitragen. Bemerkenswert ist, dass Humboldt wie selbstverständlich der Aufteilung des Geistes in je spezifische Bereiche eine Absage erteilt und keine Scheu zeigt, auf die vorhandenen Daten und Erkenntnisse aus unterschiedlichen Bereichen zurückzugreifen. Daraus wiederum geht hervor, daß die Lebenswelt und Lebenspraxis in ihrer ganzen Fülle und Breite Berücksichtigung finden sollen. Der Sammlung von Daten folgt in einem nächsten Schritt deren Ordnung und Verarbeitung.

Setzen wir die Analyse fort. „Diess zu thun ist die vergleichende Anthropologie bestimmt, welche, indem sie sich auf die allgemeine stützt, und den Gattungs-Charakter des Menschen als bekannt voraussetzt, nur seine individuellen Verschiedenheiten aufsucht ...“[7] Unter der erkennntnistheoretischen und methodologischen Perspektive ist interessant, dass Humboldt das Allgemeine, das Universelle, sich auf die allgemeine Anthropologie berufend und als deren Geschäft ansehend, als bekannt voraussetzt. Ob Humboldt sich dabei bereits zu Anfang seines Konzeptualisierungsversuchs einer vergleichenden Anthropologie zu unkritisch verhält, wird anlässlich der kritischen Einschätzung der vergleichenden Anthropologie zu diskutieren sein. Zugleich wird hier deutlich, dass sich Humboldts Erkenntnisinteresse vor allem auf die „individuellen Verschiedenheiten“ der Charaktere richtet. Es ist das Individuum als Individuum, die Subjektivität des Individuums, auf die Humboldt abzielt. Gleichwohl kann er dabei nicht auf das Universelle verzichten, das Bedingung der Möglichkeit, von einem Besonderen überhaupt sprechen zu können, ist. Von Anfang an beschäftigt uns also das Verhältnis von Allgemeinem und Besonderem, von Universalität und Historizität.

Humboldt verweist nun auf die Bedeutung seines Vorhabens. Denn, so seine Argumentation: „Es giebt kein praktisches Geschäft im menschlichen Leben, das nicht der Kenntnis des Menschen bedürfte, und zwar nicht bloss des allgemeinen, philosophisch gedachten, sondern des individuellen, wie er vor unsern Augen erscheint.“[8] Für Humboldts Anthropologie-Projekt, und dies wird hier deutlich, ist das lebenspraktische Handeln eine wichtige Grundlage. Dabei nimmt er bezug auf das Individuum als Individuum. Bereits an dieser Sequenzstelle erhalten wir eine Verifikation unserer Lesart, der zufolge das Erkenntnisinteresse Humboldts der

[6] Ebd.
[7] Ebd.
[8] Ebd.

Individualität des Subjekts gilt. Nicht bloß das Allgemeine, sondern das je historisch konkrete Besondere ist zu beachten.

Fahren wir fort. „Es ist schwer bei der Erwerbung dieser Kenntniss den doppelten Fehler zu vermeiden, sich weder einen zu unbestimmten und allgemeinen, noch auch einen zu particulairen Begriff von dem Individuum zu bilden; es weder zu sehr bloss nach seinen möglichen Anlagen, noch zu sehr mit allen bloss zufälligen Beschränkungen zu betrachten. Durch den ersteren beraubt gewöhnlich der bloß speculirende Philosoph seine Grundsätze ihrer praktischen Anwendbarkeit; durch den letzteren der blosse Geschäftsmann seine Einrichtungen ihrer längeren Dauer und ihres wohltätigen Einflusses auf die Aufklärung und den innern Charakter."[9] In dieser Passage erfahren wir Wesentliches über die Kritik Humboldts an den beiden Verfahren, die bei dem Studium des Menschen zu kurz greifen. Die Kritik gilt zunächst der Philosophie, die ihren Gegenstand mit Begriffen des Allgemeinen überzieht und den Weg zur Praxis, und das heißt immer auch zur Empirie und zum je historisch Konkreten und Besonderen abschneidet. Ebensowenig wie die spekulative Philosophie führt die Empirie im Sinne einer bloßen Beobachtung einzelner Fakten und der Sammlung dieser weiter, wenn es um die Erkenntnis des menschlichen Charakters geht. Was also ist zu tun, um die Vereinseitigungen sowohl der spekulativen Philosophie als auch der bloßen Empirie zu überwinden? Humboldt antwortet auf diese Frage wie folgt: „Um zugleich den Menschen mit Genauigkeit zu kennen, wie er ist, und mit Freiheit zu beurtheilen, wozu er sich entwickeln kann, müssen der praktische Beobachtungssinn und der philosophirende Geist gemeinschaftlich thätig seyn."[10] Weder Empirie noch Philosophie allein führen weiter; gefordert ist ihre Synthese. Ihre Betrachtungsweisen müssen miteinander verbunden, von ihren Einseitigkeiten befreit werden. Es ist das Zugleich von Philosophie und Empirie, von Universalität und Historizität, das epistemologisch, methodologisch und methodisch den Weg freimachen soll, die vergleichende Anthropologie in den Rang einer Wissenschaft erheben zu können. Dabei erleichtert die Neuschaffung der Anthropologie diese Synthese. „Diese Verbindung aber wird beträchtlich erleichtert, wenn die individuelle Charakterkenntniss in einer vergleichenden Anthropologie zu einem Gegenstande des wissenschaftlichen Nachdenkens erhoben wird."[11]

Humboldt wendet sich nun dem Problem der Erkenntnis des Charakters einer Nation zu. Der Charakter einer Nation lässt sich rekonstruktiv erkennen, indem man zugleich andere Nationen untersucht und sie mit-

[9] Humboldt, a. a. O., S. 9f.
[10] Humboldt, a. a. O., S. 10.
[11] Ebd.

einander vergleicht. „Wie aber ist es möglich den Charakter Einer Nation vollständig zu kennen, ohne nicht zugleich auch die andern erforscht zu haben, mit welchen jene in den nächsten Beziehungen steht, durch deren contrastirende Verschiedenheit er theils wirklich entstanden ist, theils allein vollkommen begriffen werden kann?“[12] Vergleichende Anthropologie richtet ihr Erkenntnisinteresse – wie bereits vermutet und hier bestätigt – nicht nur auf den Charakter des Individuums, sondern auch auf höher aggregierte Einheiten wie Nation, Gesellschaft und schließlich Menschheit. Was ist der Hintergrund für diese Ausweitung des Erkenntnisinteresses? Er besteht darin, dass Humboldt für sein Projekt einer vergleichenden anthropologischen Wissenschaft ein kontrafaktisches Ideal im Sinne eines Ideals der Menschheit benötigt, an dem sich einerseits die Entwicklung des Charakters ablesen lässt, und an dem es sich andererseits zu orientieren gilt, wenn es um die Bildung und Ausdifferenzierung des Charakters geht. Vergleichende Anthropologie ist insofern zugleich analytisch und normativ orientiert. Weder auf das Analytische noch auf das Normative kann sie verzichten, wenn sie ihre Aufgaben erfüllen soll. Humboldt argumentiert in diesem Kontext wie folgt: „Denn nur gesellschaftlich kann die Menschheit ihren höchsten Gipfel erreichen, und sie bedarf der Vereinigung vieler nicht bloss um durch blosse Vermehrung der Kräfte grössere und dauerhaftere Werke hervorzubringen, sondern auch, vorzüglich um durch grössere Mannigfaltigkeit der Anlagen ihre Natur in ihrem wahren Reichthum und ihrer ganzen Ausdehnung zu zeigen. Ein Mensch ist nur immer für Eine Form, für Einen Charakter geschaffen, ebenso eine Classe der Menschen. Das Ideal der Menschheit aber stellt soviele und mannigfaltige Formen dar, als nur immer mit einander verträglich sind. Daher kann es nie anders, als in der Totalität der Individuen erscheinen.“[13] Um ein Ideal der Menschheit zu gewinnen, ist auf die Totalität der Individuen zu rekurrieren. Nur so kann die Mannigfaltigkeit und Vielfalt der Charaktere zu ihrem Recht kommen. Humboldt versucht die Notwendigkeit, auf die Gattung Mensch in ihrer Ganzheit zurückgreifen zu müssen, wenn es um den Entwurf eines Idealcharakters geht, durch ein Gedankenexperiment zu verdeutlichen. Man nehme etwa eine Nation Europas weg, und es zeigt sich sogleich, dass dadurch Charaktereigenschaften unweigerlich verloren gehen. Die Aufstellung eines Ideals der Menschheit hat zugleich bildungstheoretische Implikationen. Ziel ist die Höherentwicklung des Charakters durch Bildung. Wie aber stellt sich Humboldt diesen Bildungsprozess vor? Er geht zunächst einmal davon aus, dass der Mensch seinen ihn kennzeichnenden Charakter beibehalten, ihn nicht zwanghaft verändern

[12] Ebd.
[13] Humboldt, a.a.O., S.10f.

soll. „Der Mensch soll seinen Charakter, den er einmal durch die Natur und die Lage empfangen hat, beibehalten, nur in ihm bewegt er sich leicht, ist er thätig und glücklich. Darum soll er aber nicht minder die allgemeinen Foderungen der Menschheit befriedigen und seiner geistigen Ausbildung keinerlei Schranken setzen.“[14] Der Charakter ist Humboldt zufolge ein Amalgam von Natur und Gesellschaft, von naturhaften, biologisch-erblichen und historisch-gesellschaftlich-spezifischen Faktoren. Diesen Charakter soll der Mensch beibehalten. Was bewegt Humboldt zu dieser Argumentation? Offensichtlich ist es die Einsicht, dass die naturverwurzelten Grundlagen und die Sedimentierungen und Niederschläge sozialisatorischer und gesellschaftlicher Faktoren, soweit sie den Charakter betreffen, tiefenstrukturell im Individuum verankert sind und sich nicht oder nur schwer verändern lassen. Dies erklärt denn auch seine Argumentation, der zufolge sich der Mensch nur in diesem beibehaltenen Charakter leicht, glücklich und zwanglos fühlt. Gleichwohl soll er versuchen, diesen auszudifferenzieren im Hinblick auf das Ideal der Menschheit einerseits und die geistige Bildung andererseits.

Humboldt betont im Folgenden die Wichtigkeit der Selbstbildung und Selbstentfaltung des Einzelnen. Nicht bloß der Erzieher oder der Staat ist gefordert, wenn es um Bildung geht, sondern das Individuum selbst als ein autonomes, für sich selbst verantwortlich handelndes. „Den Menschen zu bilden ist aber nicht bloss der Erzieher, der Religionslehrer, der Gesetzgeber bestimmt. So wie jeder Mensch neben allem, was er sonst noch seyn kann, zugleich immer noch Mensch ist, so hat er auch die Obliegenheit auf sich, neben allen Geschäften, die er sonst immer betreiben mag, zugleich auf die intellectuelle und moralische Bildung seiner und andrer praktisch Rücksicht zu nehmen.“[15] Humboldt versteht Bildung wesentlich als Selbstbildung. Bildung ist für ihn eine zwischen den Polen von Individualität und Welt sich abspielende dialektische Handlungsbewegung, in die Spontaneität, Kreativität und Reflexivität konstitutiv mit eingehen. Für Bildung charakteristisch ist Zukunftsoffenheit. Das Subjekt konstituiert sich nur durch eigene, autonome Entscheidungen in eine offene Zukunft hinein. Dabei muss es für diese Entscheidungen selbst Verantwortung übernehmen. Das Subjekt unterliegt einem Entscheidungszwang und steht zugleich unter einer Begründungsverpflichtung. Es muss seine Entscheidungen, die erst zur Autonomie führen, im Nachhinein begründen. Es unterliegt in seinem Bildungsprozess dieser Dialektik von Entscheidungszwang und Begründungsverpflichtung. Gerade der Gesetzgeber darf in diesen Prozess nicht restringierend eingreifen. Es sind die Grenzen der

[14] Humboldt, a.a.O., S.11.
[15] Humboldt, a.a.O., S.11f.

Wirksamkeit des Staates zu bedenken. Der Staat hat – wo immer möglich – darauf zu verzichten, die Bildungsprozesse der Subjekte zu dirigieren. „Am wenigsten kann sich von dieser Verpflichtung der Gesetzgeber lossagen, da er die grösseste und gefährlichste Macht in Händen hat, auf die Menschen zu wirken. Die ganze Politik, vorzüglich die innere, wird dadurch einem Gesichtspunkte untergeordnet, der ihr an sich eigentlich fremd ist. Denn da sie für sich eigentlich nichts anders zu thun hat, als nur die Aufgabe zu lösen, wie der letzte Zweck aller bürgerlichen Vereinigung, die Sicherheit der Person und des Eigenthums am kürzesten und gewissesten erhalten werden kann? so muss sie nun bei jeder Veranstaltung, die sie vorschlägt, erst nach dem Einflusse fragen, welche dieselbe auf den Charakter der Bürger, als Menschen, ausüben wird? und jede erst nach diesem Maassstabe prüfen. Da noch überdies beide Gesichtspunkte fast überall auf ganz entgegengesetzte Resultate führen müssen, der rein politische auf Zwang, der erweiterte moralische auf Freiheit, so wird es ihr schwierigstes Geschäft seyn, diese beiden streitenden Foderungen mit einander zu vereinigen, und diese Schwierigkeit wird dadurch noch grösser, dass sie, sobald von einer Anwendung die Rede ist, einen individuellen Charakter zu schonen und zu leiten, also noch mehr particulaire Umstände in Acht zu nehmen hat.“[16]

Die Politik, insbesondere die Innenpolitik, hat vornehmlich für die Sicherheit der Individuen und des Eigentums zu sorgen. Sie hat, soweit möglich, auf eine unmittelbare Einflussnahme auf die Bildung des Einzelnen und der Nation zu verzichten. Humboldt erteilt einer von oben verordneten Politisierung von Bildung eine Absage. Ebenso hat die Religion die Ausübung von „Gewissenszwang“ einerseits und die Gefahr „religiöser Gleichgültigkeit“ andererseits zu vermeiden.[17]

Die Bildung des Charakters vollzieht sich durch die freie Wechselwirkung von Ich und Welt. Dabei kommt der Lebenspraxis eine besondere Rolle zu. Am Beispiel des Umgangs in Ehen, Freundschaften und gesellschaftlichen Zirkeln versucht Humboldt dies zu verdeutlichen. „Desto mächtiger aber wirkt auf die eigenthümliche Charakterbildung der freie und alltägliche Umgang in engeren und weiteren Verbindungen: in der Ehe, der Freundschaft, kleineren und grösseren gesellschaftlichen Cirkeln.“[18] Humboldt sieht als Grundlage einer funktionierenden Lebenspraxis den freien, zwanglosen Umgang in Ehen, Freundschaften und gesellschaftlichen Vereinigungen an. Es kommt darauf an, in diesen Verbindungen die Mannigfaltigkeit der Individualität zu bewahren und nicht einengend zu wirken. Gefordert

[16] Humboldt, a. a. O., S. 12.
[17] Humboldt, a. a. O., S. 13.
[18] Ebd.

ist Freiheit. Zu vermeiden sind Zwang und die Durchsetzung von bestimmten Absichten. Humboldt fordert für die Interaktionsprozesse in diesen Verbindungen „vollkommene Freiheit" und die „gänzliche Vermeidung alles Scheins von Absicht"[19]. Grundlage der Charakterbildung ist zwanglose Kommunikation und Autonomie von Lebenspraxis. Denn, so Humboldt: „Alles soll von selbst entstehen, alles Spiel und Erholung, nichts Ernst oder Geschäft seyn. Diess macht sie (die Charakterbildung, d. Verf.) zur eigentlich schönen Kunst."[20] Humboldt sieht in den Gemeinschaften von u.a. Ehen und Freundschaften den Kern von Reziprozität und Sozialität. Diese Sozialformen und ihre sozialisatorische Praxis sind grundlegend für die Bildung des Charakters. In dieser Sequenz zeigt sich jedoch auch ein zentrales Defizit, das darin besteht, die Krisenhaftigkeit von Sozialisation und die Notwendigkeit der Lösung von Krisen und Kontext der Charakterkonstitution auszublenden (siehe dazu auch: S. 157f.).

Aus dem bisher Rekonstruierten geht hervor, dass vergleichende Anthropologie nicht nur empirische Wissenschaft sein soll, sondern dass ihr zugleich die Aufstellung eines Ideals der Menschheit bezüglich der Charakterbildung angesonnen wird. „Die vergleichende Anthropologie ist daher zu einem doppelten Zweck und zu einem doppelten Geschäfte nützlich. Sie erleichtert die Kenntniss der Charaktere, und giebt zugleich eine philosophische Anleitung, ihren Werth zu beurtheilen, ihre ferneren Entwicklungen zu berechnen, und die Möglichkeit zu überschlagen, wie sie mit andern als ein Ganzes zusammenzuwirken fähig sind. Sie dient dem Geschäftsmann, der den Menschen benutzen und beherrschen will, und zugleich dem Erzieher und Philosophen, der ihn zu bessern und zu bilden bemüht ist."[21]

Humboldts Anthropologie richtet sich einerseits auf die Erkenntnis des Charakters in seiner Wirklichkeit und andererseits auf die Möglichkeit seiner Entwicklung. Beide Dimensionen gehören nach Humboldt konstitutiv zur Anthropologie. Die über die Erkenntnis des Charakters hinausgehende Aufgabe der Anthropologie macht der Autor in der folgenden Passage emphatisch: „Nicht genug, dass eine vergleichende Anthropologie die Verschiedenheit menschlicher Charaktere kennen lehrt; sie trägt auch selbst dazu bei, eine grössere hervorzubringen, und die schon wirklich vorhandene zweckmässiger zu leiten."[22] Damit ist klar: Anthropologie ist nicht nur Wissenschaft; sie soll auch die Praxis anleiten. Thematisch ist damit das Verhältnis von Wissenschaft (Theorie) und Praxis. Dies evoziert sogleich

[19] Ebd.
[20] Ebd.
[21] Humboldt, a.a.O., S. 14.
[22] Ebd.

einige kritische Fragen: Lässt sich Wissenschaft und lassen sich die Erkenntnisse der anthropologischen Wissenschaft linear auf die Praxis anwenden? Wie ist es dann um die Autonomie der Lebenspraxis bestellt?

Humboldt betont nun noch einmal die Unabdingbarkeit des Allgemeinen. Denn: „Alle Werke, welche der Mensch hervorbringt, gewinnen durch eine allgemeine und von Subjectivität Einzelner unabhängige Behandlung einen besseren Fortgang, und selbst die Arbeiten des Geistes können hievon nur in gewisser Rücksicht ausgenommen werden. Ebenso wird den Verfassungen und den praktischen Verhältnissen unter den Menschen Dauer und Sicherheit mehr durch Gleichförmigkeit der Sitten, als durch die unregelmässigeren Einwirkungen ungewöhnlicher Individuen verbürgt.“[23] Humboldt macht hier aufmerksam auf die wichtige Grundlage des Allgemeinen im humanen Handeln und Denken. Was aber versteht er darunter? Zu Beginn der Studie geht er von der Voraussetzung aus, das Allgemeine im Sinne des humanen Gattungscharakters sei bekannt. Er verweist dabei auf die allgemeine Anthropologie, ohne nähere Angaben zu machen. Es wird also im weiteren Verlauf der Interpretation darauf zu achten sein, ob näher und systematisch auf diese – auch gerade für die Konstitution einer vergleichenden Anthropologie, die den Ansprüchen einer Wissenschaft gerecht werden will – Grundlagen des Allgemeinen und Universalen im humanen Handeln und Denken eingegangen wird. Festzuhalten bleibt jedoch, dass Humboldt Allgemeines und Besonderes thematisiert. Er stellt dem Allgemeinen das Besondere in einem dialektischen Sinne gegenüber. Ist das Allgemeine auf das Besondere, so ist umgekehrt das Besondere auf das Allgemeine verwiesen. Beide bedingen einander.

Gleichwohl richtet sich das Erkenntnisinteresse Humboldts wesentlich auf das Besondere als Besonderes, auf das Individuelle als Individuelles. Am Beispiel der Erörterung des Begriffes Originalität etwa kommt dies zum Ausdruck. „Dagegen hängt Kraft, Erfindungsgeist, Enthusiasmus von Originalität ab, und ohne ausserordentliche und eigen gewählte Bahnen des Geistes würde nie etwas Grosses entstanden seyn.“[24] Das Geniale und Große ist nur denkbar, wenn im Schaffensprozess die Komponente des Besonderen im Verhältnis von Allgemeinem und Besonderem in Form von Spontaneität, Kreativität und Originalität die zentrale Rolle spielt. Das Außerordentliche und das Außeralltägliche erst führen zu den großen Errungenschaft der humanen Gattung.

Ebenso ist das Besondere, die Individualität des Subjekts, verantwortlich dafür, dass die Charakterformen verschieden sind. Diese Verschiedenheit, freilich immer nur in graduellen Abstufungen auftretend, ist gar nicht

[23] Humboldt, a.a.O., S.15.

[24] Ebd.

zu vermeiden. Denn, so Humboldt: „Ueberhaupt ist Verschiedenheit der Charakterformen, wenn sie auch sogar schädlich seyn sollte, dennoch einmal schlechterdings unvermeidlich ...“[25] Insofern kann es auch gar nicht darum gehen, Charakterformen durch den Versuch der Reduktion und Repression des Besonderen gleichzuschalten. Die Frage angesichts der unvermeidlichen Verschiedenheit der Charakterformen ist Humboldt zufolge nämlich „bloss die, ob man dieselbe blindlings dem Zufall überlassen, oder durch vernünftige Leitung, zur Eigenthümlichkeit umschaffen soll?“[26] Humboldts Antwort ist eindeutig: Es geht um die Unterstützung und Förderung der Individualität des Subjekts.

Die Entfaltung der Individualität erfordert die Öffnung des Subjekts gegenüber der Mannigfaltigkeit und Vielfalt der Welt. Gleichwohl gilt auch hier der Grundsatz der Dialektik von Allgemeinem und Besonderem. „Der Mensch soll alle Verhältnisse, in denen er sich befindet, auf sich einwirken lassen, den Einfluss keines einzigen zurückweisen, aber den Einfluss aller aus sich heraus und nach objectiven Principien bearbeiten. So soll er seyn; wieviel er hernach hievon in den verschiedensten Gattungen seiner Thätigkeit zeige? hängt von den Erfordernissen dieser Gattung und der Natur seiner Individualität ab.“[27] Wir finden in dieser Sequenz Grundzüge des Humboldtschen Erfahrungsbegriffs. Das Postulat, der Mensch soll die Welt gleichsam „auf sich einwirken lassen“, bedeutet das Sich-Öffnen gegenüber den unbekannten Gegenständen, mit denen er konfrontiert wird. Das Einwirkenlassen verweist auf eine selbstgenügsame müßige Wahrnehmung, die am Beginn der Konstitution von Erfahrung, Erkenntnis und der Bildung des Subjekts steht. Damit wiederum ist ein Erfahrungstypus angesprochen, der für das Machen von Erfahrungen überhaupt grundlegend ist, d.h. die ästhetische Erfahrung. In Humboldts Erfahrungsbegriff ist die ästhetische Erfahrung konstitutiv eingebaut. Das Emphatisch-machen der ästhetischen Erfahrung ist wiederum unabdingbare Voraussetzung der Gewinnung eines Begriffs lebendiger Erfahrung.

Setzen wir unsere Rekonstruktion fort. Dass der Mensch gleichsam „alle Verhältnisse“ auf sich einwirken lassen soll, heißt nichts anderes, als dass er sich der Mannigfaltigkeit und Vielfalt der Welt nicht verschließen, sondern bestrebt sein soll, sie in sich aufzunehmen. Gleichwohl reicht die Aufnahme der Vielfalt unmittelbarer Sinneseindrücke, die auf die Wahrnehmungsorgane treffen, nicht aus; diese bedürfen der Bearbeitung. Sie sind Humboldt zufolge „nach objektiven Principien zu bearbeiten“. In Anlehnung an die Erkenntnistheorie Kants lässt sich das von dem Kantianer

[25] Ebd.
[26] Ebd.
[27] Ebd.

Humboldt Gemeinte wie folgt formulieren: Die Mannigfaltigkeit der Unmittelbarkeit der Sinneseindrücke ist durch Begriffe auf eine Einheit zurückzuführen. Diese Begriffe sind in dem Maße objektiv und gültig, in dem sie es ermöglichen, die Mannigfaltigkeit von Bewusstseinsinhalten auf einen inneren Zusammenhang, auf eine Einheit zu reduzieren. Die objektive Bearbeitung der unmittelbaren Sinneseindrücke im Medium von Begriffen des Allgemeinen steht nicht im Gegensatz zur Einbringung von Subjektivität, Kreativität und Originalität. Im Gegenteil, denn, so Humboldts Argumentation: „Je mehr subjective Originalität er (der Mensch, der Verf.) aber, dem objectiven Werthe des Werks unbeschadet, zeigen kann, desto besser.“[28]

Die emphatische Betonung der Subjektivität im Kontext der Erfahrungskonstitution verweist schon darauf, dass es Humboldt um das Machen lebendiger Erfahrungen und damit auch um die Gewinnung eines Begriffs lebendiger Erfahrung geht. Denn: „Der Mensch kann wohl vielleicht in einzelnen Fällen und Perioden seines Lebens, nie aber im Ganzen Stoff genug sammeln. Je mehr Stoff er in Form, je mehr Mannigfaltigkeit in Einheit verwandelt, desto reicher, lebendiger, kraftvoller, fruchtbarer ist er. Eine solche Mannigfaltigkeit aber giebt ihm der Einfluss vielfältiger Verhältnisse. Je mehr er sich demselben öfnet, desto mehr neue Seiten werden in ihm angespielt, desto reger muß seine innere Thätigkeit seyn, dieselben einzeln auszubilden, und zusammen zu einem Ganzen zu verbinden.“[29] Humboldt spricht in diesem Kontext von der Verwandlung von Mannigfaltigkeit in Einheit. Er schließt sich insofern der Kantischen Erkenntnistheorie, worauf wir bereits aufmerksam gemacht haben, an. Es ist dies zugleich eine Bestätigung unserer Lesart. Nun soll der Mensch im Laufe seiner Lebensgeschichte so viel Mannigfaltigkeit aufnehmen und in Einheit verwandeln wie nur irgend möglich. Dies erst führt zur Ausdifferenzierung der Individualität. Der Einzelne hat dadurch die Chance, „reicher, lebendiger, kraftvoller und fruchtbarer“ zu werden. Dabei wird die Dialektik des Verhältnisses von Außen und Innen, von äußerer und innerer Realität betont. Je mehr sich das sich bildende Subjekt gegenüber dem Einfluss der Welt öffnet, desto reicher, lebendiger und kraftvoller wird seine Individualität und umgekehrt gilt: Je stärker seine Individualität ausdifferenziert ist, desto mehr wird es von der Welt aufnehmen und erkennen können. Voraussetzung dazu ist allerdings die adäquate begriffliche Verarbeitung des Aufgenommenen. Dazu gehört auch, dass es dem Subjekt gelingt, die einzelnen Erfahrungen zu einem Ganzen zu verbinden. Humboldt spricht hier einen äußerst komplexen Zusammenhang an. Zur

[28] Humboldt, a. a. O., S. 15.
[29] Ebd.

Bildung der Individualität ist die Stiftung von Kontinuität, das Zusammenfügen des Einzelnen zum Ganzen unabdingbar. Zum Machen von Erfahrung und zur Bildung der Individualität ist das Zurückgreifen auf das Alte, ist die Integration der neuen Erfahrungen in die alten gefordert, ist Kontinuität durch diesen Integrations-, der zugleich ein Transformationsprozess ist, herzustellen.

Im Folgenden geht Humboldt ansatzweise darauf ein, was zur Stiftung von Kontinuität notwendig ist. „Der Mensch ist allein genommen schwach, und vermag durch seine eigne kurzdauernde Kraft nur wenig. Er bedarf einer Höhe, auf die er sich stellen; einer Masse, die für ihn gelten; einer Reihe, an die er sich anschließen kann. Diesen Vortheil erlangt er aber unfehlbar, je mehr er den Geist seiner Nation, seines Geschlechts, seines Zeitalters auf sich fortpflanzt."[30] Das sich bildende Subjekt kann Humboldt zufolge nicht auf die Traditionszusammenhänge, in der es steht, verzichten. Es muss an die Tradition anschließen, sie sich einverleiben. Dies gilt für den Geist seiner Nation, seines Geschlechts und seiner Epoche.

Humboldt erörtert nun die Entstehung des Charakters. „Der Charakter entsteht nicht anders, als durch das beständige Einwirken der Thätigkeit der Gedanken und Empfindungen. Dadurch dass diese gewisse Anlagen unaufhörlich, und andere niemals oder selten beschäftigen, werden die einen entwickelt und die andern unterdrückt, und so geht nach und nach die bestimmte Charakterform hervor."[31] Genetisch betrachtet sind an der Charakterbildung das Denken bzw. die Reflexion und die Empfindungen (Sinnesempfindungen und Gefühle) beteiligt. Denken und Empfindungen beschäftigen bestimmte Anlagen, die sich dann zu spezifischen Charakterformen ausbilden. Es ist demzufolge von drei Komponenten bei der Entstehung des Charakters zu reden, und zwar den ursprünglichen, angeborenen, individuellen Anlagen, den Anstrengungen des Begriffs bzw. der Denktätigkeit und den Empfindungen. Die Wechselwirkung von Anlagen, Empfindungen und Denken beschreibt Humboldt wie folgt: „Durch diese durchgängige Correspondenz unsrer Art zu seyn und unsrer Art zu urtheilen, unsrer praktischen und unsrer theoretischen Beschaffenheit wird es uns möglich, bloss durch die Idee und von unserm Geiste aus thätig und praktisch auf uns einzuwirken. Man kann nichts durch den Verstand begreifen, was nicht auf irgendeine Weise in dem Gebiet der Sinne und der Empfindungen angespielt ist; aber man kann auch nichts in sein Wesen aufnehmen, was nicht durch Begriffe einigermaassen vorbereitet ist. Man kann nicht einsehen, wofür man keinen Sinn hat, wozu der Stoff mangelt;

[30] Humboldt, a. a. O., S. 16.
[31] Ebd.

aber man kann auch nichts seyn, wovon man gar keinen Begriff hat, wozu die Form fehlt.“[32] Was aber ist für die Herausbildung des Charakters das Wesentliche in diesem Zusammenspiel von Anlagen, Sinnesempfindungen, Gefühlsqualitäten und der Anstrengung des Begriffs? Humboldts Antwort lautet: „Die Achtsamkeit auf das Charakteristische leistet aber noch mehr. Einestheils nimmt sie jeden Gegenstand zuerst und vorzüglich in seiner Beziehung auf das innere Wesen; anderntheils weckt sie den Charakter und erregt seine Thätigkeit.“[33] Entscheidend für die Herausbildung eines Charakters ist das Sich-Einlassen auf einen je konkreten Gegenstand und das Herauslösen eines Gestalthaften aus diesem, die Erkenntnis seines inneren Wesens als eines inneren Strukturzusammenhangs einerseits und das Wecken und die Erregung des Charakters andererseits.

Betrachten wir die Aufgabe der vergleichenden Anthropologie, die sich auf die Gewinnung und Aufstellung eines Ideals des Charakters bezieht. Humboldt definiert diese wie folgt: „Das Bestreben der vergleichenden Anthropologie geht dahin, die mögliche Verschiedenheit der menschlichen Natur in ihrer Idealität auszumessen; oder, was dasselbe ist, zu untersuchen, wie das menschliche Ideal, dem niemals Ein Individuum adäquat ist, durch viele dargestellt werden kann.“[34] Wie hängt dies zusammen: Individueller menschlicher Charakter und Idealität des Charakters? Gewonnen werden soll offensichtlich ein kontrafaktisches Ideal, das als Orientierungsrahmen des Handelns des Einzelnen fungiert. Obwohl kein Individuum dieses Ideal erreichen kann, ist es dennoch unabdingbar als Ziel für die Höherentwicklung des Einzelnen und der Gattung Mensch. „Was sie (die vergleichende Anthropologie (d. Verf.) sucht, ist also kein Gegenstand der Natur, sondern etwas Unbedingtes, – Ideale, die aber auf Individuen, auf empirische Objecte so bezogen werden, dass man sie als das Ziel ansieht, dem diese sich nähern sollen.“[35] Die Idealität dient als Ziel, dem sich die Individuen annähern sollen. Es bleibt gleichwohl immer bei Approximationen; das Ideal selbst ist vom Einzelnen nicht zu erreichen. Wie aber ist das Ideal zu gewinnen? Wie lässt es sich bestimmen? Der Weg, das Ideal rein philosophisch spekulativ gewinnen zu wollen, erweist sich als unzureichend. Hinzutreten muss die Empirie. „Aber um jene oben aufgestellte Foderung ganz zu erfüllen, muss die vergleichende Anthropologie sich nothwendig an eine strenge Beobachtung der Wirklichkeit gewöhnen, und sogar durchaus überall von dieser zuerst ausgehen. Denn

[32] Humboldt, a. a. O., S. 16f.
[33] Humboldt, a. a. O., S. 17.
[34] Humboldt, a. a. O., S. 18.
[35] Ebd.

1. würde jenes mehr speculative Verfahren eine überaus nachtheilige Dürftigkeit, sowohl in der Mannigfaltigkeit aller Formen, als in der Bestimmtheit jeder einzelnen mit sich führen. Auch mit der glücklichsten Anstrengung würde es nicht möglich seyn, von da aus in eine nur irgend grosse Individualität herabzusteigen.

2. bedarf die Aufstellung des Ideales selbst einer gewissenhaften Beobachtung der Wirklichkeit. Denn diess Ideal ist nichts anders, als die nach allen Richtungen hin erweiterte, von allen beschränkenden Hindernissen befreite Natur.

3. leidet sie nur dann, wenn sie sich unmittelbar an die empirische Beobachtung hält, praktische Anwendung auf das wirkliche Leben, da sie sonst vergebens hohe Ideale aufstellen würde, wenn es ihr an Mitteln fehlte, dieselben an die Wirklichkeit anzuknüpfen."[36]

Es ist demzufolge bei der Empirie, bei der Erfahrung anzusetzen. Die rein philosophische Betrachtung vermag es Humboldt zufolge nicht, die Mannigfaltigkeit und Vielfalt der Individualität auszuschöpfen. Von ihrer spekulativ entworfenen, übergeordneten Begrifflichkeit führt kein Weg zum je Besonderen, zum Nicht-Identischen eines Individuums. Auch im günstigsten Falle würde sie es nicht vermögen, nur eine große Individualität in ihrer Eigenständigkeit und Unreduzierbarkeit zu erschließen. Auszugehen ist deshalb von der genauen Beobachtung der Wirklichkeit selbst. Dabei sind möglichst alle Richtungen zu berücksichtigen, und erst dann kann eine Extrapolation erfolgen. Nur durch den Ausgang von der Empirie und deren begrifflicher Durchdringung lässt es sich vermeiden, dass hohe Ideale aufgestellt werden, die nicht mehr auf die Lebenspraxis der Individuen bezogen werden können. Die Dialektik von Empirie und Spekulation ist von dem Boden der Erfahrung her zu entfalten. Nur auf diesem Weg lassen sich empirisch fundierte Ideale des Menschen wie etwa das Streben nach Wahrheit gewinnen.

Humboldt betont gerade auch vor dem Hintergrund der Notwendigkeit des Ausgangs von der Empirie die Bedeutung, die die physischen Dinge für die Charakterentwicklung haben. Dazu zählen die physische Umwelt – angefangen vom Klima über die Bodenbeschaffenheit bis zu den ökonomischen Verhältnissen –, die Fortpflanzung und die körperliche Beschaffenheit. Neben der sozialen Umwelt sind die physische Umwelt und die physischen Dinge konstitutiv mit zu berücksichtigen. „Der Mensch entwickelt sich nur nach Maassgabe der physischen Dinge, die ihn umgeben. Umstände und Ereignisse, die auf den ersten Anblick seinem Innern völlig heterogen sind, Klima, Boden, Lebensunterhalt, äussere Einrichtungen u.s.f. bringen in ihm neue, und oft die feinsten und höchsten moralischen

[36] Humboldt, a.a.O., S.19.

Erscheinungen hervor. Durch ein physisches Mittel, durch Zeugung und Abstammung, wird die einmal erworbene moralische Natur übertragen und fortgepflanzt, und dadurch nehmen die intellectuellen und moralischen Fortschritte, die sonst vielleicht vorübergehend und wechselnd seyn würden, gewissermaassen an der Stätigkeit und der Dauer der Natur Theil. Die physische Beschaffenheit des Menschen spielt daher bei der Bildung seines Charakters eine in jeder Rücksicht bedeutende Rolle.“[37] Die physische Umwelt und die physischen Dinge werden bei der Bildung des Charakters in einem sehr weiten Sinne mit einbezogen. Klimatische, geographische, ökonomische und institutionelle Verhältnisse sowie erbliche und biologische Faktoren spielen eine fundamentale Rolle bei der Konstitution des Charakters. Der Einbezug des Physischen und Biologischen ist Humboldt zufolge für die Konzeptualisierung einer vergleichenden Anthropologie unabdingbar.

Humboldt geht im Folgenden wieder auf die Methodologie und Methode der vergleichenden Anthropologie ein. Dabei plädiert er für einen starken Erfahrungsbegriff. Denn die vergleichende Anthropologie muss nicht nur „von der Erfahrung ausgehen, sondern sich so tief wie möglich in dieselbe versenken“[38]. Vergleichende Anthropologie muss methodisch präzise vorgehen. „Sie muss die bleibenden Charaktere der Geschlechter, Alter, Temperamente, Nationen usw. eben so sorgfältig aufsuchen, als der Naturforscher bemüht ist, die Racen und Varietäten der Thierwelt zu bestimmen.“[39] Es ist gleichsam ein detailliertes, sich den Gegenständen mimetisch anschmiegendes und sich in sie versenkendes Vorgehen gefordert. Dies ist ein erster Schritt auf dem Weg der Konstitution eines starken Erfahrungsbegriffs. Gleichwohl müssen weitere Schritte folgen. Wir werden zu überprüfen haben, wie weit Humboldt dabei vordringt.

Der Autor betont nun noch einmal das für die Epistemologie und Methodologie der vergleichenden Anthropologie Zentrale, d.h. die Synthese von Empirie und Spekulation. „Ihre Eigenthümlichkeit besteht daher darin, dass sie einem empirischen Stoff auf eine speculative Weise, einen historischen Gegenstand philosophisch, die wirkliche Beschaffenheit des Menschen mit Hinsicht auf seine mögliche Entwicklung behandelt.“[40] Die Besonderheit der vergleichenden Anthropologie im Gegensatz zur spekulativen, apriorischen und transzendentalen Philosophie besteht darin, dass sie die Empirie konstitutiv einbezieht, von ihr ihren Ausgang nimmt und erst dann explizite Theorien aufstellt. Dies ist ein äußerst moderner Ge-

[37] Ebd.
[38] Humboldt, a.a.O., S.20.
[39] Ebd.
[40] Ebd.

danke, der die unmittelbare Erfahrung in ihrer Eigenständigkeit und Unreduzierbarkeit ernst nimmt und sie nicht von vornherein unter Begriffe des Allgemeinen subsumiert. Unklar bleibt allerdings, was Humboldt unter strenger Beobachtung der Wirklichkeit versteht. Neben der Analyse der Wirklichkeit hat die vergleichende Anthropologie zugleich die mögliche Entwicklung des Einzelnen und der Gattung in ihrer Totalität zum Gegenstand. Vergleichende Anthropologie verfährt demnach analytisch und normativ zugleich. Sie kann auf das Normative nicht verzichten, weil sie eine konkrete Utopie als kontrafaktisches Ideal benötigt, an dem sich ablesen lässt, wie gut oder wie schlecht es um den Charakter des einzelnen Menschen und der Gattung Mensch steht.

Halten wir fest: Grundlage des Plans einer vergleichenden Anthropologie ist in epistemologischer, methodologischer und methodischer Hinsicht die Synthese von Empirischem und Spekulativem, von Historischem und Philosophischem, von Wirklichem und Möglichem.

Vergleichende Anthropologie operiert mit einem Erfahrungsbegriff, der auf Empirie und Spekulation basiert. Erfahrung, die sich bloß auf Empirie stützt, ohne diese reflexiv zu durchdringen, ist ebenso unzureichend wie eine, die sich bloß im Medium von Begriffen des Allgemeinen bewegt, ohne die Empirie wirklich ernst zu nehmen. Humboldt hat eine Reihe von Regeln aufgestellt, an denen sich Wesentliches seines Erfahrungsbegriffs ablesen lässt. „Die vergleichende Anthropologie ist nach dem Vorigen ein Zweig der philosophisch-praktischen Menschenkenntniss. Wie diese wird sie daher die Empirie, so wie die blosse Speculation vermeiden, und sich allein und durchaus auf E r f a h r u n g stützen. Auch wird sie die Hauptregeln anerkennen, und befolgen, welche diese aufstellt. Sie wird demnach:

1. die Data zu ihren Charaktergemählden aus den Aeusserungen des ganzen Menschen, zugleich aus seiner physischen, intellectuellen und moralischen Natur hernehmen, um sich des vollständigsten Stoffs zu versichern.

2. unter diesen vorzüglich auf diejenigen Züge achten, welche recht eigentlich den Charakter, und zwar denselben da, wo er individuell verschieden zu seyn pflegt, bezeichnen – auf das Verhältniss und die Bewegung der Kräfte.

3. immer nur auf die innere Beschaffenheit und Vollkommenheit, nie bloß oder auch nur hauptsächlich auf die Tauglichkeit zu äusseren Zwecken sehen.

4. den Charakter so viel als möglich genetisch schildern.

5. von den Thatsachen und Aeusserungen aus zu den allgemeinen Eigenschaften, und von da zum eigentlichen innern Wesen übergehen.

6. die zufälligen Eigenschaften von den wesentlichen genau absondern, und nach den verschiednen Graden ihrer Zufälligkeit ordnen.

7. den bisher mehr nach einzelnen Seiten betrachteten Charakter in die höchste Einheit zusammenziehn, aus dem vollständig gezeichneten Bilde den Begriff herausnehmen, – was dadurch am besten geschieht, dass man die Art, wie er zu den höchsten und ganz allgemeinen Zwecken des Menschen gelangt, auf einmal auszusprechen versucht.“[41]

Analysieren wir die Hauptregeln der vergleichenden Anthropologie:

Zu 1.: Beim Studium des menschlichen Charakters sind das Physische, das Geistige und das Moralische zu berücksichtigen. Humboldt will den Menschen in seiner Ganzheit bzw. Totalität erfassen.

Zu 2.: Es ist das Spezifische des Charakters eines Individuums oder einer höher aggregierten Einheit (Gemeinschaft, Gruppe, Nation etc.) zu rekonstruieren. Nur auf dieser Folie lässt sich die Verschiedenheit der Charaktere ausfindig machen. Dabei ist insbesondere auf das Verhältnis und die Bewegung der Kräfte zu achten.

Zu 3.: Es geht primär um die Erschließung des Inneren des Charakters. Die Analyse darf sich nicht begnügen mit Phänomenen, die bloß die Erscheinungsoberfläche des Charakters betreffen. Dazu gehört auch, den Charakter nur bezüglich seiner Verwertbarkeit für ökonomische oder andere äußere Zwecke zu betrachten.

Zu 4.: Es ist die Genese des Charakters zu rekonstruieren.

Zu 5.: Es ist von der Erscheinungsoberfläche her vorzudringen zum inneren Wesen des Charakters. Das innere Wesen des Charakters ist als eine objektive Strukturgestalt zu charakterisieren. Spätestens in diesen Argumentationszusammenhängen wird deutlich, dass Humboldts vergleichende Anthropologie erkenntnis- und wissenschaftstheoretisch dem Paradigma des modernen genetischen Strukturalismus zuzurechnen ist. Ganz in diesem Sinne plädiert Humboldt dafür, die Struktur und die Genese eines je konkreten Phänomens zu analysieren.

Zu 6.: Entscheidend ist die Erschließung des Charakters als eines inneren gesetzmäßigen Zusammenhangs. Davon ist das Zufällige und Nebensächliche abzugrenzen.

Zu 7.: Erschließung des Charakters bedeutet Erschließung einer Einheit. Humboldt spricht hier ein methodisches Problem an, das sich wie folgt reformulieren lässt: Wie gelangt man vom Einzelnen, von einzelnen Daten bzw. Fakten zur Einsicht in den inneren Zusammenhang einer je konkreten Sache? Das Einzelne muß gleichsam zur höchsten Einheit zusammengezogen werden. Diesem Problem hat sich der amerikanische Pragmatist Charles Sanders Peirce eingehend gewidmet. Peirce zufolge führen uns weder das Schlussverfahren der Induktion noch das der Deduktion hier weiter. Einzig die Abduktion ist dazu geeignet. Abduktion ist

[41] Humboldt, a. a. O., S. 21 f.

eine instinktive Fähigkeit des Menschen, die ihn qua blitzartiger, plötzlicher Einfälle zu Vermutungen bzw. zu erklärenden Hypothesen führt. Sie setzt sich zusammen aus verschiedenen Elementen, d.h. aus bekannten Fakten und aus einer Idee, einem kreativen Schluss; beide ergeben eine Vermutung. Auf unseren Zusammenhang übertragen bedeutet dies: Aus der Kenntnis bestimmter Daten bzw. Seiten eines Charakters und aus der Idee, diese zusammenzubringen, ergibt sich eine Vermutung über die höchste Einheit des Charakters als einer objektiven Strukturgestalt. Vom Einzelnen ist gleichsam im Modus einer Strukturgeneralisierung auf die Einheit zu schließen.

Humboldt fügt diesen Regeln weitere hinzu.

„1. Da es ihr vorzüglich darum zu thun ist, zu erforschen, wie die idealische Vollkommenheit, die Einem Individuum unerreichbar ist, sich in mehreren gesellschaftlich ausdrückt, so wird sie hauptsächlich durch diese Absicht bei der Wahl der Charaktere zu ihrem Studium geleitet werden. Sie wird soviel als möglich solche aufsuchen, die entweder den Begriff der Menschheit erweitern, oder sich so gegenseitig gegen einander verhalten, dass sie Züge die zusammen nicht in gleicher Stärke verträglich seyn würden, einzeln darstellen.

2. da sie sich auf ihrem Wege besonders an Gattungscharakteren halten muss, so wird sie dieselben so rein als möglich von allem Einfluss der einzelnen Individualitäten bestimmen, und ihre Eigenthümlichkeiten daher vornehmlich aus den gemeinschaftlich auf sie einwirkenden Ursachen, und aus ihrem Begriffe herleiten.

3. dagegen wird sie sich aber auch sorgfältig hüten, durch einen zu festen und engen Begriff der Gattung die Freiheit der Individuen zu beschränken.“[42]

Zu 1.: Zur Gewinnung eines Begriffs der Idealität wird die vergleichende Anthropologie nicht den Charakter eines Einzelnen, sondern mehrerer Individuen analysieren. Dabei wird sie entweder solche Individuen auswählen, die Großes und Außerordentliches geleistet haben und den Begriff der Menschheit zu erweitern erlauben, oder sie wird einander entgegengesetzte Charaktere und deren Eigenschaften zu einem idealen Charakter zusammenfügen.

Zu 2.: Da es um eine ideale Konstruktion des Charakters der humanen Gattung geht, muss sie vom Einfluss je konkreter Individualitäten abstrahieren.

Zu 3.: Sie wird keinen zu engen Begriff des Gattungscharakters aufstellen, um die Freiheit der Individuen nicht zu stark einzuengen und dem Prinzip der Zukunftsoffenheit gerecht zu werden.

[42] Humboldt, a.a.O., S.22.

Humboldt präzisiert im Folgenden das, worauf sich die vergleichende Anthropologie bei der Rekonstruktion des Charakters zu konzentrieren hat. „Sie muss immer ein Ganzes, eine vollendete Gestalt aufsuchen; bloss, wie die physiologische, nach einer Menge von Verschiedenheiten zu haschen, ist ihr durchaus fremd.“[43] Den Charakter des Menschen erkennen, heißt demnach, etwas Gestaltförmiges bzw. eine Ganzheit aus einer Mannigfaltigkeit von einzelnen Elementen zu erschließen. Verfehlt wird die Rekonstruktion des Charakters, wenn bloß eine Menge von Einzelheiten beschrieben wird. Gefordert ist die Erschließung einer Strukturgestalt. Wie dies möglich ist, haben wir bereits angedeutet, indem wir auf das Schlussverfahren der Abduktion verwiesen haben. Wir werden auf dieses Problem noch näher eingehen, wenn wir den Humboldtschen Begriff der Einbildungskraft behandeln. Festzuhalten ist jedoch bereits an dieser Stelle der Interpretation, daß es Humboldt nicht um bloße Deskriptionen oder Paraphrasierungen, sondern um Strukturerschließungen geht.

Um ihre Ziele zu erreichen, muss vergleichende Anthropologie „zugleich naturhistorisch, historisch und philosophisch seyn“[44]. Begründet wird die Notwendigkeit dieser dreifachen Betrachtung natur- und kulturgeschichtlich. Zunächst einmal reiht Humboldt die Gattung Mensch in das Kontinuum der Naturgeschichte ein. „Der Mensch, auch als Gattung betrachtet, ist offenbar ein Glied in der Kette der physischen Natur. Er artet, wie die übrigen Thiere, in Rassen aus, diese Rassen pflanzen ihre Eigenthümlichkeiten fort, und erzeugen mit einander halbschlächtige Blendlinge. Hier und in andern ähnlichen Fällen sind oft Naturwirkungen, die nicht zurückgewiesen werden können, nur benutzt und geleitet werden müssen. In dieser Rücksicht gehört der Mensch schlechterdings der Natur an. Er kann, wie sie, beobachtet werden, und, was das eigentlich charakteristische Kennzeichen hiebei ist, es ist möglich, mit ihm zu experimentiren.“[45] Der Mensch ist Produkt der Naturgeschichte. Vergleichende Anthropologie reiht die humane Gattung in die Evolutionsgeschichte ein. Insofern ist sie auch unter bestimmten Aspekten mit subhumanen Gattungen zu vergleichen. Gefordert sind dazu Methoden der Beobachtung und des Experiments. Zugleich zeigt sich, dass die vergleichende Anthropologie zur Festigung und Ausdifferenzierung ihrer Position eine Theorie der Naturgeschichte und des Übergangs von Natur zu Kultur benötigt. Eine solche Theorie stand Humboldt jedoch nicht zur Verfügung.

Die oben genannten Methoden reichen nicht aus; sie sind durch historische zu ergänzen. Denn, so die Humboldtsche Argumentation: „Der Na-

[43] Humboldt, a. a. O., S. 23.
[44] Humboldt, a. a. O., S. 24.
[45] Ebd.

turnothwendigkeit im Menschen am meisten entgegen steht seine Willkühr. Vermöge dieser beginnt und endigt er Handlungen, ohne weder durch Naturzwang, noch auch gerade durch Vernunftnöthigung getrieben zu werden. Er folgt, wie man zu sagen pflegt, dem Zufall, äusseren Einwirkungen, oder inneren augenblicklichen Antrieben. Was er auf diese Weise thut, ist zwar oft physisch, da es auch nicht einmal mittelbar aus Vernunft entspringt, es ist aber doch immer das Resultat physischer oder andrer Veränderungen auf eine freie Natur, und daher weder nach Naturgesetzen zu berechnen, noch auch eines Experimentes fähig. Von dieser Seite kann der Mensch bloss historisch erkannt werden. So ist er; so ward er. Das Warum? erlaubt keine befriedigende Antwort."[46] Der Einfluss auf den Menschen, der sich nicht schon aus den Gesetzmäßigkeiten der Natur ergibt, sondern der historisch vermittelt ist, ist hier angesprochen. Es ist damit insbesondere der Bereich der Spontaneität menschlichen Handelns gemeint. Um das menschliche Handeln zu begreifen, sind historische Methoden und Erkenntnisse gefordert, reichen Beobachtung und Experiment nicht aus.

Die Notwendigkeit der philosophischen Betrachtung des Menschen schließlich ergibt sich dadurch, dass Natur, Spontaneität und Vernunft auf der Evolutionsstufe der humanen Gattung ein Amalgam bilden. „Natur und Willkühr werden verknüpft in der ächt menschlichen Freiheit durch Vernunft. Denn die Vernunft bringt eine ebensogrosse Nothwendigkeit nach Gesetzen hervor, als die Natur, aber sie thut der Freiheit nicht den mindesten Eintrag, da sie sich selbst das Gesetz giebt. Hier sind also Gesetze, und zwar solche, die, ausserhalb des Gebiets der Erscheinungen, aus einer selbstständigen Kraft emaniren. Hier beginnt demnach das Gebiet der philosophischen und ästhetischen Beurtheilung."[47] Zu der naturgeschichtlichen und der historisch-gesellschaftlichen muss die philosophische und ästhetische Betrachtung hinzutreten. Letztere hat die Aufgabe, Gesetzlichkeiten des menschlichen Geistes zu erschließen.

Humboldt fordert von der vergleichenden Anthropologie, dass sie den Menschen *zugleich* aus der naturgeschichtlichen, historisch-gesellschaftlichen und philosophischen Perspektive betrachten soll. Eine solche umfassende Betrachtung ist Voraussetzung zur Erkenntnis seines Charakters. Dabei gilt, dass Gesetzmäßigkeiten erkannt werden müssen. Denn: „Jede theoretische Bearbeitung eines Stoffs setzt eine Beurtheilung nach Gesetzen voraus, und nur insofern der menschliche Charakter einer solchen fähig ist, verstattet er eine wissenschaftliche Behandlung."[48] Die Erhebung

[46] Humboldt, a. a. O., S. 24.
[47] Ebd.
[48] Ebd.

der Anthropologie zur Wissenschaft kann nur gelingen, wenn Gesetzmäßigkeiten, und zwar in diesem Fall die Gesetzmäßigkeiten des Charakters, rekonstruktiv offengelegt werden. In dieser Passage kommt das, was Humboldt unter einer wissenschaftlichen Anthropologie versteht, deutlich zum Ausdruck. Nicht bloße Beschreibungen und Paraphrasen von einzelnen Oberflächenerscheinungen, sondern erst die Erschließung von Gesetzlichkeiten des Charakters macht Anthropologie zu einer Wissenschaft. Demzufolge ist Anthropologie genau dann keine Wissenschaft, wenn sie nicht bis zur Ebene von Gesetzlichkeiten vordringt.

Humboldt unterscheidet zwischen Gesetzmäßigkeiten in der organischen Natur, in der Historie und im Regelgebrauch der Vernunft. Er beklagt dabei unter anderem das Fehlen von Methoden zur Dechiffrierung dieser Gesetzlichkeiten. Auch weisen die jeweiligen Stoffe der Natur, der Geschichte und der Vernunft unterschiedliche Grade von Gesetzmäßigkeiten auf. Am schwierigsten sei es, historische Gesetzlichkeiten ausfindig zu machen, weil im Bereich der Geschichte weniger strenge Regelmäßigkeiten herrschten. Humboldt gelangt auf der Grundlage dieser Betrachtungen zu dem folgenden Resultat. „Der Stoff, den die vergleichende Anthropologie darbietet, ist daher nicht gerade einer wissenschaftlichen, ja nicht einmal durchaus einer theoretischen Behandlung fähig. In wie hohem Grade er indess auch empirisch seyn mag, so zeigen doch die einzelnen Erscheinungen immer eine gewisse Stätigkeit, Folge und Gesetzmässigkeit, und diese letztere muss nothwendig sowohl mit der Erweiterung unsrer Kenntniss, als mit der Veredlung der menschlichen Natur selbst, noch mit dem Fortschritte der Zeit immer höher steigen. Der Bearbeiter hat sich daher zwar zunächst so genau als möglich an die Wirklichkeit anzuschliessen, aber mit der Beobachtung muss er zugleich immer soviel als möglich eine streng philosophische Behandlung verbinden, theils um die Masse der Thatsachen nach Gesetzen theoretisch zu ordnen, theils um die durch die Beobachtung erhaltenen Charaktere praktisch nach Gesetzen zu beurtheilen."[49] Das bereits Rekonstruierte mit hinzuziehend können wir sagen: Humboldt fordert die Grundlegung einer strukturalen Wissenschaft, deren Ziel die Dechiffrierung von objektiven Gesetzlichkeiten des menschlichen Charakters ist. Gleichwohl ist sich Humboldt noch nicht sicher, ob die vergleichende Anthropologie dieses Ziel zu erreichen vermag. Einerseits fehlen die dazu notwendigen Methoden, andererseits weisen bestimmte Bereiche, wie etwa die Geschichte, weniger strenge Regelmäßigkeiten auf. Trotzdem resigniert Humboldt nicht. Er beharrt darauf, dass die einzelnen Phänomene Gesetzmäßigkeiten aufweisen und dass unsere Erkenntnisse über diese erweitert werden

[49] Humboldt, a. a. O., S. 25.

müssen. Der rekonstruierende Wissenschaftler muss sich zunächst einmal den Phänomenen selbst mimetisch anschmiegen, sich in sie versenken, um sie so zum Sprechen zu bringen. Er muss dann u.a. durch philosophische Behandlung im Medium von Begriffen des Allgemeinen, kurz durch begriffliche Vermittlung Gesetzlichkeiten offen legen. Wir können hier ein Stück weit den Weg verfolgen, auf dem Humboldt trotz epistemologischer Schwierigkeiten die Konstitution einer strukturalen Wissenschaft im Allgemeinen und einer vergleichenden Anthropologie im Besonderen vorantreibt.

Humboldt betont nun wieder die Wichtigkeit des Betrachtens des menschlichen Charakters aus den Perspektiven des Naturbeobachters, des Historikers und des Philosophen. Wie aber ist es möglich, ausgehend von diesen verschiedenen Betrachtungsweisen zu einer gültigen Charakterkenntnis zu gelangen? „Was das Schwierigste ist, so dürfen diese drei so verschiedenen Geistesstimmungen nicht einmal immer, wenn auch freilich oft, einzeln bei einzelnen Theilen der Charakterkenntniss thätig, sie müssen sehr häufig sehr nahe mit einander verbunden seyn."[50] Wie aber lässt sich dieses Postulat methodisch einlösen? Humboldt ahnt die Schwierigkeiten, ja er spricht gar von der Unmöglichkeit, die verschiedenen Betrachtungsweisen zu einem Ganzen zu verbinden. „Die gehörige Mischung, in welcher die in so hohem Grade ungleichartigen Anlagen mit einander zu einer richtigen Menschenkenntniss verbunden seyn müssen, künstlich und regelmäßig zu finden, dürfte schwer, wo nicht unmöglich seyn. Auch findet man in der That meistentheils entweder zu empirische oder zu speculative Menschenbeobachter."[51] Humboldts Probleme werden verständlich, wenn man sich das Wissen vor Augen hält, auf das er zur damaligen Zeit zurückgreifen konnte. Es gab keine wissenschaftlich fundierten Kenntnisse darüber, wie der menschliche Geist funktioniert. Ihm standen wichtige Erkenntnisse, wie etwa die über die verschiedenen universalen Strukturgesetzlichkeiten des menschlichen Geistes, zu denen erst die Analysen und Theorien von Claude Lévi-Strauss (Regel der Sozialität als Reziprozität), Noam Chomsky (Universalgrammatik), Jean Piaget (Kognition und Moral) u.a. beigetragen haben, nicht zur Verfügung. Um so beachtlicher ist der Versuch, Grade von Gesetzmäßigkeiten erst einmal zu differenzieren. Ebenso führt die Kritik an einem zu empirischen Vorgehen auf der einen und einem zu spekulativen auf der anderen Seite zu erkenntnistheoretischen Reflexionen über das angemessene Zueinander von Empirie und Theorie. Zuvor schon war die Rede davon, dass sich der Forscher zunächst in die empirischen Phänomene zu versenken habe,

[50] Humboldt, a.a.O., S.26.
[51] Humboldt, a.a.O., S.27.

bevor er explizite Theorien konstruiert. Diese Überlegungen führen zu ersten methodischen Schritten, die der Bewältigung der Aufgabe der Erkenntnis des menschlichen Charakters dienen.

Wie aber lässt sich nun die Fähigkeit, Gesetzlichkeiten von Ausdrucksgestalten zu erschließen, fördern? Humboldt gibt auf diese Frage eine ebenso einfache wie verblüffende Antwort. „Die beste Schule für die Menschenkenntniss ist daher das Leben, und derjenige wird am besten in derselben gelingen, dessen Charakter selbst in vorzüglichem Grade kultivirt ist, der zugleich formenreich und hinlänglich gewöhnt ist, sich nach Gesetzen zu beurtheilen. Denn demjenigen, der selbst die nothwendige Freiheit und Gesetzmässigkeit in sich verbindet, wird es auch weder an der Empfänglichkeit fehlen, den gegebnen Stoff aufzufassen, noch an der Kraft, ihn einer strengen Prüfung nach Gesetzen zu unterwerfen.“[52] Obgleich diese Argumentation auf den ersten Blick recht vage zu sein scheint, ist bemerkenswert, daß Humboldt auf das Leben bzw. die Lebenspraxis und auf Empfänglichkeit und Kraft rekurriert, wenn es um die Fähigkeit der Erschließung von Gesetzlichkeiten geht. Denn wie etwa Peirce zeigt, vollzieht sich die Erfahrungskonstitution in der Lebenspraxis im Modus der Strukturgeneralisierung. In der Lebenspraxis wird gleichsam eingeübt, das Besondere eines Falles als Strukturzusammenhang zu erkennen. Wiederum zeigt sich hier, dass Humboldt die Gewinnung eines Begriffs lebendiger Erfahrung anstrebt. Denn es ist nichts anderes als die Strukturgeneralisierung, das kreative, spontane bzw. abduktive Schließen, das allererst lebendige Erfahrung stiftet.

Humboldt geht nun auf die Verschiedenheit des Charakters der Menschen ein. Was sind die Hauptmerkmale der Charakterverschiedenheit? „Der erste Unterschied, den wir unter mehreren Menschen bemerken, und der auch dem flüchtigsten Blick nicht entgeht, ist die Verschiedenheit der Gegenstände ihrer Beschäftigung, der Producte ihres Fleisses, der Art, ihre Bedürfnisse zu befriedigen, und das Leben zu geniessen.“[53] Zur zweiten Klasse sind Humboldt zufolge u.a. zu zählen: „Körperbau“, „Betragen“, „Gestalt, Farbe des Gesichts und des Haars, Physiognomie, Sprache, Gang und Gebehrden überhaupt“.[54] Von diesen beiden Klassen können wiederum die „innern Verschiedenheiten“ abgehoben werden.[55] Gemeint sind damit u.a. Phantasie, Verstand, Aktivität, Passivität, Empfindungen, Neigungen und Leidenschaften. Gleichwohl ist nicht auf der Ebene der Verschiedenheiten stehen zu bleiben. „Aber alle diese Verschiedenheiten,

[52] Ebd.
[53] Ebd.
[54] Ebd.
[55] Humboldt, a.a.O., S.28.

so einzeln, als sie hier dastehn, betrachtet, beweisen mehr Verschiedenheiten in einzelnen Aeusserungen, als in dem Charakter selbst."[56] Insofern ist die Betrachtung von Einzelnem immer nur ein erster Schritt, der am Anfang der Charakterrekonstruktion steht. Denn: „Solange man sie einzeln betrachtet, bleibt es immer ungewiss, ob sie nicht mehr bloss aus einer Verschiedenheit der äussern Lagen und Umstände, als aus einer innern Charakterform entspringen, aus welcher das Individuum entweder gar nicht oder doch nicht ganz herauszugehen im Stande ist."[57] Worauf es ankommt, ist primär die Erkenntnis der inneren Charakterform. Erst wenn diese objektive Strukturgesetzlichkeit dechiffriert ist, lässt sich erkennen, ob die einzelnen Handlungen und Äußerungen aus ihr hervorgehen. Zugleich wird in dieser Sequenz deutlich, dass Humboldt die innere Charakterform als etwas ansieht, das das Subjekt nie ganz zu verändern vermag. Er spricht davon, dass das Individuum aus ihr „entweder gar nicht" oder „doch nicht ganz herauszugehen im Stande ist". Die Transformation des Charakters ist Humboldt zufolge entweder nicht oder nur bis zu einem bestimmten Grade möglich. Dies verweist darauf, dass er den Charakter als in den Tiefenstrukturen des Individuums verankert ansieht.

Humboldt geht nun auf den Unterschied der Geschlechter ein. Er betrachtet die Geschlechterdifferenz als wesentlich für eine vergleichende Anthropologie. Es ist „der Unterschied der Geschlechter, welche die Natur zu einer so unverkennbaren Eigenthümlichkeit eines jeden für sich, und einer sich so scharf entgegengesetzten Verschiedenheit bestimmt hat, dass vernünftiger Weise auch nicht einmal der Gedanke entstehen kann, den Charakter des einen mit dem des andern zu vertauschen, oder die Individualität beider durch eine dritte zu vertilgen."[58] An der Differenz der Geschlechter lässt sich paradigmatisch die Verschiedenheit des Charakters ablesen. Hinter dieser Verschiedenheit steht die Natur, die in ihrem Schaffensprozess, als natura naturans, aus sich den Gegensatz zwischen Weiblichem und Männlichem heraustreibt. Wie aber ist diese Differenz der Geschlechter im Rahmen der vergleichenden Anthropologie zu fassen? Nach Humboldt müssen die einzelnen Charaktereigenschaften da herausgestellt und beschrieben werden, wo die Verschiedenheit am besten zum Ausdruck kommt. „Bei allem aber, was sich auf Naturbeobachtung gründet, ist es ein Haupterfoderniss einer guten Methode, jeden einzelnen Punkt gerade da aufzusuchen, wo er sich am sichtbarsten zeigt."[59] Humboldt vergleicht im Einzelnen Mann und Frau. Er geht dabei zunächst auf den Körperbau, die

[56] Ebd.
[57] Ebd.
[58] Ebd.
[59] Humboldt, a. a. O., S. 29.

Muskelkraft, die Gestalt und die Schönheit der Frau ein. Dann widmet er sich deren intellektuellen Fähigkeiten. Dabei kommt er zu umstrittenen Ergebnissen. So etwa, wenn es heißt: „ Nicht also gerade baaren Gewinn an einzelnen Kenntnissen oder Wahrheiten darf man von dem Geiste der Frauen erwarten; er leistet mehr, und seine Bestimmung ist höher und edler. Das Höchste und Beste in der allgemeinsten Geistesthätigkeit überhaupt, das Umfassen eines mannigfaltigen Reichthums, das treue Anhalten an die Natur und den unmittelbaren Gehalt, das Streben, alles und überall zu verknüpfen, das Bedürfnis, das eigne Ich und die umgebende Welt nicht nur immer auf einander zu beziehn, sondern auch durchaus in Eins zu verschmelzen, ist unmittelbar durch seine Natur selbst gegeben. Es fehlt ihm nur, dass er auch das Einzelne immer hinreichend sichre.“[60] Es sind gerade solche Passagen, die scharf kritisiert wurden. Und es stellt sich die Frage, wie Humboldt zu diesen Ansichten gekommen ist. Humboldt lässt hier die nötige methodische Distanz zu seinem Gegenstand vermissen.

Der Autor geht dann auf den ästhetischen Charakter des weiblichen Geschlechts ein. Er differenziert zwischen dem Schönheitssinn, der bei den Frauen stets rege und lebhaft sei, dem Kunstgefühl und dem Kunstgenie. Dabei betont er die graduellen Abstufungen, die sich, angefangen vom bloßen Schönheitssinn über das Kunstgefühl bis hin zum Kunstgenie ergeben. Vom unbestimmten Schönheitssinn ist es ein weiter Weg bis zur Herausbildung des Kunstgefühls, und von diesem her sind wiederum beträchtliche Steigerungen notwendig, um zur höchsten Stufe, d.h. der des Kunstgenies zu gelangen. Humboldt geht zunächst auf das Kunstgefühl ein und versucht dieses am Beispiel des poetischen Urteils von Mann und Frau zu erläutern. „Die Geschlechts-Anlage macht ein poetisches Urtheil überhaupt leichter und häufiger möglich, als in dem Manne, aber sie setzt der vollkommnen Freiheit und Reinheit desselben grössere Hindernisse in den Weg; indess nie so grosse, dass sie nicht mit völliger Beibehaltung ihrer Eigenthümlichkeit, was wenigstens das Urtheil betrift, sollten überwunden werden können.“[61] Höhere Anforderungen als der Schönheitssinn und das Kunstgefühl verlangt das eigene Schaffen, das Kunstgenie. Humboldt betrachtet das Genie als höchsten Ausdruck des menschlichen Geistes. „Das Genie überhaupt kann ... als der freieste und höchste Schwung des menschlichen Geistes, nur der Individualität angehören ...“[62] Das Genie ist gebunden an die Individualität des Individuums.

Was aber meint Humboldt, wenn er von dem freiesten und höchsten Schwung des menschlichen Geistes redet? Gehen wir davon aus, dass der

[60] Humboldt, a.a.O., S.30.
[61] Humboldt, a.a.O., S.33.
[62] Ebd.

menschliche Geist zu seinem Funktionieren Universalien (u.a. kognitive und sprachliche Strukturen) voraussetzt, die allen Gattungsmitgliedern gleichermaßen zukommen, so kann dies nur heißen, dass das Genie in origineller Weise, in einer Art freier Bewegung mit diesen Universalien umzugehen vermag. Das Genie bringt Neues, bisher nicht Dagewesenes hervor. Dies gelingt ihm nur durch einen kreativen Umgang mit dem Vorgegebenen. Nicht nur muss es dazu kreativ mit den Universalien, sondern auch mit den alten materialen Erfahrungsbeständen, die es zur Verfügung hat, umgehen. Der freieste und höchste Schwung des menschlichen Geistes bedeutet also gerade nicht, dass das Genie aus dem Nichts schafft; vielmehr bleibt es in seinem Schaffensprozess eingebunden in die Dialektik von Allgemeinem und Besonderem.

Humboldt widmet sich nun dem Empfindungsvermögen und Willen als Elementen des menschlichen Charakters, und versucht wieder einen Vergleich zwischen den Geschlechtern. „Um das weibliche Geschlecht von seiner eigenthümlichsten Seite zu sehen, muss man von dem moralischen Charakter ausgehen. Wie bei den Männern der Geist, so ist bei den Frauen die Gesinnung am meisten rege und thätig.“[63]

Diese Passagen sollen genügen, um den Humboldtschen Versuch der Rekonstruktion der Geschlechterdifferenz vorzustellen. Man fragt sich, wie Humboldt zu seinen Einschätzungen kommt, insbesondere zu denen, die über das Körperliche hinausgehen und das Intellektuelle und Ästhetische betreffen. Nicht selten scheinen seine Analysen ein Konglomerat von Vorurteilen und Idealisierungen zu sein. Methodisch bewegt sich Humboldt dabei allzu oft auf der Ebene von Beschreibungen und nicht von Strukturerschließungen. Dies provoziert die Frage, welchen Wert diese Analysen der Geschlechterdifferenz für die vergleichende Anthropologie eigentlich haben? Um hier zu einer fundierten Einschätzung zu kommen, müssten weitere Studien Humboldts zum Geschlechterunterschied herangezogen werden. Festhalten lässt sich auf der Folie unserer Interpretation jedoch, dass Humboldt der Rekonstruktion der Geschlechterdifferenz eine große Bedeutung in seinem Anthropologie-Projekt zumisst, aber gerade in diesem Bereich die nötige methodische Distanz zu seinem Gegenstand vermissen lässt.

„Theorie der Menschenkenntnis“

In der Eröffnungssequenz seiner Studie ›Theorie der Menschenkenntnis‹ aus der Schrift ›Das 18. Jahrhundert‹ stellt Humboldt zunächst die Frage nach dem Standort der Menschheit. Er beabsichtigt eine Bestands-

[63] Humboldt, a.a.O., S. 34.

aufnahme der humanen Gattungsgeschichte und hinterfragt sie kritisch. „Wo stehn wir? welchen Theil ihres langen und mühevollen Weges hat die Menschheit zurückgelegt? befindet sie sich in der Richtung, welche zum letzten Ziel hinführt? und wie weit ist es ihr gelungen, in dieser Richtung bereits fortzuschreiten?"[64] Humboldts Fragestellung bezieht sich auf den Zustand des Charakters der Menschheit. Nach der Vollendung des 18. Jahrhunderts hält er eine Bilanzierung für angebracht. Dabei ist er sich der Komplexität und der Schwierigkeit, die die aufgeworfene Frage impliziert, bewusst. „Die Beantwortung dieser inhaltvollen Fragen fodert nichts Geringeres, als eine Charakteristik der Zeit, in der wir leben, verbunden mit einer pragmatischen Herleitung unsers Zustandes aus seinen in früheren Begebenheiten und Umständen verborgenen Ursachen, mithin eine Schilderung des Jahrhunderts, das wir zurückgelegt haben."[65] Dabei kommt es darauf an, die Gattung Mensch in das Kontinuum der durch lebendige Kräfte bewegten und kreativ sich entfaltenden Natur einzureihen. Denn, so Humboldts evolutionstheoretisches Argument: „Was wir sind, muss vollständig und bestimmt gezeichnet, aber wir müssen nicht als ein todtes Bild aus dem ganzen Gemählde der Zeit herausgerissen, wir müssen vorgestellt werden als ein lebendiges Glied einer zusammenhängenden Reihe gemeinschaftlich wirkender Ursachen, zugleich als das Product von Kräften, die vor uns thätig waren, und als eine Quelle andrer neuer, die es nach uns seyn werden."[66] Humboldt greift zurück auf Ursachen, letztlich auf Kräfte, um die Gattungsgeschichte des Menschen zu erklären. Mit dem Kraft-Begriff sind wir auf einen Grundbegriff Humboldts gestoßen. Wir werden auf die Problematik dieses Begriffs noch explizit eingehen. Versuchen wir zunächst eine Annäherung an diesen Begriff. Mit dem Kraft-Begriff lehnt sich der Kantianer Humboldt nicht an die Kantische Transzendentalphilosophie, sondern an die Leibniz-Wolffische Substanzmetaphysik an. Kraft ist für Humboldt ein letztes metaphysisches Prinzip, gleichsam das „Urprinzip alles Seienden"[67]. Sie ist eine Grundkraft, die in der Natur und im Menschen wirkt. Kräfte sind etwas Ursprüngliches, Anderes erst Hervorbringendes. Sie waren vor uns tätig und sind die Quelle der Emergenz von Neuem. Insofern halten sie auch die

[64] Humboldt, W. v.: Theorie der Menschenkenntnis. Aus der Schrift: Das 18. Jahrhundert. In: Wilhelm v. Humboldts Philosophische Anthropologie und Theorie der Menschenkenntnis. Herausgegeben und eingeleitet von Fritz Heinemann. Halle/Saale 1929, S. 38.

[65] Ebd.

[66] Ebd.

[67] Clemens Menze: Wilhelm von Humboldts Lehre und Bild vom Menschen. Ratingen 1965, S. 96 ff.

Zukunft der Naturgeschichte offen. Die humane Gattung ist Produkt dieser Kräfte. Kraft ist somit dem Menschen von der Natur immer schon mitgegeben; sie macht sein eigentliches Wesen aus. Kraft ist Energie, die das Handeln des Menschen erst ermöglicht und antreibt.

Humboldt verweist nun darauf, dass der Charakter der Menschheit in seiner Totalität betrachtet werden muss, wobei das, was ist und das, was sein soll, gleichermaßen Berücksichtigung finden müssen. Denn: „Nicht bloss die Seiten, die wirklich ausgebildet sind, sollen geschildert werden, auch diejenigen, welche es seyn sollten oder seyn könnten. Nicht bloss die vorhandene Kraft will man geschätzt wissen; auch den Grad der Rüstigkeit und Stärke, mit der dieselbe weiter emporstrebt. Zwei Bedingungen werden daher durchaus unerlasslich seyn: einmal alles Einzelne immer unter wenigen abgesonderten Hauptpunkten zu Einer Gestalt zusammenzudrängen; dann jeden Grad und jede Modifikation der thätigen Kräfte als Theile einer unendlichen Grösse anzusehen, die in Gränzen, die auch einem feinen Auge entgehen, mit ihren Nachbarn zusammenstossen."[68] Um das Großprojekt der Konstitution einer vergleichenden Anthropologie überhaupt in Angriff nehmen zu können, sind zwei Bedingungen unerlässlich. Erstens darf man sich nicht in der Vielfalt des Einzelnen verlieren; es kommt darauf an, möglichst schnell Gestalten zu erschließen. Erste Bedingung wäre demzufolge die Erschließung und Darstellung von Gestalten. Zweitens sind die Kräfte als Teile eines Unendlichen anzusehen. Sie sorgen für Lebendigkeit, Bewegung, Modifikation und Transformation. Die Kräfte verweisen auf Unendliches, das Endliches bedingt, alles in Bewegung hält und Veränderungen hervorbringt.

Humboldt geht nun auf das Verhältnis von Wirklichem und Möglichem ein. Beides muss miteinander verglichen werden. „Mit dem Möglichen muss das Wirkliche verglichen werden, um zu beurtheilen, wie es sich dem Nothwendigen zu nähern vermöge."[69] Vergleichende Anthropologie muss das Spannungsfeld von Wirklichem und Möglichem eröffnen, um die Approximation an das Ideal des Charakters festzustellen, die die je historisch konkreten Subjekte und die Gattung Mensch jeweils erreicht haben. Es stellt sich nun die Frage, wie das Mögliche bestimmt werden kann. Als methodische Verfahren führen dabei weder die Spekulation noch die Beobachtung allein, sondern nur beide zusammen weiter. Um zur höchsten Vollkommenheit des Charakters der Menschheit zu gelangen, „müssen wir speculatives Nachdenken mit praktischer Beobachtung verknüpfen. Ohne jenes lernen wir, wie die gemeine Menschenkenntniss, nur gewisse Aeusserungen der Charaktere, nicht, wie die philosophische, ihr inneres Wesen

[68] Ebd.
[69] Humboldt a.a.O., S.39.

selbst kennen; ohne diese finden wir nur, durch Eintheilung des Begriffs der Menschheit a priori, die obersten, weitumfassendsten Gattungen derselben, nicht ihre besondern Arten, noch weniger Individuen.“[70] Ohne Spekulationen bleiben wir der Ebene der Erscheinungsoberfläche des Charakters verhaftet, vermögen wir nicht zu erkennen, was den Charakter im Innersten zusammenhält, d.h. die ihn strukturierende Einheit. Erst philosophische Spekulation und kreatives Schließen ermöglichen es uns, das Wesentliche des Charakters, seinen inneren Strukturzusammenhang zu erkennen. Soll mehr über den menschlichen Charakter ausfindig gemacht werden als das, was auf der Erscheinungsoberfläche sich in Form einzelner Äußerungen und Handlungen manifestiert, so sind spekulatives Denken und kreatives Schließen unabdingbar. Gleichwohl bedarf die Spekulation einer Rückversicherung durch die Empirie. Nur durch präzise praktische Beobachtungen lässt sich das Besondere erkennen. Humboldt schwebt die Verknüpfung von Allgemeinem und Besonderem im Prozess der Rekonstruktion des menschlichen Charakters vor. Gleichwohl sind die Ausführungen zum Verhältnis von Allgemeinem und Besonderem und der Möglichkeit seiner Rekonstruktion nicht ausreichend. Sowohl in methodologischer als auch in methodischer Hinsicht können diese allenfalls als erste Annäherungen an das Problem der Erkenntnis von Allgemeinem und Besonderem im Kontext der Charakterrekonstruktion angesehen werden.

Humboldt weist auf die Notwendigkeit seiner Studie über das 18. Jahrhundert hin und versucht diese zu rechtfertigen. Die Gattung Mensch sei als eine Totalität zu betrachten, deren „einzelne Glieder sich durch eine planmässige Ausbildung ihrer verschiedenen Kräfte Einem gemeinschaftlichen Ziele nähern“[71]. Dem Menschen sei die Annäherung an diese Ziele gleichsam „durch seine Vernunft aufgegeben“[72]. Insofern sei es denn auch notwendig, auf dem Wege zu diesem Ziel in gewissen Abständen eine Bestandsaufnahme zu machen. Denn, so Humboldt: „Um dieser Foderung der Vernunft zu folgen, müssen wir uns von Zeit zu Zeit auf unserm Wege orientiren. – Hieraus entsteht das Bedürfniss, eine Charakteristik des Zeitalters vorzunehmen, in dem man lebt. – Die Erfordernisse und Schwierigkeiten einer solchen Charakteristik zu prüfen, ist der Zweck dieser Abhandlung.“[73]

Es geht Humboldt nun um die Präzisierung seines Erkenntnisinteresses. Er beschäftigt sich mit der Frage, worin der menschliche Charakter eigentlich besteht. Dabei beklagt er, dass die Kenntnis des menschlichen Cha-

[70] Humboldt, a.a.O., S. 40.
[71] Humboldt, a.a.O., S. 41.
[72] Ebd.
[73] Ebd.

rakters immer noch ungenügend ist. Zu wenig Aufmerksamkeit wurde dieser zentralen Frage gewidmet. „Unter allen Studien sind wenige bisher so sehr vernachlässigt worden, als das Studium menschlicher Charaktere.“[74] Damit nicht genug. Der Charakter wurde bislang auch zu einseitig betrachtet. Die Philosophen versuchten ihn im Medium von Begriffen des Allgemeinen gleichsam subsumtionslogisch zu fassen, während die Empiriker sich in einzelnen Beobachtungen verloren und nicht zur inneren Einheit des Charakters vordrangen. Demgegenüber hebt Humboldt besonders die Leistung der Dichter bei der Schilderung des Charakters und dem Versuch, ihn zu erkennen, hervor. „Die einzigen, die hier etwas Wichtiges geleistet haben, sind daher die Dichter, vorzüglich die dramatischen und die des neueren Romans.“[75] Diese haben deshalb Bedeutendes bei der Entschlüsselung der menschlichen Charaktere leisten können, weil sie die Einbildungskraft ins Spiel brachten und aufgrund dieser Strukturgestalten geschaffen haben, die auf das Wesentliche des Charakters verweisen. „Da sie ihre Charaktere neu schaffen, und für die Einbildungskraft schaffen mussten, so durften sie, gleich dem bildenden Künstler, keinen Zug unvollendet lassen, und mussten alles bis auf Mine, Ton und Gebehrde berechnen.“[76] Gleichwohl gelang nur wenigen Dichtern die Erschließung von Charakteren. Zu ihnen gehört Humboldt zufolge Shakespeare. Der Mangel bei der literarischen Charakterschilderung besteht in der Regel darin, daß zu wenig zergliedert, d.h. analytisch vorgegangen wird. „Der Dichter aber, wie sehr es ihm auch gelingen möchte, ahmt unmittelbar das Leben selbst nach; er zeichnet den Charakter, aber er zergliedert ihn nicht; für die raisonnirende Analyse desselben, von der wir hier reden, ist also durch seine Bemühungen nur wenig und nur so viel gewonnen, dass er freilich einen mehr geläuterten, schon durch den Geist bearbeiteten und eigen zurechtgelegten Stoff liefert.“[77]

Im Folgenden stellt Humboldt, um die methodischen Defizite bei der Charakteranalyse zumindest partiell zu beheben, einige Regeln auf. Diese sollen erste Grundlagen einer philosophischen Theorie der Menschenkenntnis abgeben. Was aber wird in dieser unter Charakter verstanden? „Diese begreift unter dem Charakter alle diejenigen Eigenthümlichkeiten zusammen, welche den Menschen, als ein physisches, intellectuelles und moralisches Wesen betrachtet, sowohl überhaupt, als auch insbesondre einen vor dem andern auszeichnen ...“[78] Der Charakter umfasst der Hum-

[74] Humboldt, a.a.O., S.42.
[75] Humboldt, a.a.O., S.43.
[76] Ebd.
[77] Humboldt, a.a.O., S.44.
[78] Humboldt, a.a.O., S.45.

boldtschen Theorie zufolge Physisches, Intellektuelles und Moralisches. Wie aber wird man methodisch einem so komplexen Sachverhalt gerecht? Wie lassen sich alle physischen, intellektuellen und moralischen Besonderheiten eines Menschen erfassen, ohne daß es zu einer strukturlosen und ausufernden Beschreibung von einzelnen Elementen kommt? Humboldt sieht dieses methodische Problem. Er beschreibt es wie folgt. „Je grösser aber die Zahl der Gegenstände ist, die sich dem Geist auf einmal darbietet, desto leichter verliert sich, wenigstens anfangs, die Bestimmtheit des Bildes."[79] Gleichwohl muss das Einzelne berücksichtigt werden. Es darf keineswegs ausgeblendet werden etwa dadurch, dass man nur das Auffallende berücksichtigt. Auch das unscheinbare Detail darf nicht außer Acht gelassen werden. Es dürfen keine Lücken entstehen. Gerade darin sieht Humboldt einen später nicht wiedergutzumachenden methodischen Fehler. „Aber das Schlimme in der Menschenkenntniss ist gerade das, dass jede Lücke zugleich eine Unrichtigkeit ist, und dass man einen Charakter nie von einer einzigen Seite vollkommen richtig kennt, solange man ihn nicht zugleich auch von allen andern durchschaut."[80] Humboldt fordert hier das, was man in der modernen Sozialforschung als das Prinzip der Totalität bezeichnet. Das Totalitätsprinzip als ein methodisches Prinzip der Interpretation besagt, dass bei der Rekonstruktion etwa eines Protokolls prinzipiell alles zu berücksichtigen ist. Jedes auch noch so unscheinbare Detail ist zu interpretieren und muss als sinnlogisch motiviert rekonstruiert werden.

Kommen wir auf unsere Ausgangsfrage zurück: Lässt sich das Postulat, den Charakter in seiner Vielschichtigkeit und Komplexität zu erfassen, überhaupt methodisch lösen? Welchen Vorschlag macht Humboldt? „Um daher hier die rechte Bahn nicht zu verfehlen, muss man die Kunst besitzen, in dem Mannigfaltigen selbst mit Schnelligkeit gerade dasjenige Gemeinsame aufzufinden, wodurch das Ganze zu einer eignen und abgesonderten Gestalt wird."[81] Was Humboldt hier anvisiert, ist epistemologisch, methodologisch und methodisch von großer Aktualität. Mit Schnelligkeit in dem Mannigfaltigen ein Gemeinsames, d.h. einen inneren Sinnzusammenhang zu erkennen, verweist auf das Problem der Strukturerschließung in den modernen Geistes-, Kultur- und Sozialwissenschaften. Dabei geht es um die Frage: Wie erschließe ich eine Struktur aus der sich mir darbietenden Mannigfaltigkeit unmittelbarer Sinneseindrücke einer je konkreten Sache? Humboldt spricht in diesem Zusammenhang von einer Kunst, deren Charakteristika Schnelligkeit und Plötzlichkeit sind. Was er hier in

[79] Ebd.
[80] Ebd.
[81] Ebd.

traditioneller Terminologie beschreibt, hat – wie bereits angedeutet – der amerikanische Philosoph und Begründer des Pragmatismus Charles Sanders Peirce als Abduktion bezeichnet. Nur durch abduktives Schließen, gleichsam einem instinktiv verankerten Vermögen, das sich auszeichnet durch plötzliche, blitzartige Einfälle, sind wir fähig, verborgene Strukturzusammenhänge von Phänomenen zu erschließen und neue Erfahrungen zu machen. Die Genialität Humboldts zeigt sich dabei in der Vorwegnahme und dem Vertrauen auf einen Schlussmodus, der erst viel später Begründungen erfahren hat. Die Erkenntnis des Charakters erfordert das kreative Erschließen von Strukturgestalten. In diesen Argumentationszusammenhängen wird wieder deutlich, dass die Humboldtsche Methode eine strukturale ist. In seiner Studie ›Zur Aufgabe des Geschichtsschreibers‹ ist Humboldt näher auf die Kunst der Strukturerschließung eingegangen.[82]

Humboldt fragt nun nach dem Unterschied zwischen den Charakteren der Individuen. Wodurch unterscheidet sich der Mensch vom anderen und in welcher Hinsicht? Worin liegt das Besondere, das Spezifische des Charakters? Zwar gibt es, so die Humboldtsche epistemologische Grundannahme, Universalität, eine unverkennbare Gleichheit des Menschengeschlechts; zugleich jedoch konstituiert sich auf der Folie von Universalität Verschiedenheit und Mannigfaltigkeit. Humboldt zufolge ist es „der Grad der innern Kraft“, die ein Mensch „vor dem andern auszeichnet“[83]. Wir stoßen hier wieder auf den Humboldtschen Kraftbegriff. Humboldt leitet aus der ursprünglichen Kraft die Offenheit und Unendlichkeit des Charakters ab. „Denn seiner wesentlichen Beschaffenheit nach ist jeder Charakter nothwendig unendlich; keine Kraft schreibt sich selbst einen Stillstand in ihrer Entwicklung vor; alle Gränzen, die sie sich setzt, hindern sie nur, in eine fremde Bahn überzugehen …“ [84] Humboldt betont nachdrücklich die Zukunftsoffenheit des Charakters. Basierend auf der Kraft, ist der Charakter prinzipiell eine „unendliche Größe“[85]. Es ist grundsätzlich davon auszugehen, „dass auch der unscheinbarste und mangelhafteste (Charakter), sobald er nur Zeit und Gelegenheit zu seiner Entwicklung erhält, sich zu seiner ersten und ursprünglichen Reinheit herzustellen vermag.“[86] Betrachten wir wieder die Verwendung des Kraftbegriffs im Kontext der Bestimmung des Charakters. Die Kräfte an sich sind bei allen Mit-

[82] Wir werden darauf zurückkommen, wenn es um die systematische Darstellung geht.

[83] Humboldt, a. a. O., S. 46.

[84] Ebd.

[85] Humboldt, a. a. O., S. 47.

[86] Ebd.

gliedern der Gattung Mensch gleich. Was macht dann aber die Individualität aus? Es sind „das Verhältniss und die Bewegung der Kräfte"[87].

Kommen wir auf das Verhältnis der Kräfte zu sprechen, so sehen wir, dass das Dominieren einer bestimmten Kraft bzw. Neigung zu höchst interessanten Charakterformen führen kann. Diese zeichnen sich aus durch Kreativität und die Schaffung von genuin Neuem. Dies zeigt sich etwa am Beispiel des Genies, das entschieden seinen Neigungen folgt. Denn, so Humboldt: „Indem die Natur immer eine überwiegende Kraft begünstigt, und die bildende Vernunft zugleich den übrigen ihre freie Wirksamkeit sichert, verbinden sich alle fester und inniger mit einander, lernen gleichsam eine die Bahn der andern gehen, und bringen neue Verbindungen und Formen hervor. Freilich giebt es auf diesem Wege auch verderbliche Verirrungen, und im Gebiete der Wissenschaften z.B. haben dichterische Philosophen, und philosophirende Dichter zur Genüge gezeigt, dass das ächte Genie lieber Einen Pfad entschieden und ausschließend wählt, als auf eine widernatürliche Weise zwei streitende Stoffe mit einander vermischen zu wollen. Leidet indess bei Verbindungen dieser Art keine der einzelnen thätigen Kräfte in ihrer Freiheit, wird in dem soeben gebrauchten Beispiel die Strenge, Reinheit und Bestimmtheit der philosophischen Begriffe unverletzt erhalten, so kann nur eine einseitige Beschränktheit des Geistes es misbilligen, wenn der Arbeit des Verstandes und der Vernunft auch das Werk der dichterischen Einbildungskraft beigesellt wird."[88] Humboldt verspricht sich durch das Überwiegen einer bestimmten Kraft, die sich auf Anderes nicht negativ auswirkt, eine Steigerung der Subjektivität, die zugleich zur Erzeugung von genuin Neuem führt.

Wenden wir uns dem zweiten Aspekt, d.h. der Bewegung der Kräfte zu. Nicht ist vom Stillstand, sondern von der permanenten Bewegung der Kräfte und damit des Charakters auszugehen. Tätigkeit und Bewegung und nicht Stillstand sind für den Charakter kennzeichnend. „Diese Thätigkeit ist es, die wir oben die Bewegung der Kräfte nannten, und in der wir, nebst dem Verhältniss derselben, den Sitz des eigentlichen Charakters zu finden glaubten."[89] Zugleich sind mit der Bewegung der Kräfte des Charakters auch Transformationsmöglichkeiten verbunden. Gleichwohl vermag es der Mensch Humboldt zufolge nicht, seinen Charakter gänzlich zu verändern. Es sind, wenn überhaupt, nur partiell Transformationen des Charakters möglich.

In der Natur sind die Verhältnisse und die Bewegung der Kräfte nicht getrennt. Sie bedingen einander. Nur zu Zwecken der Analyse sind beide

[87] Humboldt, a.a.O., S.48.
[88] Humboldt, a.a.O., S.48f.
[89] Humboldt, a.a.O., S.50.

auseinander zu halten. „Man würde sich indess auch zugleich gänzlich von dem Wege einer richtigen Naturbeobachtung entfernen, wenn man dasjenige, was nur als eine zwiefache Ansicht Einer und ebenderselben Sache abgesondert wird, auch an sich in der Natur getrennt glauben wollte. Nur weil in dem menschlichen Charakter eine bestimmte Kraft in einer gewissen Art, gleichsam einem gewissen Rhythmus wirkt, scheint es bequem jenen Stoff und diese Form jedes für sich zu betrachten. An sich sind beide vollkommen Eins und lassen sich gegenseitig aus einander erklären."[90] Das Erschließen der Struktur des Charakters erfordert mehr als die Sammlung von einzelnen Fakten. Vielmehr kommt es darauf an, die Formen, die die einzelnen Handlungen und Äußerungen der Subjekte erzeugen, offen zu legen. Charakterformen haben den Status von Strukturierungsgesetzlichkeiten. Sie erzeugen die auf der Erscheinungsoberfläche sich manifestierenden einzelnen Handlungen und Äußerungen. „Die Hauptsache ist nur, dass man den Menschen nicht sowohl, wie jetzt gemeinhin geschieht, nach einzelnen Aeusserungen, oder auch einzelnen Kräften zu charakterisiren suche, nach dem Maass seines Verstandes, seiner Phantasie u.s.f., sondern mehr nach allgemeineren Eigenschaften, welche alle Kräfte in allen ihren Aeusserungen an sich tragen, und die man gleichsam als die Formen ansehen kann, in die sie gegossen sind, oder als die Bahnen, in welchen sie sich bewegen; ob es sich gleich von selbst versteht, dass die Schilderung der einzelnen Kräfte hernach immer noch hinzukommen muss."[91] Humboldt ist auf der Suche nach dem, was man in der modernen strukturalistischen Wissenschaft als generatives Prinzip oder Strukturformel bezeichnet. Die Formen des Charakters sind Strukturformeln bzw. generative Prinzipien, die gleichsam im Sinne eines rekursiven Algorithmus die einzelnen Handlungen und Äußerungen generieren. Insofern ist Humboldt zweifellos ein Strukturalist. Bei dem Studium des menschlichen Charakters – und dies betont Humboldt immer wieder – gilt es, die Einbildungskraft ins Spiel zu bringen. Allgemeinbegriffe, obgleich unabdingbar, reichen nicht aus, um die Charakterformen zu erfassen. Hinzutreten muss ein anders geartetes Erkenntnisvermögen, d.h. Phantasie bzw. Einbildungskraft. „Immer aber ist es ein wichtiger Vorzug, wenn man, ohne der Bestimmtheit der Begriffe zu schaden, bei dem Studium der Menschenkenntniss die Phantasie mit ins Spiel ziehen kann. Der Verstand, als solcher, nimmt immer nur allgemeine Begriffe auf, und bedarf, um sie zu individualisiren, eines neuen ihm von der Erfahrung gegebenen Stoffs. Die Einbildungskraft hingegen ist denselben Gesetzen unterworfen, welchen auch die sinnliche Wahrnehmung

[90] Humboldt, a.a.O., S.51.
[91] Ebd.

folgt; ihre Geburten sind also freie, aber immer in einigem Grade treue Nachahmungen der Natur. Es kann ihr daher nie an analogen Zügen fehlen, durch die sie aus dem Schatze ihrer gesammelten Bilder eine unvollkommen angedeutete Gestalt zu ergänzen im Stande ist.“[92] Die Einbildungskraft ihrerseits muss mit den Sinnen und der Vernunft zusammenwirken, wenn es um die Erkenntnis des Charakters geht. Das gelungene Zusammenspiel und die Einheit von Sinnesempfindungen, Einbildungskraft bzw. Phantasie und Vernunft ist das, was Humboldt als Geist bezeichnet. Wem es gelingt, sich vor Einseitigkeiten bzw. Extremen zu hüten, „besitzt dasjenige, was man vorzugsweise Geist nennt, die beneidenswerthe Lage der Gemüthskräfte, in welcher Sinne, Phantasie und Vernunft immer gemeinschaftlich und immer in richtigem Verhältniss zusammenwirken“[93]. Was jedoch im Kontext der Menschenkenntnis verlangt wird, ist „nichts weiter“, „als dass man 1., solche Eigenschaften zur Charakterschilderung wählte, welche sich über die Thätigkeit aller Kräfte erstrecken, und daher den ganzen Menschen zeichnen; und 2., diese so, wie sie erscheinen, aufstelle, um auch der Phantasie zugleich ein sinnliches Bild zu geben“[94]. Interessant ist hier die Verwendung der Begriffe Phantasie und sinnliches Bild. Zur Erkenntnis des Charakters sind zunächst gleichsam in einem kreativen, spontanen Akt Bilder zu entwerfen, die schon einen Vorblick auf das Gestaltförmige des Charakters implizieren. Humboldt macht aufmerksam auf die strukturerschließende Kraft der Phantasie bzw. Einbildungskraft.

Der Autor geht nun auf das Problem der Bildung und Erziehung des menschlichen Charakters ein. Zunächst ist es in diesem Zusammenhang wichtig, festzuhalten, dass jeder Mensch immer schon, vor aller Erziehung und Bildung, einen ursprünglichen Charakter hat. Je genauer man den Charakter analysiert, „desto mehr findet man den ursprünglichen, noch nicht durch Erziehung und Bearbeitung umgeänderten Charakter“[95]. Bildung kommt nach Humboldt die Aufgabe zu, Vereinseitigungen und extreme Entwicklungen wie etwa Psychopathologien des Charakters zu verhindern und ihn in gleichförmige Bahnen zu lenken. „Die Bildung schleift vorzüglich hier die Extreme ab, beschleunigt den zu langsamen, hemmt den zu raschen, giebt dem ungleichen und unterbrochnen Gange die nothwendige Gleichförmigkeit.“[96] Humboldt fasst Erziehung als Weg zur Selbstbildung. Erziehung soll den Menschen nur motivieren, sich selbst zu

[92] Humboldt, a.a.O., S.52f.
[93] Humboldt, a.a.O., S.55.
[94] Ebd.
[95] Humboldt, a.a.O., S.56.
[96] Ebd.

bilden und sich selbst zu entfalten. Denn: „Wenn es richtig ist, dass die Erziehung den Menschen nur veranlassen soll, sich selbst zu bilden, so kann sie beinahe nichts Angemesseneres thun, als hauptsächlich diesen Rhythmus der Thätigkeit im Denken, Empfinden und Handeln zu leiten suchen.“[97] Humboldt sieht die Funktion von Erziehung darin, den Menschen instand zu setzen, sich selbst zu bilden. *Selbstbildung* und *Selbstentfaltung* sind die zentralen Begriffe der Humboldtschen Bildungstheorie. Selbstbildung und Selbstentfaltung implizieren die Autonomie des Subjekts, d.h. die Möglichkeit des freien Sich-Entscheidens und nicht die Abnahme von Entscheidungen durch irgendwelche äußeren Instanzen. Das Subjekt selbst hat sich in seiner Lebenspraxis zu entscheiden, und es muss dafür auch nachträglich die Begründungsverpflichtung übernehmen. Insofern ist der Humboldtsche Bildungsbegriff ein Plädoyer für die Autonomie von Lebenspraxis. Nur im Medium autonomer Entscheidungen vermag das Subjekt sich selbst zu bilden und zu entfalten. Erziehung soll sich darauf beschränken, den „Rhythmus der Thätigkeit im Denken, Empfinden und Handeln zu leiten“[98]. Dass dies in der Frühphase der Ontogenese, d.h. in der Phase, in der das Individuum die Fähigkeit zur Selbstbildung erst erlangt, nicht ohne Zwang vonstatten geht, betont Humboldt hier ausdrücklich. Spätestens mit der Fähigkeit zum Treffen autonomer lebenspraktischer Entscheidungen und zur Selbstbildung ist Zwang nicht mehr angebracht. Humboldt argumentiert dabei wie folgt: „Indem sie (die Erziehung, d. Verf.) ihn zwingt, in einer festen Bahn einen gleichförmigen Gang zu nehmen, stimmen sich die Kräfte von selbst in ihr richtiges und natürliches Verhältniss.“[99]

Wir stoßen nun auf eine zentrale Bestimmung des Humboldtschen Charakterbegriffs. „Was sich in der Seele des Menschen bewegt, seine Gedanken, Empfindungen, Neigungen und Entschlüsse, und wie, in welcher Folge und Verknüpfung sie wirken, sind also die Punkte, worin sein Charakter besteht – das Verhältniss und die Bewegung seiner Kräfte, zugleich und als Eins gedacht“.[100] Erst die Verknüpfung von Einzelnem, von Gedanken, Empfindungen, Neigungen und Entschlüssen zu einer Einheit machen den Charakter eines Individuums aus. Entscheidendes Kriterium eines individuellen Charakters ist die Existenz von Vielheit in einer Einheit. Betrachten wir die einzelnen Elemente, die Humboldt nennt, so zeigt sich, dass diese auf die ganze Breite der Subjektivität verweisen. Mit dem Charakter als einer Einheit ist ein innerer Strukturzusammenhang ge-

[97] Ebd.
[98] Ebd.
[99] Ebd.
[100] Humboldt, a.a.O., S.57.

meint. Erinnern wir uns daran, dass für Humboldt der Begriff der Gesetzmäßigkeit für die Konstitution einer wissenschaftlich fundierten Anthropologie grundlegend ist, so können wir sagen: Der Charakter als eine Einheit meint eine objektive Strukturierungsgesetzlichkeit. Letztere ist nicht statisch; vielmehr befindet sie sich permanent in Bewegung. Der Charakter ist demzufolge eine Strukturierungsgesetzlichkeit, die zugleich als Bewegungsgesetzlichkeit zu charakterisieren ist.

Was folgt aus dieser Definition des Charakters für die Charakterbildung? Humboldt geht darauf in der nächsten Passage ein. „Die erste Regel jeder Charakterschilderung, die sich nach den bisherigen Betrachtungen beinah von selbst darbietet, ist die, dass der Charakter vorzüglich nach seinem subjectiven Werthe, und seinem innern Zusammenhange, nicht aber nach seiner äussern Tauglichkeit zu diesem oder jenem Zwecke ... verwechselt werde.“[101] Die Charakterschilderung muss den inneren Zusammenhang, die Strukturgestalt treffen, und sie muss mit dieser die Subjektivität und den subjektiven Wert erfassen. Abgelehnt wird die Beurteilung des Charakters nach äußeren Kriterien, nach seiner instrumentellen Verfügbarkeit und nach seiner Tauglichkeit für irgendwelche Zwecke, wie die ökonomischer oder irgendeiner anderen Art. Humboldt differenziert zwischen dem, was das Individuum als Individuum ist, und dem, was es tut. „Nur was wir sind, ist vollkommen unser Eigenthum, was wir thun, hängt von dem Zufall und den Umständen ab.“[102] Hier zeigt sich wieder das zentrale Erkenntnisinteresse Humboldts. Es ist auf die Individualität bzw. Subjektivität, auf das Nicht-Identische des Individuums gerichtet. Humboldt ist gleichsam Anwalt des Nicht-Identischen.

Der Autor ordnet im Folgenden die Menschenkenntnis der Naturkunde zu. Die Menschenkenntnis ist ein Teil der Naturkunde. Dies verweist darauf, dass die Naturgeschichte immer die Basis bildet, wenn die humane Ontogenese betrachtet wird. Letztere ist als in die Naturgeschichte eingebettet zu denken. Humboldts vergleichende Anthropologie fordert neben einer Theorie der Naturgeschichte eine Theorie der individuellen Entwicklung. Beide sind zwar analytisch zu trennen, müssen aber gleichwohl zur Synthesis gebracht werden. Zugleich bestimmt Humboldt entschieden den Zweck der Menschenkenntnis, den er darin sieht, „den Menschen zu kennen, und zwar das Individuum, nicht bloss die Gattung“[103]. Gleichwohl ist die Kenntnis beider, des Individuums und der Gattung, von Humboldt gefordert. Denn nur wenn man das Universale der humanen Gattung als Grundlage kennt, lässt sich angemessen das Individuum als Individuum,

[101] Ebd.
[102] Ebd.
[103] Ebd.

die Individualität des Subjekts bestimmen. Universalität und Historizität, so die Humboldtsche epistemologische Grundhaltung, müssen zugleich erkannt werden. Universales und Historisches verweisen in einem dialektischen Sinne aufeinander. Damit erteilt Humboldt allen Konzeptionen, die sich einseitig dem Universalen oder dem Historischen widmen, eine Absage. Insofern ist Humboldts Anthropologie allen anthropologischen Ansätzen, die radikal universalistisch oder historizistisch verfahren, überlegen. Gefordert ist die Rekonstruktion der Dialektik von Universalität und Historizität, wenn es um die Erschließung des Charakters geht.

Humboldt versucht nun die Kategorie der Subjektivität weiter zu explizieren. Es geht ihm dabei um deren Beobachtung und Nachzeichnung, wobei ihm neben einer strukturalen eine genetische Rekonstruktion notwendig erscheint. „Die so eben aufgestellte Regel verweist den Beobachter des Menschen an die innere und subjective Beschaffenheit seiner Seelenkräfte; die zweite, die unmittelbar zunächst aus der vorigen herfliesst, verlangt, dass er auch diese noch so viel als möglich nach der Art ihrer Entwicklung und ihrer Thätigkeit (genetisch) zeichne, und mehr den Gang, als das Resultat ihrer Ausbildung und ihrer Wirksamkeit schildre.“[104] Es geht zunächst um die Beobachtung der Subjektivität, um die Erfassung von deren Strukturiertheit. In einem zweiten Schritt ist nach der Genese der Subjektivität zu fragen und diese zu rekonstruieren. Methodisch ist an dieser Vorgehensweise beachtlich, dass Humboldt zunächst nach dem „Was“, nach der Struktur, und erst dann nach dem „Wie“, nach der Genese der Struktur fragt. Die Rekonstruktion der Synchronie hat der der Diachronie vorauszugehen. Das aber verweist schon auf die Methode des modernen genetischen Strukturalismus. Humboldt vertritt – im Gegensatz zu seinen in der Regel dem bewusstseinsphilosophischen Paradigma zuzurechnenden Zeitgenossen in Philosophie und Geisteswissenschaften – deutlich in Ansätzen Grundzüge, die heute das Paradigma des genetischen Strukturalismus prägen (u.a. G. H. Mead, Cl. Lévi-Strauss, J. Piaget, N. Chomsky, U. Oevermann).

Humboldt bekräftigt seine Verfahrensweise wie folgt. „Alle Vorzüge; die denjenigen Beschreibungen überhaupt eigenthümlich sind, welche das Wesen eines Gegenstandes von seinem Ursprunge herleiten, und in seiner Entstehungsart seine Beschaffenheit zeigen, treffen bei der Schilderung eines Charakters in doppelt hohem Grade zusammen.“[105] Derjenige ist in der Rekonstruktion des menschlichen Charakters erfolgreich, der dessen Wesen im Sinne des Wesentlichen, d.h. der Strukturgestalt, und zugleich das Genetische offen zu legen imstande ist. Dieser Rekon-

[104] Humboldt, a.a.O., S.60.
[105] Ebd.

struktionsprozess erfordert mehr als die Applikation von Begriffen des Allgemeinen. Hinzukommen muss eine kreative Leistung, gleichsam eine Neuschöpfung, die die einzelnen Daten zusammenfügt. Wir haben bereits angedeutet, dass dies Aufgabe der produktiven Einbildungskraft ist. „Denn die eigne Mitwirkung des Geistes, die immer auf diesem Wege lebhafter und dauernder erregt wird, ist nirgends so nothwendig, als hier, wo der Gegenstand niemals durch Begriffe vollkommen ausgemessen werden kann, und wo es nicht möglich ist, ihn genau und richtig aufzufassen, ohne ihn gleichsam selbst, nur nach den beobachteten Datis, erst neu zu bilden.“[106] Die gesammelten Daten geben die Grundlage für die Neubildung bzw. Neuschöpfung ab. Was aber ist mit letzterer gemeint? Doch nichts anderes als die Schaffung einer Strukturgestalt, die den zu bestimmenden Charakter erfasst. Humboldt will in das Innere, in das Zentrum des menschlichen Charakters vordringen. Wie ist dies möglich, und wie funktioniert dieses Zentrum oder dieser Mittelpunkt? „Allein auch ausserdem dringt man nie tief in das Wesen des Charakters ein, wenn man nicht das Geheimniss seiner Verrichtungen zu enthüllen versucht. Nur dann versetzt man sich ganz in den Mittelpunkt seines Objects, und läuft nie Gefahr, dasselbe aus einem fremden Standpunkt falsch oder einseitig anzusehn.“[107] Nun ist dieser Mittelpunkt des Charakters ja etwas, das nicht sinnlich erfahrbar ist. Er ist etwas Nicht-sinnliches, gänzlich Abstraktes. „Man soll also schildern, was nirgends und niemals den Blicken unmittelbar erscheint; man soll in mehrere Kräfte zerlegen, was immer nur als Eine ungetheilt wirkt.“[108] Wie gelangt man dennoch zu gültigen Aussagen über diese sinnlich nicht wahrnehmbare abstrakte Einheit? Humboldt stellt dazu die Regel auf, „dass man bei jeder Charakterschilderung immer dasjenige, was unmittelbar in die Sinne fällt, die Handlungen und Aeusserungen überhaupt, vorausschicke, und von da nach und nach zu demjenigen, was weniger deutlich sichtbar ist, bis zu der innern Beschaffenheit des Charakters übergehe, die gar nicht mehr wahrgenommen, sondern allein geschlossen werden kann“.[109] In einer ersten methodischen Annäherung beschreibt er, wie man zu der Einheit des Charakters gelangt. Auszugehen ist von den Handlungen, die die Individuen entäußern, und es ist dann sukzessive zu dem vorzustoßen, was abstrakt und unsichtbar ist. Methodisch ist der Weg von der Erscheinungsoberfläche, vom Sinnlichen zum Wesen, zum Nicht-Sinnlichen, Nicht-Wahrnehmbaren als der objektiven Strukturgestalt des Charakters zurückzulegen. Die

[106] Ebd.
[107] Humboldt, a. a. O., S. 62.
[108] Ebd.
[109] Ebd.

objektive Strukturgestalt bzw. Strukturierungsgesetzlichkeit selbst kann nicht gesehen, gehört, geschmeckt oder gefühlt, sondern nur gelesen, d.h. interpretiert werden.

Humboldt hat drei Klassen unterschieden, die es erlauben, den Charakter ausreichend zu erfassen. „In die erste kommen die eigentlichen Thatsachen, auf welche sich alles übrige nothwendig stützten muss, die Reden, Handlungen und Aeusserungen überhaupt, die physische Beschaffenheit des Subjects, seine Mine und seine Gestalt; in die zweite die allgemeinen Eigenschaften, welche sich aus jenen Thatsachen unmittelbar ergeben, und auf die jeder ohne weiteres Studium sogleich schliesst, als er jene wahrnimmt; in die dritte endlich der eigentliche innere Charakter in seiner wesentlichen Beschaffenheit, das Verhältniss und die Bewegung seiner Kräfte, die Art ihres Zusammenwirkens in der Thätigkeit ihrer Verrichtungen."[110] Die erste Klasse beinhaltet die Sammlung von objektiven Daten. Zu diesen zählen etwa die Handlungen, die Reden, die Äußerungen, die Körpergestalt und die körperlichen Ausdrucksbewegungen eines je konkreten Subjekts. Die zweite Klasse bezieht sich auf die allgemeinen Eigenschaften, die sich aus den Daten ergeben. Es sind dies erste grobe Typisierungen, wie sie in der Alltagspraxis ständig vorgenommen werden. Die dritte Klasse schließlich meint den Kern des Charakters, d.h. seine objektive Strukturgestalt. Damit hat Humboldt in Ansätzen eine Methode der Erschließung des Charakters entworfen. Insbesondere bewahrt die von Humboldt vorgenommene Differenzierung davor, bei Oberflächenerscheinungen wie der Sammlung von Daten und auf der Ebene von bloßen Deskriptionen und Paraphrasierungen stehen zu bleiben. Die dritte Klasse oder Stufe ist die entscheidende. Ein Charakter ist genau dann gültig rekonstruiert, wenn seine objektive Strukturgestalt offengelegt ist.

Humboldt versucht nun die Bestimmung des menschlichen Charakters weiter zu präzisieren. Er verweist insbesondere auf drei Aspekte. „Die Kunst einer vollkommen praktischen Menschenkenntniss beruht allein auf drey verschiedenen Punkten: richtige und vollkommen individuelle Beobachtungen zu machen, aus denselben das Wesen des Charakters, das in den Aeusserungen nur theilweise erscheint, gehörig und ganz zu abstrahiren, und sich von der Beobachtung zu dem Begriff, und von diesem zu jener mit vollkommener Leichtigkeit hin- und herüber zu bewegen, um beide durcheinander gegenseitig zu berichtigen."[111] Auch in diesem Kontext betont Humboldt wieder den entscheidenden Unterschied zwischen den Beobachtungen, die noch der Erscheinungsoberfläche angehören, und dem Wesen des Charakters, gleichsam dem Strukturkern, der eine begriffliche

[110] Humboldt, a.a.O., S.62f.
[111] Humboldt, a.a.O., S.64.

Abstraktionsleistung erfordert. Zugleich wird deutlich, dass es sich bei diesem Verhältnis von Erscheinungsoberfläche und Wesen um ein dialektisches handelt. Die begrifflichen Konstruktionen müssen mit der Beobachtung konfrontiert werden. Es muss eine gegenseitige Berichtigung von Beobachtung und Begriff erfolgen. Anders formuliert: Das Wesen des Charakters muss auch in den Erscheinungen nachweisbar sein. Vollkommene praktische Menschenkenntnis erfordert Humboldt zufolge also dreierlei: erstens eine präzise Beobachtung der vom Individuum entäußerten Handlungen, zweitens eine Erschließung des Wesens bzw. der Strukturgestalt des Charakters, die – worauf wir bereits hingewiesen haben – auf einen spontanen, kreativen, gleichsam abduktiven Schluss und auf Begriffe des Allgemeinen angewiesen ist, und schließlich drittens die gegenseitige Korrektur von Beobachtung und Begriff. „Wem das Talent eigen ist, diese drei Handlungen zugleich so unabhängig als möglich von einander vorzunehmen, und einander dennoch so nah zu bringen, dass, indem er die eine verrichtet, er zugleich die andre schon vorbereitet, der allein besitzt das ächte Genie zur Menschenbeobachtung."[112] Im Anschluss an die Humboldtschen methodischen Vorschläge stellen sich eine Reihe kritischer Fragen. Ist es möglich, durch Beobachtung im aktuellen und flüchtigen Hier und Jetzt der Gegenwart zur vollkommenen praktischen Menschenkenntnis zu gelangen? Ist das Postulat der Koordination der drei Handlungen nicht eine Überforderung des Subjekts? Setzt vollkommene Menschenkenntnis – soweit überhaupt möglich – nicht Muße und ein Vorgehen voraus, das nicht unter Entscheidungsdruck stehen darf?

Humboldt geht nun auf ein zentrales Problem der Rekonstruktion des menschlichen Charakters ein. „Zu den bestrittensten Punkten in Absicht auf die Menschenkenntniss gehört ohne Zweifel die Frage: welchen Einfluss man der Beobachtung der äussern Gestalt und Mine auf das Urtheil über den innern Charakter verstatten müsse? Je nachdem die Gefahr, auf einem zu empirischen Wege in Schwärmerei und Chimären zu versinken, oder die, sich mit gänzlicher Abweichung von der Natur in grübelnde Speculation zu verlieren, grössere Besorgnisse erregt, pflegt man diesen Einfluss entweder gänzlich zurückzuweisen, oder zu hoch anzuschlagen."[113] Humboldt spricht hier erneut das methodische Problem der Erschließung der Struktur des Charakters an. Dahinter verbirgt sich das Problem der Strukturgeneralisierung. Wie erschließe ich im Zusammenspiel von Empirie und Spekulation, von Beobachtung und Begriff den inneren Charakter in seiner objektiven Strukturiertheit? Humboldt schlägt folgende Regel vor, um das Problem zu lösen: „Man darf die physische und phy-

[112] Ebd.
[113] Ebd.

siognomische Beschaffenheit eines Subjects niemals geradezu als eine Erkenntnissquelle für den innern Charakter betrachten; aber man muss dieselbe genau und vollständig studiren, um die auf andern Wegen erhaltenen Resultate Schritt vor Schritt mit derselben zu vergleichen, und durch sie theils zu berichtigen, theils genauer zu bestimmen.“[114] Was meint Humboldt mit physischer Beschaffenheit? Er fasst diese in einem weiten Sinne. Zu ihr zählen die innere und äußere Natur eines Individuums, die „Lage der Theile des Gesichts und des Körpers“; „Ruhe und Bewegung“; „die eigenthümliche Natur der physiologischen Verrichtungen“; „die pathologische Eigenthümlichkeit, u.a.“[115]. Humboldt strebt ein mikrologisches Verfahren der Charakterrekonstruktion an. Die geringsten und unscheinbarsten Details haben Relevanz für das Ganze, für den Strukturzusammenhang. Kein Detail darf vernachlässigt werden. Humboldt verspricht sich von einer solchen Vorgehensweise enorme Fortschritte im Bereich der Menschenkenntnis. Denn, so seine Argumentation: „Würde ein einziges auch sogar in sich unbedeutendes Individuum nach allen diesen Richtungen physisch und hernach auch nach den vorher erwähnten moralisch erkannt, so gewänne die Menschenkenntniss dadurch auf einmal so ungeheure Fortschritte, dass alle ihre bisherigen als Nichts dagegen verschwänden.“[116] Für Humboldt ist die Arbeit am Detail etwas Wichtiges, nicht etwa ein zu Vernachlässigendes, Nebensächliches. Die Arbeit am Detail steht mit im Zentrum einer vergleichenden Anthropologie und einer Theorie der Menschenkenntnis. Die methodische Maxime, auf das kleinste Detail größten Wert zu legen, teilt die Humboldtsche Konzeption mit modernen Paradigmen und rekonstruktiv verfahrenden Forschungsmethoden wie etwa der Psychoanalyse (S. Freud), dem Pragmatismus und der Semiotik (Ch. S. Peirce, U. Eco), der kritischen Theorie und der objektiven Hermeneutik (Th. W. Adorno, U. Oevermann).

Was ist nun der Zweck der praktischen Menschenkenntnis? Humboldt verspricht sich von der praktischen Menschenkenntnis eine Steigerung der Perspektivenübernahmefähigkeit des Einzelnen und dadurch eine bessere Verständigung der Gattungsmitglieder untereinander. „Indem die Seele des Beobachters sich die Gestalt, die physische Beschaffenheit und sogar die äussre Lage des beobachteten Individuums einzuprägen sucht, macht sie sich genauer mit demselben bekannt, und kommt mehr in den Stand, sich an die Stelle desselben zu versetzen.“[117] Die Perspektive eines anderen übernehmen zu können, sich in die Perspektive eines anderen verset-

[114] Ebd.
[115] Humboldt, a.a.O., S 64f.
[116] Humboldt, a.a.O., S.65.
[117] Humboldt, a.a.O., S.67.

zen zu können, ist eine entscheidende Voraussetzung humaner Kommunikation. Dass Humboldt die Perspektivenübernahmefähigkeit des Subjekts in seiner Theorie als bedeutend ansieht, verweist wiederum auf die Aktualität seines Ansatzes. Die moderne Wissenschaft etwa in Form der pragmatistischen Sozialpsychologie George Herbert Meads und der modernen Sozialisationstheorie sieht die Perspektivenübernahmefähigkeit als grundlegend für die Ermöglichung und das Funktionieren humaner Kommunikation an.

Hinsichtlich der physischen, physiognomischen und geistigen Eigenschaften, die einen Charakter ausmachen, gilt es zu differenzieren. „Gewisse Eigenschaften des Menschen werden unläugbar in hohem Grade durch die physische Natur bestimmt; andere sind mehr ein Eigenthum seiner Vernunft und Freiheit. Die erstern drücken sich natürlich auch deutlicher in der Gestalt und der körperlichen Beschaffenheit aus, als die letzteren."[118] Das Physische, das Physiognomische und das Geistige zusammen machen den menschlichen Charakter aus. Als Regel lässt sich festhalten, dass immer Natur und Vernunft bei der Rekonstruktion des Charakters eines je konkreten Subjekts berücksichtigt werden müssen.

Humboldt hat nun seinen Begriff einer „ächten Charakterschilderung" so weit entfaltet, daß er ihn definieren kann. „Sie (die echte Charakterschilderung, d. Verf.) muss alle Eigenthümlichkeiten des Individuums, aber nichts weiter als diese enthalten, und das innere Wesen desselben vollständig und getreu darstellen, nach dem Verhältniss und der Beschaffenheit seiner Kräfte, in der Thätigkeit seiner Verrichtungen, in Beziehung auf seine fortschreitende Entwicklung, nach der innern Beschaffenheit und dem äussern Ausdruck desselben in dem Körper und der Gestalt."[119] Fassen wir zusammen und reformulieren wir diese Definition. Die Rekonstruktion des Charakters hat zum Gegenstand das Besondere des Individuums. Sie muss das innere Wesen, die objektive Strukturgestalt des Charakters erschließen und darstellen. Dabei verweist diese als gleichsam eine objektive Strukturierungsgesetzlichkeit auf Bewegung und auf die konkrete Utopie des Möglichen. Hinsichtlich der Humboldtschen Definition stellen sich jedoch einige kritische Fragen. Wie hängt eigentlich das innere Wesen mit den Kräften zusammen? Wie ist der Zusammenhang von Innen und Außen vorzustellen bzw. wie generiert das Innere die äußeren Handlungen? Wie hat man sich die Möglichkeit fortschreitender Entwicklung des Charakters des Einzelnen und der Gattung Mensch als Totalität vorzustellen? Wir werden zumindest partiell auf diese Fragen noch eingehen.

Fahren wir mit unserer Rekonstruktion fort. Humboldt bezieht die Cha-

[118] Humboldt, a. a. O., S. 69.
[119] Ebd.

rakterschilderung nicht bloß auf das je historisch konkrete Subjekt, sondern weitet sie aus. Am Beispiel des Dichters und des Geschichtsschreibers versucht er das Gemeinte zu verdeutlichen. „Der Dichter, welcher individuelle Scenen darstellt, muss in die wechselnden Gemüthsbewegungen, Gefühle und Leidenschaften eingehn, er muss seinem Takt und seinem Genie die nothwendige Freiheit gewähren. Aber der Geschichtschreiber bedarf eines andern, mehr einfachen und zuverlässigeren Führers. In einem Jahrhundert verschwinden die Menschen, und nur ihre Werke bleiben zurück. Wer also diess zu zeichnen unternimmt, muss die Menschheit nicht sowohl denkend oder empfindend, sondern handelnd schildern ...“[120] Es ist Humboldt zufolge notwendig, die Charakterrekonstruktion auszuweiten über die je historisch konkreten Individuen hinaus zu höher aggregierten Einheiten bis hin zur Gattung Mensch in ihrer Totalität. Denn, so die Humboldtsche Argumentation: „Wenigstens ist diese Verbindung zur Erreichung des ursprünglichen Endzwecks: durch die Betrachtung der Menschheit im Ganzen den Einzelnen ihr Verhältniss zu demselben verständlich zu machen, schlechterdings unentbehrlich.“[121] Die Dialektik von Individuum und Gattung ist konstitutiv für Humboldts Theorie.

Humboldt widmet sich im Folgenden der Frage, wie man das Zufällige vom Wesentlichen eines Charakters unterscheiden kann. Dabei differenziert er zwischen zwei Ebenen, und zwar der Ebene des eigentlichen Charakters und der der praktischen Handlungen und Äußerungen. „Er (der eigentliche Charakter, d. Verf.) ist verschieden von den Handlungen und von allen Aeusserungen des Individuums, ist die gemeinschaftliche Ursache derselben, das ursprüngliche Ich, die mit dem Leben zugleich gegebne Persönlichkeit, und insofern ist es sogar unmöglich, ihn unmittelbar aufzufassen und auszusprechen.“[122] Die Ebene, die den eigentlichen Charakter ausmacht, wird mit dem ursprünglichen Ich gleichgesetzt. Diese Ebene ist nicht unmittelbar zu erreichen. Was aber ist das ursprüngliche Ich? Versuchen wir weitere Äußerungen Humboldts zur Beantwortung dieser Frage heranzuziehen. „Bis auf einen gewissen Punkt lassen sich alle Pläne und Raisonnements eines Menschen ohne grosse Schwierigkeiten entwickeln und auseinanderlegen; kommt man aber dahin, wo der Gedanke oder der Entschluss zuerst entstand, so befindet man sich auf einmal wie an den Gränzen einer unbekannten Welt, aus der nur einzelne und abgerissene Erscheinungen plötzlich hervorspringen, indess sie selbst in undurchdringlichem Dunkel verhüllt liegen. Und doch sind es gerade diese

[120] Humboldt, a. a. O., S. 69 f.
[121] Humboldt, a. a. O., S. 70.
[122] Humboldt, a. a. O., S. 71.

ersten Triebfedern, diese innern Kräfte, die das eigentliche Wesen des Individuums ausmachen und ursprünglich alles in Bewegung setzen, in welchen das, was den Menschen am meisten adelt, Seelengröße, Tugend und Heroismus, seinen Sitz hat, und aus welchen allein jede grosse That und jeder genievolle Gedanke hervorgeht."[123] Die entscheidende Ebene, das innere Wesen des Charakters, wird hier mit den „inneren Kräften", die „alles in Bewegung setzen" gleichgesetzt.

Spätestens in diesen Argumentationszusammenhängen zeigt sich die Problematik des Humboldtschen Kraft-Begriffs. Humboldt setzt Kraft immer schon voraus, ohne sie in irgendeiner Weise erklären zu können. Kraft ist einem empirischen Nachweis entzogen. Gerade deshalb aber ist kritisch zu fragen: Wie sollen innere Kräfte allein, ohne amalgamiert mit Strukturen, wohlgeformte Handlungen hervorbringen? Auch wenn davon auszugehen ist, dass diese Kräfte immer schon Strukturiertheit aufweisen, so müsste deren Genese offen gelegt werden. Humboldt betreibt hier Metaphysik im schlechten Sinne, indem er auf die dunklen Kräfte als Konstitutionsprinzipien sinnhaften Handelns verweist. Die Aporien, in die sich Humboldt durch seinen Kraftbegriff verstrickt, werden vollends deutlich in der folgenden Argumentation, in der undialektisch Natur und Sinn bzw. Verstand kontrastiert werden. „Dieser Charakter ist so wenig ein blosses Resultat der Grundsätze des Verstandes oder ein Werk des Raisonnements, und so sehr blosse und ursprüngliche Natur, dass vielmehr umgekehrt jene Grundsätze selbst unter seinem Einflusse stehen, und dass wir ihn fast in umgekehrtem Verhältnisse mit der Ausbildung des Verstandes und mit der Menge der Kenntnisse antreffen."[124] Humboldt hat sich bzw. konnte sich noch nicht vergegenwärtigen, dass wir es nach dem Übergang von der Natur zur Kultur auf der Evolutionsstufe der humanen Gattung immer mit einem Amalgam von Natur und Sinn zu tun haben. Auch die aus dem Charakter als einem inneren Strukturzusammenhang hervorgehenden Handlungen und Äußerungen sind sinnlogisch geleitet und nicht Ausfluss bloßer Natur. Humboldts Argumentation ist deshalb nicht haltbar, weil sie die konstitutive Vermitteltheit von Natur und Sinn, die für den menschlichen Charakter charakteristisch ist, außer acht lässt. Er verfolgt nicht die naturgeschichtliche Konstitution objektiven Sinns im sozialen Handeln. Erst unter dieser Voraussetzung lässt sich erklären, wie es möglich ist, dass der Mensch sinnvermittelt handelt. Dazu ist die Ansetzung einer Grundkraft viel zu undifferenziert und die eigentliche Problematik zudeckend. Die ungenügende Differenzierung des Zueinanders von subhumanen Gattungen und humaner Gattung bzw. die fehlende Analyse

[123] Humboldt, a. a. O., S. 73.
[124] Humboldt, a. a. O., S. 73f.

des Übergangs von Natur zu Kultur und den sich in diesem konstituierenden humanen Spezifika (Regel, Sinn, Substitution der biogrammatischen Programmierung des Verhaltens durch eine Soziogrammatik) führen Humboldt zu nicht haltbaren Spekulationen über den Instinkt und die sogenannten ursprünglichen Kräfte. Als Beispiel sei die folgende Argumentation angeführt: „Auch die moralischen Neigungen sind ursprünglich im Menschen instinctartig da, und es geschieht sehr leicht, dass die Kultur durch Vernunft, die nur hindern soll, dass sie nicht auch bloss instinctartig bleiben, sie verfälscht und verunreinigt. Es ist daher unläugbar, daß wir sehr häufig in den Menschen Erscheinungen antreffen, die wir aus allen seinen noch so sorgfältig und vollständig beobachteten Aeusserungen nicht zu verstehen, noch weniger zu erklären im Stande sind; und diess führt uns nothwendig auf eine innere und ursprüngliche Kraft in ihm, die sein eigentliches Ich, seinen wahren Charakter ausmacht …“[125] Humboldt operiert mit einem undifferenzierten Begriff von Natur. Analoges gilt für seine Begriffe des Instinktes und der Kraft. Aus heutiger evolutionstheoretisch aufgeklärter Sicht lässt sich daran nicht mehr festhalten.

Ebenso sind geschichtliche Beispiele, die Humboldt für die Evidenz der Existenz ursprünglicher, alles hervorbringender Kräfte anführt, rein spekulativ und ohne Beweiskraft. So etwa in der folgenden Sequenz: „Sowohl in den Denkmälern der Geschichte, als in dem Kreise seines eignen Privatlebens wird jeder leicht sich an Personen erinnern, die, ohne sonst je eine mehr als gewöhnliche Kraft oder Energie zu verrathen, in kritischen und gefahrvollen Lagen auf einmal eine ausdauernde Beharrlichkeit oder eine muthvolle Entschlossenheit zeigten, die sie über sich selbst und ihre sonstige Mittelmässigkeit plötzlich emporzuheben schien. Wem schwebt nicht aus den furchtbaren Scenen der französischen Revolution mehr als Ein Beispiel dieser Art nur noch zu lebhaft vor Augen? Vergebens sucht man alsdann diesen höheren Charakter aus den bekannten Grundsätzen und Maximen der Menschen, die ihn zeigen, zu erklären; nirgends, so weit man auch nachspüren mag, findet man etwas, das zu den Erwartungen einer solchen Grösse berechtigte … Es ist daher nichts anders, als der innere, verborgene Charakter …“[126] Humboldt schließt hier von der Beobachtung äußerer außerordentlicher Taten und Handlungen von Individuen auf den inneren Charakter als einer ursprünglichen Kraft zurück. Eine methodische Begründung für diesen vagen Schluss finden wir bei Humboldt jedoch nicht.

Humboldt erörtert nun den Zusammenhang von ursprünglicher Kraft, eigentlichem Ich und Erziehung. Er betont dabei den Vorrang der ur-

[125] Humboldt, a.a.O., S.74.
[126] Humboldt, a.a.O., S.73.

sprünglichen Kraft. Das Scheitern von Erziehungsversuchen und -anstrengungen führt er auf die Dominanz jener Kraft zurück. Denn, so Humboldt: „Eben diese Kraft ist es, welche auch in der Erziehung so oft unsre Erwartungen täuscht oder unsre Bemühungen fruchtlos macht. Das ursprüngliche Naturell, der angebohrne Charakter des Zöglings widersteht jedem Versuche, ihn auszurotten oder wesentlich umzustimmen ... Keine lebendige Kraft verhält sich gegen fremdes Einwirken bloss leidend; wie sehr man sie auch von aussen stärken, leiten und unterstützen mag, so ist dennoch alles, was in ihr geschieht, nur das Werk ihrer eignen und innern Energie ..."[127] So sehr Humboldt recht zu geben ist, wenn er die auf der Antriebsbasis aufruhenden Momente der Lebendigkeit, Aktivität und Spontaneität im Erziehungsprozess nachdrücklich macht, so sehr zeigt sich doch wieder die Hypostasierung und Aporetik der Humboldtschen Version von Kraft und Energie.

Humboldt wendet sich nun vor dem Hintergrund seiner Konzeption der ursprünglichen Kraft gegen solche Vorstellungen, die das Wesen des Menschen allein als Produkt seiner Umwelt sehen. „Es ist daher ein schlechterdings vergebliches Bemühen, das Wesen eines Menschen vollständig aus den Umständen, die auf ihn eingewirkt haben, herleiten und durchaus begreifen und darstellen zu wollen. Wie tief man eindringen, wie nah man zur Wahrheit gelangen möchte, so bleibt immer doch Eine unbekannte Grösse zurück: die primitive Kraft, das ursprüngliche Ich, die mit dem Leben zugleich gegebne Persönlichkeit. Auf ihr beruht die Freiheit des Menschen, und sie ist daher sein eigentlicher Charakter."[128] Was trägt aber in einem je konkreten, individuellen Fall mehr zum Charakter bzw. zur Charakterentwicklung bei: die angeborene Natur bzw. Anlagen oder die Umwelt? Humboldt hält die Frage letztlich für nicht entscheidbar. Denn – so seine Argumentation – wir sehen nur das Resultat, zu dem beide gegenseitig beigetragen haben. „Wir sehen den Menschen nicht eher, als bis er einen, zwar nicht der Länge der Dauer, aber der Grösse der Fortschritte nach, beträchtlichen Theil seiner Laufbahn zurückgelegt hat, und da alles, worüber wir zu urtheilen vermögen, immer nur Resultate der gemeinschaftlichen Wirksamkeit äusserer Umstände und der innern Kräfte sind, so können wir diese beiden für uns immer zugleich thätigen Stoffe niemals genau von einander unterscheiden."[129] Macht man das in dieser Sequenz Enthaltene stark, so ließe sich die folgende Lesart vertreten: Der Charakter ist das Resultat der Dialektik von Innen und Außen, von innerer und äußerer Realität, von Kraft (Natur) und Umwelt. Gebrochen wäre dann

127 Humboldt, a. a. O., S. 74.
128 Humboldt, a. a. O., S. 75.
129 Ebd.

die an verschiedenen anderen Stellen sich zeigende Hypostasierung der inneren Kräfte und damit die undialektische Konzeptualisierung des Verhältnisses von Innen und Außen. Humboldt äußert sich im Anschluss auch viel vorsichtiger und zurückhaltender über die Kategorie der Kraft als in anderen Passagen seines Gesamtwerkes. So heißt es hier: „Alles, was wir mit Sicherheit zu behaupten im Stande sind, ist nur soviel, dass irgend eine Kraft, sey es nun eine gleiche oder ungleiche, zuerst und unabhängig von allen sie umgebenden Umständen vorhanden ist, weil ja sonst nichts da wäre, worauf von aussen eingewirkt werden könnten."[130] In dieser Passage kommt das Vage, Unbestimmte, Spekulative und Dunkle, das mit der Einführung und der Verwendung des Begriffes der Kraft verbunden ist, deutlich zum Ausdruck.

Humboldt gibt sich mit den bisherigen Rekonstruktionen noch nicht zufrieden. Zwar ist ein bestimmter Fortschritt bezüglich der Charakterkenntnis erreicht, der einerseits „zum praktischen Lebensgebrauch hinreicht" und andererseits auch die „strengere philosophische Beurtheilung" vorbereitet, doch reicht dies noch nicht aus. Und es ist wieder die Kraft und das eigentliche Ich, um die die Humboldtschen Gedanken kreisen. Im Folgenden versucht Humboldt daher den Kraftbegriff weiter zu explizieren. Er bringt Kraft mit Materie und Form zusammen. „Der Charakter kann als eine Kraft betrachtet werden, die mit einer gewissen Beschaffenheit (Materie) in einer gewissen Art (Form) wirkt. Beide aber, seine Materie und seine Form, bestimmen sich gegenseitig durch einander ... Die Materie haben wir durch das Verhältniss, die Form durch die Bewegung der Kräfte auszudrücken gesucht."[131] Humboldts problematische Bestimmung des Charakters setzt sich fort. Wiederum wird ausgegangen von einer Kraft, die Materie und Form in sich schließt. Denn Materie ist das Verhältnis der Kräfte und Form geht aus deren Bewegung hervor. Letztlich wäre dann der menschliche Charakter das Resultat einer ursprünglichen Kraft, die sich auszeichnet durch Materie und Form sowie deren Wechselwirkung. Wie sollen aber daraus sinnhafte und wohlgeformte humane Handlungen und Äußerungen entstehen, die den Charakter kennzeichnen? Zur Beantwortung dieser Frage erweist sich der monologische Erklärungsversuch von Humboldt als unzureichend.

Der Charakter kann Humboldt zufolge nie vollkommen erkannt werden. Es sind nur Annäherungen an seine Wahrheit möglich. Selbst die Erkenntnis seiner Totalität im Sinne der Dechiffrierung seines inneren Strukturzusammenhangs kann nur als eine Approximation gelten. „Alles, was wir bisher gethan haben, ist daher nur ein Annähern zur Wahrheit,

[130] Ebd.

[131] Humboldt, a. a. O., S. 78.

kein eigentliches Ergründen derselben. Diess Ergründen ist aber auch schlechterdings unmöglich. Wir sehen den Charakter nur allein in seinen Aeusserungen, und da er nicht bloss in keiner einzelnen derselben, sondern nicht einmal in ihrem Total, insoweit wir nämlich diess übersehen, ganz, noch auch in irgendein einer allein und von allem Einfluss äussrer und fremdartiger Ursachen gereinigt erscheint ...; so ist es nie möglich, ihn eigentlich und in seiner wahren Gestalt zu kennen, noch weniger auszusprechen, immer nur, ihn aus seinen Wirkungen zu schliessen und zu errathen.“[132] Als Regel können wir daher festhalten: Auch die Erkenntnis des Charakters in seiner objektiven Strukturgestalt ist nur eine Annäherung an die wahre Gestalt des Charakters.

Humboldt wendet sich nun dem Ideal des Charakters zu. Wie gewinnt man eigentlich ein solches Ideal? Humboldt zufolge dadurch, daß man die besten und höchsten Züge des Charakters eines Individuums zu einer Einheit zusammenfügt. Die Vorgehensweise bei der Gewinnung eines idealen Charakters ist die folgende: „Man suche daher das Beste und Höchste auf, was irgend ein Subject nach allen verschiedenen Richtungen hin geleistet hat, man knüpfe diess in Eins zusammen, und nehme diess so gestaltete Ganze als seine eigenthümliche und wesentliche Beschaffenheit an. Alles, was diesem Begriff nicht entspricht, wird nun zufällig heissen können, es sey nun, dass es wirklich fremdartige Eigenschaften, oder nur geringere Grade oder einseitige Aeusserungen jener Eigenthümlichkeit zeige.“[133] Den idealen Charakter eines Individuums gewinnt man also, indem man das Beste und Höchste, das dieses Individuum auf verschiedenen Gebieten geleistet oder vollbracht hat, zu einer Einheit zusammenfügt. Für das je konkrete Individuum gibt diese Einheit einen Orientierungsmaßstab ab.

Humboldt geht es im Folgenden vor allem wieder darum, das Zufällige vom Wesentlichen im Charakter zu unterscheiden. Dabei sind seine Objekte u.a. die Differenz der Geschlechter (Männlich-Weiblich), der Unterschied im Lebensalter (Jugend-Alter) und von Nationen.

Die Geschlechterdifferenz interessiert Humboldt dabei in besonderem Maße. Dies kann nicht weiter verwundern, ist doch Individualität auch immer konstitutiv mit dem Geschlecht verbunden. Was aber ist das, was Humboldt zu einer Theorie der Geschlechterdifferenz beizutragen hat? Auf den ersten Blick scheinen nicht wenige seiner Äußerungen zur Geschlechterdifferenz ein Konglomerat von damaligen Ansichten, Vorurteilen und Schwärmerei zu sein. Und man fragt sich, was diese zur Charakterkenntnis beitragen können. An einem Beispiel soll das Gemeinte verdeutlicht werden. „Man pflegt es dem weiblichen Geschlechte zum

[132] Ebd.
[133] Humboldt, a.a.O., S.81.

Vorwurf zu machen, dass es die Welt um sich her zu sehr aus sich und seinem Standpunkte heraus ansieht, und statt sie rein und einfach aufzufassen, sich in dieselbe überträgt. Auch muß man in der That gestehen, dass diese nicht selten der Fall ist. Denn so viel treuer auch die Frauen die Natur mit ihren Blicken zu begleiten scheinen, so ist ihnen die eigentliche Objectivität, die Stimmung, die überall zuerst den trocknen und blossen Buchstaben, völlig abgesondert von Geist und Wesen, auffasst, dennoch, genau genommen, in hohem Grade fremd. Sie eilen zu leicht dem Resultate zuvor, verbinden früher, als das Einzelne gehörig gesammelt ist, und knüpfen selbst die unmittelbarste und einfachste Beobachtung zu gern, nicht gerade an ganz individuelle, aber doch an subjective Verhältnisse des Gefallenden oder Misfallenden, Schönen oder Hässlichen u.s.w. ... Mit einer so starken Einmischung der Empfindung in die Geschäfte der übrigen Seelenkräfte kann eine vollkommene Klarheit auf keine Weise bestehen."[134]

Wenn nicht in solchen Äußerungen, worin besteht dann das Interessante an Humboldts Theorie der Geschlechterdifferenz? Betrachtet man diese in ihrem Zusammenhang, so zeigen sich darin Grundzüge einer strukturalen Dialektik der Geschlechterdifferenz. Da wir hier weder auf Einzelheiten noch auf die Gesamtkonzeption der Humboldtschen Geschlechterlehre eingehen können, seien nur einige wichtige Elemente kurz angedeutet:

1. Humboldt geht aus von dem Gegensatz des Weiblichen und Männlichen als einem von der Natur hervorgebrachten. Dieser Gegensatz treibt gleichsam Bewegung, Dynamik aus sich heraus.

2. Nur durch die Verbindung dieser Gegensätze zu einer Einheit lassen sich die Schranken der eigenen Individualität überwinden. Der Geschlechtsbegriff ist für Humboldt „nichts anders, als eine so eigenthümliche Ungleichartigkeit verschiedener Kräfte, dass sie nur verbunden ein Ganzes ausmachen, und ein gegenseitiges Bedürfniss, diess Ganze durch Wechselwirkung in der That herzustellen."[135] Die Verbindung führt zu einer widersprüchlichen Einheit, für die affektive Solidarität konstitutiv ist.

3. In der Vereinigung der Geschlechter und Erzeugung von Kindern entsteht etwas Neues. Damit gibt die struktural-dialektische Betrachtung der Geschlechterdifferenz zugleich ein Modell der Entstehung von Neuem ab. Für die Erklärung der systematischen Entstehung von Neuem ist die Betrachtung der Geschlechter grundlegend.[136]

[134] Humboldt, a. a. O., S. 83 f.

[135] Humboldt, W. v.: Gesammelte Schriften. Preußische Akademie der Wissenschaften. Hrsg.: Albert Leitzmann u. a., 17 Bde., Berlin 1903–36. Bd. 1, S. 312.

[136] Siehe dazu auch: Tilman Borsche: Wilhelm von Humboldt. München 1990, S. 108 ff.

Humboldt geht nun wieder auf die verschiedenen Betrachtungsweisen des menschlichen Charakters durch den Historiker einerseits und den Philosophen andererseits ein. Dabei übt er Kritik an dem Vorgehen beider, um dann seine Vorstellungen eines angemessenen methodischen Vorgehens bei der Charakterrekonstruktion darzustellen. „Der Historiker sucht durchaus nur das Individuelle; der Gegenstand hat diese und diese Beschaffenheiten; diess ist ihm genug ... Den Philosophen interessirt in dem Individuellen nur das Allgemeine; auch in dem einzelnen Menschen forscht er nur nach der Form der Menschheit überhaupt, welche in demselben ausgeprägt ist."[137] Gegenüber diesen beiden extremen Vorgehensweise hält die philosophische Menschenkenntnis „eine gewisse mittlere Richtung" ein.[138] Gegen Ende seiner Studie fasst Humboldt noch einmal in äußerst komprimierter Form das Wesentliche der Rekonstruktion des Charakters zusammen. „Es kommt nur darauf an, die wahre und die ganze Individualität des Subjects zu kennen, und es wird nicht mehr schwer seyn, zu entscheiden, was aus ihrem Innern herfliesst oder nur von aussen an sie angeknüpft ist, was aus ihrem Ganzen oder nur aus einzelnen Theilen derselben hervorgeht. Bei diesem wie bei jenem Geschäft ist die Hauptsache die, sich in die Mitte seines Gegenstandes zu versetzen, alle seine Leistungen und seine Erscheinungsarten, so wie alle Umstände, die bedeutend auf ihn einwirken, lebendig zu umfassen, alle mit einander zu vergleichen und aus allen durch Gefühl und Einbildungskraft ein anschauliches Bild, durch den Verstand aber einen deutlichen Begriff herauszuziehen, ... mit Einem Wort den Scharfblick zu üben, der unter einer Menge gleichgültiger Merkmale sogleich die bedeutenden, unter vielen gemeinsamen die unterscheidenden, und unter diesen letzteren wiederum diejenigen auffasst, die nicht Einem Moment oder Einer Stimmung, sondern allen ohne Ausnahme und mithin der eigenthümlichen Natur angehören. Wenn die Zergliederung eines Charakters durchaus gelungen ist, so muss der Zusammenhang dessen, was wesentlich und zufällig genannt wurde, klar seyn ..."[139]

Versuchen wir das von Humboldt Gemeinte zusammenzufassen: Die Charakterrekonstruktion erfordert die Erfassung der Individualität des Subjekts in seiner Totalität. Dazu muss der Rekonstruierende die innere objektive Strukturgestalt als eine Gesetzlichkeit erschließen. Dies erfordert methodisch spontanes, kreatives Schließen (Einbildungskraft) und begriffliche Vermittlung. Sodann muss er die rekonstruierte objektive Strukturgestalt des Charakters klar darstellen.

[137] Humboldt: Theorie der Menschenkenntnis, a. a. O., S. 91.

[138] Ebd.

[139] Humboldt, a. a. O., S. 92.

Gesamtbetrachtung beider Studien

Humboldts Studien ›Plan einer vergleichenden Anthropologie‹ (1795) und ›Theorie der Menschenkenntnis› aus der Schrift ›Das achtzehnte Jahrhundert‹ (1797) sind der Grundlegung einer vergleichenden Anthropologie gewidmet. Beide sind Fragmente geblieben. Dabei finden wir in dem Aufsatz ›Theorie der Menschkenntnis‹ eher eine Explikation von bereits in dem ›Plan einer vergleichenden Anthropologie‹ Grundgelegten und nichts Neues. Die Konstitution der vergleichenden Anthropologie erfordert ein wissenschaftstheoretisches, methodologisches und methodisches Fundament. Die von der vergleichenden Anthropologie gewonnenen Erkenntnisse sind an die Lebenspraxis zu vermitteln. Ziel ist eine Verbesserung der praktischen Menschenkenntnis.

Humboldts ›Plan einer vergleichenden Anthropologie‹ ist in der Geschichte der Anthropologie der erste Versuch, Anthropologie als Wissenschaft zu konzeptualisieren. Es bietet sich daher an, diesen Konzeptualisierungsversuch differenziert konstitutionstheoretisch, gegenstandstheoretisch, methodologisch und methodisch zu betrachten.

Konstitutionstheorie

Humboldt entwickelt zunächst einen konstitutionstheoretischen Bezugsrahmen, innerhalb dessen er seine zentralen Kategorien der vergleichenden Anthropologie bestimmt. Die konstitutionstheoretischen Reflexionen legen den theoriesprachlichen Zusammenhang von Annahmen, die für den Gegenstandsbereich der vergleichenden Anthropologie Voraussetzung sind, erst fest. Was sind nun diese konstitutionstheoretischen Grundlagen? Es sind zunächst Reflexionen Humboldts über das Verhältnis von Philosophie und Anthropologie im Kontext der Rekonstruktion des menschlichen Charakters. Diese führen ihn zu einer anthropologischen Kritik der Philosophie und infolge derer zu dem Postulat der Synthese von Philosophie und Anthropologie. Humboldt, für den die Leibnizische Monadologie, die Kantische Transzendentalphilosophie und die Herdersche Anthropologie eine besondere Rolle spielen, kritisiert die Einseitigkeit der philosophischen spekulativen Methode, die im Medium von Begriffen des Allgemeinen, gleichsam subsumtionslogisch, sich ihren Gegenständen gegenüber verhält und nur an den apriorischen, transzendentalen Grundlagen des menschlichen Geistes interessiert ist. Ebensowenig aber wie die spekulative Philosophie führt die Empirie im Sinne einer bloßen Beobachtung und Sammlung einzelner Fakten weiter, wenn es um die wissenschaftstheoretische Grundlegung der vergleichenden Anthropologie geht. Fügen wir noch hinzu, dass die Philosophie am Allgemeinen und Universellen und die Empirie am Historischen interessiert ist, so können wir formulieren: Gefordert ist die Synthese von Philosophie und Anthropologie, von Spekulation und Empirie, von Universalität und Historizität. Dies impliziert sowohl Kritik an einer ausschließlich an Universalität ausgerichteten Transzendentalphilosophie als auch an einer mit radikaler Historizität operierenden Anthropologie. Jede einseitige transzendentalphilosophische, apriorische, universelle als auch jede einseitige radikal historische Verfahrenweise führen in eine epistemologische Sackgasse, wenn es um die Konstitution einer wissenschaftlichen vergleichenden Anthropologie geht.

Die Erhebung der Anthropologie zur Wissenschaft hat des weiteren zur unabdingbaren Voraussetzung die Erschließung von Gesetzlichkeiten. Nicht bloße Deskriptionen und Paraphrasierungen, sondern erst die Erschließung der Gesetzlichkeiten von Ausdrucksgestalten macht Anthropologie zu einer Wissenschaft. Unter Gesetzlichkeiten versteht Humboldt Strukturierungsgesetzlichkeiten. Vergleichende Anthropologie wird daher genau dann zur Wissenschaft, wenn es ihr gelingt, objektive Strukturierungsgesetzlichkeiten in ihrem Gegenstandsbereich zu erschließen. Humboldt konzipiert die vergleichende Anthropologie konstitutionstheoretisch als eine strukturale Anthropologie.

Gegenstandsbereich

Gegenstandsbereich der vergleichenden Anthropologie ist die „individuelle Charakterkenntnis". Es geht Humboldt wesentlich um die Erkenntnis des Individuums als Individuum, um die Individualität des Subjekts. Dabei ist zwischen zwei Aufgaben zu unterscheiden. Humboldts Anthropologie richtet sich einerseits auf die Erkenntnis des Charakters in seiner Wirklichkeit und andererseits auf die Möglichkeit seiner Entwicklung, auf das konkret Utopische. Beide Dimensionen, Wirklichkeit und Möglichkeit, sind im Auge zu behalten. Humboldt strebt neben der Rekonstruktion der historisch je konkreten Individualität die Gewinnung eines kontrafaktischen Ideals an. Auszugehen ist bei der Eruierung jenes Ideals von der Ebene der Empirie. Die vergleichende Anthropologie klammert nicht einzelne Menschengruppen aus; sie bezieht sich auf die Gattung Mensch in ihrer Totalität. Die Aufstellung eines Ideals des Charakters ist notwendig, damit sowohl das historisch konkrete Individuum als auch die Gattung Mensch einen Orientierungsmaßstab haben, an dem sich ablesen lässt, inwieweit sie sich diesem Ideal angenähert haben. Vergleichende Anthropologie verfährt insofern analytisch und normativ. Die Aufstellung eines Ideals der Menschheit hat zugleich bildungstheoretische Implikationen. Ziel ist die Höherentwicklung des Charakters durch Bildung.

Wie bestimmt Humboldt den Begriff des Charakters? Seine Definition lautet: „Was sich in der Seele des Menschen bewegt, seine Gedanken, Empfindungen, Neigungen und Entschlüsse, und wie, in welcher Folge und Verknüpfung sie wirken, sind also die Punkte, worin sein Charakter besteht – das Verhältniss und die Bewegung seiner Kräfte, zugleich und als Eins gedacht.“[140] Erst die Verknüpfung von Einzelnem, von Gedanken, Empfindungen, Neigungen und Entschlüssen bzw. Entscheidungen zu einer Einheit machen den Charakter aus. Entscheidendes Kriterium eines individuellen Charakters ist die Existenz von Vielheit in einer Einheit. Die von Humboldt aufgezählten einzelnen Elemente, die zu einer Einheit zusammengefügt zu denken sind, umfassen gleichsam die ganze Breite der Subjektivität. Innere Einheit meint innere Charakterform. Die Offenlegung der Charakterverschiedenheit der Menschen setzt die Kenntnis der inneren Charakterform der je historisch konkreten Individuen voraus. Die innere Charakterform indes funktioniert im Sinne eines generativen Prinzips; sie erzeugt die verschiedenen Handlungen und Äußerungen des Subjekts. Ziel der Rekonstruktion kann daher nur diese innere Einheit, die innere Charakterform sein. „Sie (die vergleichende Anthropologie, d. Verf.) muss immer ein Ganzes, eine vollendete Gestalt aufsuchen; bloss, wie die physiologische, nach einer Menge von Verschiedenheiten zu haschen, ist ihr durchaus fremd.“[141] Aufgabe der vergleichenden Anthropologie ist die Erschließung einer Strukturgestalt. Es geht Humboldt um das Herauslösen eines Gestaltförmigen, einer strukturalen Ganzheit aus der Mannigfaltigkeit einzelner Erscheinungen. Humboldt präzisiert diese Bestimmung: Es muss eine Strukturgesetzlichkeit bzw. Strukturierungsgesetzlichkeit erschlossen werden. Erkenntnis des Charakters bedeutet dann Erschließung seiner objektiven Strukturierungsgesetzlichkeit als einer Bildungsgesetzlichkeit. Für diese indes ist Bewegung und nicht Stillstand das Fundamentale. Bei der zu erschließenden objektiven Strukturierungsgesetzlichkeit bzw. Bildungsgesetzlichkeit handelt es sich zugleich um eine Bewegungsgesetzlichkeit.

Methodologie und Methode

Wie ist nun in der vergleichenden Anthropologie methodologisch und methodisch vorzugehen, wenn die innere Charakterform als ein strukturales Ganzes, als eine in Bewegung befindliche Strukturierungs- bzw. Bil-

[140] Humboldt, Theorie der Menschenkenntnis, a. a. O., S. 57.
[141] Humboldt, Plan einer vergleichenden Anthropologie, a. a. O., S. 23.

dungsgesetzlichkeit des Individuums erkannt werden soll? Humboldt beachtet bei dem Entwurf seiner Methode das Postulat der Angemessenheit von Methode und Sache. Ihm geht es wesentlich um die Herauslösung eines Gestaltförmigen aus der Mannigfaltigkeit der Erscheinungen. „Um daher hier die rechte Bahn nicht zu verfehlen, muss man die Kunst besitzen, in dem Mannigfaltigen selbst mit Schnelligkeit gerade dasjenige Gemeinsame aufzufinden, wodurch das Ganze zu einer eignen und abgesonderten Gestalt wird.“[142] In seiner Studie ›Ueber die Aufgabe des Geschichtschreibers‹ (1822), die verschiedentlich bezüglich ihrer epistemologischen Intention mit Descartes ›Discours de la méthode‹ verglichen wird, hat Humboldt diesen Modus des Schließens vom Mannigfaltigen auf die innere Einheit, auf die Strukturgestalt ansatzweise zu beschreiben versucht.[143] Der Forscher muss „das zerstreut Gesammelte in sich zu einem Ganzen verarbeiten“[144]. Dazu hat er nicht nur die reale Faktizität zur Kenntnis zu nehmen und zu interpretieren, sondern er muß „schöpferisch“ den inneren Zusammenhang eines je konkreten Phänomens erschließen.[145] Das schöpferische Schließen aber ist nach Humboldt Sache der Einbildungskraft. Humboldt greift auf eine Kategorie der Ästhetik, auf die Einbildungskraft zurück und verleiht ihr eine zentrale Stelle im Erkenntnisprozess. Einbildungskraft, in der Kantischen Philosophie bloß Vermittlungsinstanz zwischen Sinnlichkeit und Verstand, erreicht bei Humboldt eine neue Qualität: Sie schafft Neues. Die Einbildungskraft verwandelt das Wirkliche in ein Bild. Das so geschaffene Bild enthält schon einen Vorblick auf das strukturale Ganze. Die Einbildungskraft sorgt gleichsam für die Entstehung des Neuen. Mittels der Einbildungskraft werden Bilder erzeugt, die die strukturale Totalität der Individualität des Subjekts in sich enthalten.

Die Humboldtsche Kategorie der Einbildungskraft ist gewinnbringend und anschlussfähig an moderne Wissenschaftsströmungen. So etwa haben seine Bestimmungen dieser Kategorie als eines kreativen, gestalterschließenden Schlussverfahrens unübersehbare Ähnlichkeiten mit dem Pragmatismus von Charles Sanders Peirce, in dem die Abduktion als ein strukturale Zusammenhänge erschließendes und neue Erfahrungen stiftendes Verfahren zentralthematisch ist. Ebenso zeigen sich Übereinstimmungen der Humboldtschen Kategorie der Einbildungskraft mit der Kategorie der Spontaneitätsinstanz des „I“, dem Subjektkern bzw. der Lebens- und Pra-

142 Humboldt, Theorie der Menschenkenntnis, a. a. O., S. 45.

143 Humboldt, Ueber die Aufgabe des Geschichtschreibers. In: Ders.: Werke in fünf Bänden, Bd. I. Schriften zur Anthropologie und Geschichte. 1960, S. 585–606. Hrsg.: A. Flitner und K. Giel. Darmstadt 1960–1981.

144 Humboldt, a. a. O., S. 586.

145 Ebd.

xismitte, in der pragmatistisch-naturalistischen Sozialpsychologie und Sozialphilosophie von George Herbert Mead. Durch die spontane Reaktion des „I“ auf noch unbekannte, erst zu prädizierende Gegenstände emergieren gleichsam Bilder (images), die schon einen Vorblick auf die Strukturgestalt des zu erschließenden Phänomens enthalten. Ist es bei Humboldt die Einbildungskraft, die Bilder und Neues erzeugt, so ist es bei Mead die Spontaneitäts- und Kreativitätsinstanz des „I“.[146] Der Versuch der Integration von Einbildungskraft (Humboldt), Abduktion (Peirce) und Spontaneitätsinstanz „I“ (Mead) dürfte in methodologischer und methodischer Hinsicht ein höchst interessantes Unternehmen sein.

Bedeutend im Kontext der Humboldtschen Methode ist ferner das Postulat, sowohl die Genese als auch die Struktur des Charakters offen zu legen. Dabei ist die Synchronie der Struktur vor der Diachronie der Strukturierung, das „Was“ vor dem „Wie“ zu rekonstruieren. Bemerkenswert ist auch das mikrologische Verfahren Humboldts, das die Versenkung in das kleinste, unscheinbarste Detail verlangt. Damit hängt zusammen, dass alles Einzelne eines je konkreten Phänomens im Rekonstruktionsprozess berücksichtigt, jede Partikel als sinnlogisch motiviert angesehen und rekonstruiert werden muß (Totalitätsprinzip). Im folgenden Abschnitt werden wir einige bereits angedeutete Begriffe und Zusammenhänge weiter explizieren.

Strukturale Hermeneutik

In seiner Studie ›Ueber die Aufgabe des Geschichtschreibers‹ von 1822 hat Humboldt programmatisch seine Hermeneutik entworfen, die es u. a. ermöglichen soll, geschichtliche Ereignisse und den menschlichen Charakter zu rekonstruieren. Gehen wir auf die wichtigsten Aspekte ein. Humboldt unterscheidet bei seinem Entwurf zunächst zwischen der Erscheinungsoberfläche und dem inneren Zusammenhang einer je konkreten Sache. Anlässlich der Rekonstruktion einer Sache gilt es, deren Erscheinungsoberfläche zu durchstoßen und zum inneren Zusammenhang vorzudringen. „Denn man erkennt die Begebenheiten nur halb, oder entstellt, wenn man bei ihrer oberflächlichen Erscheinung stehen bleibt; ja der gewöhnliche Beobachter mischt ihnen alle Augenblicke Irrthümer und Falschheiten bei“.[147] Die erste Maxime der Rekonstruktion von geschichtlichen Ereignissen oder Handlungen (denn „von dieser Seite ist die Ge-

[146] Siehe dazu auch: Wagner, Hans-Josef: Objektive Hermeneutik und Bildung des Subjekts. Mit einem Text von Ulrich Oevermann: Die Philosophie von Charles Sanders Peirce als Philosophie der Krise. Weilerswist 2001. Velbrück Wissenschaft.

[147] Humboldt: Ueber die Aufgabe des Geschichtschreibers, a. a. O., S. 590f.

schichte dem handelnden Leben verwandt") ist das Durchstoßen der Erscheinungsoberfläche der zu analysierenden Sache.[148] Anzuvisieren ist das Innere der Sache selbst. Was aber ist nach Humboldt dieses Innere? Es ist nichts anderes als der „innere ursachliche Zusammenhang" der Sache, deren „Form"[149]. Ziel der Rekonstruktion einer Sache ist deren Strukturgestalt. Humboldt spricht in diesem Kontext von den „wahrhaft wirkenden Kräften" im Inneren der Begebenheiten.[150] In moderner Terminologie reformuliert könnte man hier, ohne den problematischen Implikationen des Humboldtschen Kraft-Begriffs zu folgen, von der Strukturierungsgesetzlichkeit einer Begebenheit oder einer Sache sprechen. Die Aufgabe des Geschichtsschreibers oder des Anthropologen ist es, das Unmittelbare zu vermitteln, indem er die inneren Zusammenhänge der Sache selbst offen legt. Für Humboldt ist der innere Zusammenhang identisch mit der inneren Wahrheit der Sache. Denn: „Das Geschehene aber ist nur zum Theil in der Sinnenwelt sichtbar, das Uebrige muss hinzu empfunden, geschlossen, errathen werden. Was davon erscheint, ist zerstreut, abgerissen, vereinzelt; was dies Stückwerk verbindet, das Einzelne in sein wahres Licht stellt, dem Ganzen Gestalt gibt, bleibt der unmittelbaren Beobachtung entrückt. Sie kann nur die einander begleitenden, und auf einander folgenden Umstände wahrnehmen, nicht den innern ursachlichen Zusammenhang selbst, auf dem doch allein die innere Wahrheit beruht."[151] Die Überschreitung der Unmittelbarkeit auf den inneren Zusammenhang hin, der mit deren innerer Wahrheit gleichgesetzt wird, ist das Ziel der Humboldtschen Hermeneutik. Letzteres lässt sich nicht allein über das in der Sinnenwelt Sichtbare erreichen. Es muss hier ein Vermögen hinzukommen, das nicht mehr rational erklärt werden kann, das mit Empfindungen und einem bestimmten Modus des Schließens zu tun hat. Erst durch das Hinzukommen dieses Moments ist es möglich, das Innere der Sache offen zu legen. Betrachten wir daher, wie Humboldt seine Vorgehensweise näher bestimmt. „Zwei Wege also müssen zugleich eingeschlagen werden, sich der historischen Wahrheit zu nähern, die genaue, partheilose, kritische Ergründung des Geschehenen, und das Verbinden des Erforschten, das Ahnden des durch jene Mittel nicht Erreichbaren. Wer nur dem ersten dieser Wege folgt, verfehlt das Wesen der Wahrheit selbst, wer dagegen diesen über dem zweiten vernachlässigt, läuft Gefahr, sie im Einzelnen zu verfälschen."[152] Der erste Weg meint die Sammlung von objektiven Daten

[148] Humboldt, a.a.O., S. 590.
[149] Humboldt, a.a.O., S. 585 u. 590.
[150] Humboldt, a.a.O., S. 590.
[151] Humboldt, a.a.O., S. 585.
[152] Humboldt, a.a.O.; S. 587.

des je konkreten Ereignisses bzw. des Charakters eines Individuums oder einer höher aggregierten Einheit wie z. B. einer Gemeinschaft, einer Gruppe oder einer Nation. Diese Rekonstruktion der realen Faktizität reicht jedoch nicht aus. Der erste Weg ist vielmehr Voraussetzung dafür, einen zweiten Weg einzuschlagen. Wer sich mit dem ersten Weg zufrieden gibt, wird nicht zum inneren Zusammenhang der Sache vorstoßen. Deren Erschließung erfordert die Verbindung des zuerst Erforschten.

Wie hat man sich dieses Verbindungsvermögen vorzustellen? Offensichtlich reicht dazu die „blosse Verstandesoperation" nicht aus.[153] Es ist hier ein Vermögen gefordert, das eher die „Phantasie" betrifft als die Rationalität.[154] Insofern ist dieses Vermögen des Geschichtsschreibers auch dem des Dichters in gewisser Weise verwandt. Gleichwohl darf es nicht mit der „reinen Phantasie" des Dichters gleichgesetzt werden. Die hier gemeinte Phantasie ist erfahrungsgeleitet; sie ist der Empirie untergeordnet. „Denn wenn der erstere (der Geschichtsschreiber, d. Verf.), nach dem Vorigen, die Wahrheit des Geschehenen durch die Darstellung nicht anders erreicht, als indem er das Unvollständige und Zerstückelte der unmittelbaren Beobachtung ergänzt und verknüpft, so kann er dies, wie der Dichter, nur durch die Phantasie. Da er aber diese der Erfahrung und der Ergründung der Wirklichkeit unterordnet, so liegt darin der, jede Gefahr aufhebende Unterschied."[155] Humboldt konkretisiert das, was er unter Phantasietätigkeit versteht. Nicht um „reine Phantasie" handelt es sich in diesem Fall, sondern um ein „Ahndungsvermögen" und eine „Verknüpfungsgabe".[156] Die Phantasie des Forschers ist eine empiriegeleitete; aus der Empirie hat er sich in einem ersten Schritt Grundlagen erarbeitet, hat er Einzelnes isoliert, das es nun zu verbinden gilt. Emphatisch weist Humboldt darauf hin, dass durch den zweiten Weg nicht willkürlich etwas hinzuerfunden und hinzugefügt werden soll. „Es soll, auch in der Geschichte, durch jenen zweiten Weg nichts Einzelnes gefunden, noch weniger etwas hinzugedichtet werden."[157] In gewisser Weise muss sich der Rekonstruierende auch von den einzelnen Fakten losmachen, muss er sich die Freiheit gewähren, auch tatsächlich den Schluss auf das Neue zu wagen. Der Wissenschaftler hat die Aufgabe, zum „Mittelpunkt" der Sache, „aus dem die wahre Verkettung verstanden werden kann", vorzudringen.[158] Der Mittelpunkt der Sache ist die generative Strukturformel bzw. die objektive Strukturierungsgesetzlichkeit.

[153] Humboldt, a. a. O., S. 588.
[154] Humboldt, a. a. O., S. 586.
[155] Humboldt, a. a. O., S. 586 f.
[156] Humboldt, a. a. O., S. 587.
[157] Humboldt, a. a. O., S. 588.
[158] Humboldt, a. a. O., S. 594 f.

Wie funktioniert nun aber der Verstehensprozess? Was setzt dieser voraus? „Jedes Begreifen einer Sache setzt, als Bedingung seiner Möglichkeit, in dem Begreifenden schon ein Analogon des nachher wirklich Begriffenen voraus, eine vorhergängige, ursprüngliche Übereinstimmung zwischen dem Subject und Object. Das Begreifen ist keineswegs ein blosses Entwickeln aus dem ersteren, aber auch kein blosses Entnehmen vom letzteren, sondern beides zugleich. Denn es besteht allemal in der Anwendung eines früher vorhandenen Allgemeinen auf ein neues Besondres.“[159] Dies bedeutet, dass Verstehen eine materiale Affinität von Subjekt und zu rekonstruierender Sache immer schon voraussetzt. Ohne diese Strukturübereinstimmung von Subjekt und Objekt ist kein Verstehen möglich. Es vollzieht sich auf der Folie der hermeneutischen Dialektik von Altem und Neuem. Das Alte, das bereits in Begriffe des Allgemeinen Überführte, Sedimentierte bildet die Grundlage, auf der das Neue begriffen wird. Dies meint keine subsumtionslogische Applikation einer allgemeinen Begrifflichkeit auf das neue Besondere; es geht vielmehr darum, letzteres in seiner Vielheit und Mannigfaltigkeit zu verstehen. Die Qualitäten eines solchen Verstehensprozesses beschreibt Humboldt wie folgt: „Je tiefer daher das Gemüth einer Nation alles Menschliche empfindet, je zarter, vielseitiger und reiner sie dadurch ergriffen wird, desto mehr hat sie Anlage, Geschichtschreiber im wahren Sinne des Worts zu besitzen.“[160] Diese Verfahrensweise meint ein Sich-Anschmiegen an den Gegenstand, um ihn so zum Sprechen zu bringen. Dies verweist darauf, dass Humboldt der Methode der Rekonstruktionslogik die Prärogative vor der Methode der Subsumtionslogik einräumt. Es geht ihm um die rekonstruktive Dechiffrierung des Allgemeinen bzw. des Typischen im Besonderen. Gefordert ist gleichsam eine Einübung in das Verfahren der hermeneutischen Rekonstruktionslogik. „Zu dem so Vorbereiteten muss die prüfende Uebung hinzukommen, welche das Vorempfundene an dem Gegenstand berichtigend versucht, bis durch diese wiederholte Wechselwirkung die Klarheit zugleich mit der Gewissheit hervorgeht.“[161]

Zusammenfassend lässt sich festhalten: Humboldt stellt der vergleichenden Anthropologie als Rekonstruktionsmethode eine strukturale Hermeneutik beiseite. Ebenso finden wir bei Humboldt Ansätze zur Gewinnung eines Begriffs lebendiger Erfahrung.

[159] Humboldt, a. a. O., S. 596 f.

[160] Humboldt, a. a. O., S. 597.

[161] Ebd.

Universalität und Historizität

Humboldts vor dem Hintergrund seiner anthropologischen Kritik an der Philosophie gewonnene Differenzierung von Universalität und Historizität und sein Postulat der Synthese beider ist epistemologisch grundlegend für die Konstitution einer vergleichenden Anthropologie als Wissenschaft einerseits und einer Theorie der Bildungsprozesse des Subjekts andererseits. Es geht darum, auf der Folie des Universellen die Ausdifferenzierung des je historisch konkreten Besonderen zu verstehen. Oder anders ausgedrückt, „es geht immer um die Erforschung der Verschiedenheit der Köpfe der Menschen auf der Basis einer universellen Gleichheit des Kopfes des Menschen".[162]

Was wissen wir heute von der Seite der Universalität, von dem, was allen Mitgliedern der Gattung Mensch gleichermaßen zukommt? Es ist offensichtlich, dass ohne die Beantwortung dieser Frage sowohl die Anthropologie als auch die Bildungstheorie sich nicht begründen lassen. Die Lévi-Strausssche strukturale Anthropologie (universale Regel der Sozialität als zweckfrei sich reproduzierende Reziprozität), die Piagetsche Entwicklungspsychologie (Logik und Moral), die Chomskysche Sprachtheorie (Universalgrammatik) u.a. haben uns zu Einsichten in die universellen Grundlagen der humanen Gattung verholfen, die Humboldt noch verschlossen waren, denen er aber mit den ihm zur Verfügung stehenden Bordmitteln zeitlebens nachspürte.

Bezüglich einer zu konstituierenden Theorie der Bildungsprozesse des Subjekts können wir von dieser Ebene als von der des epistemischen Subjekts reden. Genau diese Ebene meinte Humboldt in seiner ›Theorie der Bildung des Menschen‹, als er von der Offenlegung des „Verfahrens unseres Geistes" sprach.[163] Darauf verweisen auch eindrucksvoll seine Sprachstudien. Diese richten sich auf die Rekonstruktion der Struktur des inneren Zusammenhangs der Sprachen. Dass der Sprache ein Regelsystem zugrunde liegt, das universal ist und das von endlichen Mitteln einen unendlichen Gebrauch zu machen erlaubt, ist Humboldts Einsicht.

Wir haben es nun auf der Ebene des epistemischen Subjekts mit formal-abstrakten Strukturen der Sozialität, Logik, Moral und Sprache zu tun. Es sind dies Strukturen, durch die sich der menschliche Geist universal auszeichnet; sie stehen unterschiedslos allen Mitgliedern der Gattung Mensch zur Verfügung.

Was hat man sich unter der Synthese von Universalem und Historischem vorzustellen? Am Beispiel der Sprache lässt sich dies verdeutlichen.

[162] Trabant, J.: Traditionen Humboldts. Frankfurt am Main 1990, S. 45.
[163] Humboldt, W. v.: Theorie der Bildung des Menschen. In: A. Flitner 1960, S. 239.

Das Universale der Sprache – ihre „innere Form“ – zeigt sich für Humboldt in der Pluralität verschiedener Sprachen, wie umgekehrt letztere dem Formalen materiale Gestalt verleihen. Formales und Materiales, Universales und Historisches bedingen einander. Dies gilt auch auf der Ebene der Bildung des Subjekts. Die jeweils aktuelle Strukturierungsgesetzlichkeit bzw. Bildungsgesetzlichkeit eines je historisch konkreten Subjekts ist ein Amalgam, eine Synthese von Universalem und Historischem. Aus Humboldts Konzeption lässt sich folgern, dass die Nachzeichnung der Bildungsprozesse des Subjekts die Erschließung von Universalität und Historizität zugleich erfordert.

Kritische Bemerkungen zum Schluss

Wir haben bereits auf die positiven Elemente und auf das auch heute noch Aktuelle der Humboldtschen vergleichenden Anthropologie in epistemologischer, konstitutionstheoretischer, methodologischer und methodischer Hinsicht verwiesen. Dies betrifft im Wesentlichen die Schaffung von Grundzügen eines genetischen Strukturalismus und die Konzeptualisierung des Individuellen bzw. Subjektiven in seiner Nicht-Reduzierbarkeit und Eigenständigkeit. Humboldt, und das macht seine Aktualität aus, ist genetischer Strukturalist und Anwalt des Nicht-Identischen. Gehen wir auf die Problematik des Humboldtschen Entwurfs ein.

a) Den Humboldtschen Kraftbegriff haben wir bereits kritisiert, so dass wir hier nicht mehr explizit darauf eingehen. Es handelt sich um einen metaphysischen Begriff, der für zu viel zugleich Erschließungskraft beansprucht und selbst als unaufklärbar bestimmt wird. Letztlich führt dies dazu, Begriffe und Zusammenhänge in ihrer Komplexität zuzudecken. Als Beispiel sei auf den Zusammenhang von Kraft, Energie und Handlung verwiesen. Nicht eine Kategorie wird dabei zufriedenstellend aufgehellt, geschweige denn der Zusammenhang differenziert hergestellt.

b) Des weiteren wurde kritisiert, dass Humboldt, wohl auf Grund fehlender systematischer Theorien der Naturgeschichte und des Übergangs von Natur zur Kultur sowie der humanen Ontogenese, zu Fehlschlüssen und nicht zu haltenden Vorstellungen über den Ablauf der humanen Sozialisation gelangt. Er sieht nicht, dass sich die Konstitution des Subjekts erst über die Lösung von Krisen vollzieht. Erinnert sei nur an die vier großen Ablösungskrisen im menschlichen Lebenslauf (Geburt, Symbiose, ödipale Triade, Adoleszenz). Nicht, wie Humboldt uns nur allzu oft suggeriert, über Harmonie, Spiel und zwanglose Kommunikation, sondern durch Krisenbewältigungen bildet sich das Subjekt.

c) Ebenso ist das Verhältnis von Theorie (Wissenschaft in Form der vergleichenden Anthropologie) und Praxis im Humboldtschen Entwurf nicht geklärt. Auf die Komplexität des Theorie-Praxis-Verhältnisses ist Humboldt nicht eingegangen. Wie eigentlich sollen Erkenntnisse der vergleichenden Anthropologie an die Praxis vermittelt werden? Wie stellt sich Humboldt die Verbesserung der praktischen Menschenkenntnis in der Lebenspraxis konkret vor?
d) Gehen wir zur zentralen Kritik über. Diese richtet sich auf die Kategorie des Charakters selbst. Letztere umfasst die ursprünglichen Kräfte, Physisches, Moralisches, Intellektuelles und Ästhetisches. Dies motiviert folgende Fragen: Geht in die Kategorie des Charakters nicht zu viel auf einmal ein? Ist sie nicht überdehnt in dem Sinne, dass sie in sich zu viele Strukturierungsebenen einschließt? Ist der Begriff des Charakters nicht zu undifferenziert angesichts eines heute in den Geistes-, Kultur- und Sozialwissenschaften zur Verfügung stehenden differenzierteren Begriffsinstrumentariums? Erinnert sei unter anderem an die Begriffe latente Sinnstrukturen, Fallstrukturgesetzlichkeiten, Habitusformationen, soziale Deutungsmuster und Lebensstile. Diese Problematik lässt sich schon an dem gegenüber dem Humboldtschen Charakterbegriff stark eingeschränkten und weniger umfangreichen Begriff des Sozialcharakters zeigen. Bereits der Begriff des Sozialcharakters erweist sich als unbrauchbar. So kommt etwa Oevermann zu dem Schluss, dass der Begriff des Sozialcharakters sich „heute angesichts eines begrifflich differenzierteren Instrumentariums nicht mehr empfiehlt. Denn es geht darin zu viel auf einmal ein: Was mit Sozialcharakter gemeint war, umfasst zugleich die einander gegenüber liegenden Ebenen der deutungsmusterhaften Typik eines sozialen Milieus oder einer sozialen Lebenswelt und der psychoanalytisch konzipierten Strukturen des psychischen Apparates sowie dessen, was zwischen diesen Extremen liegt. Der Begriff ist als Typenbegriff deshalb überdehnt bezüglich der Spannweite von Strukturierungsebenen, aus denen er seine Kennwerte bezieht."[164] Diese Kritik trifft verstärkt auf den Humboldtschen Charakterbegriff zu, umfasst dieser doch weitaus mehr Dimensionen als der Begriff des Sozialcharakters. Es wären von daher Überlegungen anzustellen, ob nicht der Begriff des Charakters durch einen differenzierteren Begriff genetisch-strukturalistischer Provenienz ersetzt werden könnte.[165]

[164] Oevermann, Ulrich: Die Struktur sozialer Deutungsmuster – Versuch einer Aktualisierung. Frankfurt am Main 2000, S. 16f. Unveröffentlichtes Manuskript. Jetzt in: Sozialer Sinn, 2, 2001.

[165] Siehe dazu u. a.: Wagner, Hans-Josef: Objektive Hermeneutik und Bildung des Subjekts. Mit einem Text von Ulrich Oevermann: Die Philosophie von Charles Sanders Peirce als Philosophie der Krise, a. a. O.

Literaturverzeichnis

Primärliteratur

Humboldt, W. v.: Gesammelte Schriften. Im Auftrag der Königlich Preußischen Akademie der Wissenschaften hrsg. v. Albert Leitzmann u.a. 17 Bde., Berlin 1903–1936.

Humboldt, W. v.: Werke in fünf Bänden. Hrsg.: A. Flitner und K. Giel. Darmstadt. 1960–1981.

Bd. I: Schriften zur Anthropologie und Geschichte. 1960.

Bd. II: Schriften zur Altertumskunde und Ästhetik. Die Vasken. 1961.

Bd. III: Schriften zur Sprachphilosophie. 1963.

Bd. IV: Schriften zur Politik und zum Bildungswesen. 1964.

Bd. V: Kleine Schriften – Autobiographisches – Dichtungen, Briefe. 1981.

Wilhelm von Humboldts Philosophische Anthropologie und Theorie der Menschenkenntnis. Herausgegeben und eingeleitet von Fritz Heinemann. Halle/Saale 1929.

Wilhelm von Humboldt: Gesammelte Werke. Hrsg.: Carl Brandes. Bd. 1–7. Berlin 1841–1852.

Briefe

Mattson, P.: Verzeichnis des Briefwechsels Wilhelm von Humboldts. 2 Bde. Heidelberg 1980.

Wilhelm von Humboldt. Sein Leben und Wirken, dargestellt in Briefen, Tagebüchern und Dokumenten seiner Zeit. Hrsg.: Rudolf Freese, 2. Aufl. Darmstadt 1986.

Goethes Briefwechsel mit Wilhelm und Alexander von Humboldt. Hrsg.: Ludwig Geiger. Berlin 1909.

Der Briefwechsel zwischen Friedrich Schiller und Wilhelm von Humboldt. 2 Bde. Hrsg. v. Siegfried Seidel. Berlin 1962.

Sekundärliteratur

Ashmore, E.: Wilhelm von Humboldt's ideas on the formation of character through education. In: Paedagogica Historica. Jg. 3, 1963, S. 5–26.

Benner, D.: Wilhelm von Humboldts Bildungstheorie. Weinheim, München 1990.

Binswanger, P.: Wilhelm von Humboldt. Frauenfeld, Leipzig 1937.

Bollnow, O.: Wilhelm von Humboldts Sprachphilosophie. In: Zeitschrift für Deutsche Bildung 14, 1938, S. 102–112.

Borsche, T.: Sprachansichten. Der Begriff der menschlichen Rede in der Sprachphilosophie Wilhelm von Humboldts. Stuttgart 1981.

Borsche, T.: Wilhelm von Humboldt. München 1990.

Haym, R.: Wilhelm von Humboldt – Lebensbild und Charakteristik. Osnabrück 1865/1965.

Heydorn, H. J.: Über den Widerspruch von Bildung und Herrschaft (1970). Bildungstheoretische Schriften. Bd. 2. Frankfurt am Main 1979.

Humboldt, W. v.: Abstand und Nähe. Drei Vorträge zum Gedenken seines 200. Geburtstages von Heinz-Joachim Heydorn, Bruno Liebrucks, Thomas Ellwein. Frankfurt am Main 1968.

Humboldt, W. v.: Vortragszyklus zum 150. Todestag. Hrsg.: Bernfried Schlerath. Berlin 1986.

Junker, K.: Überlegungen zur Einheit der Konzeption im Gesamtwerk Wilhelm von Humboldts. In: Wissenschaftliche Zeitschrift der Humboldt-Universität zu Berlin. Gesellschaftsw. R. 33,5: 499–503.

Leroux, R.: L'anthroplogie comparée de Guillaume de Humboldt. Paris 1958.

Liebrucks, B.: Sprache und Bewußtsein. Bd. 2: Sprache. Wilhelm von Humboldt. Frankfurt am Main 1965.

Litt, Th.: Das Bildungsideal der deutschen Klassik und die moderne Arbeitswelt. 7. Aufl. Bochum o. J.

Mead, G. H.: The Philosophy of the Act. Ed. by Charles W. Morris et al. Chicago 1938.

Menze, Cl.: Wilhelm von Humboldts Lehre und Bild vom Menschen. Ratingen 1965.

Menze, Cl.: Die Bildungsreform Wilhelm von Humboldts. Hannover 1975.

Müller-Vollmer, K.: Poesie und Einbildungskraft. Zur Dichtungstheorie Wilhelm von Humboldts. Stuttgart 1967.

Oevermann, U.: Genetischer Strukturalismus und das sozialwissenschaftliche Problem der Erklärung der Entstehung des Neuen. In: Jenseits der Utopie. Hrsg.: St. Müller-Doohm. Frankfurt am Main 1991, S. 267–336.

Oevermann, U.: Die Struktur sozialer Deutungsmuster – Versuch einer Aktualisierung. Frankfurt am Main 2000. 57 S. unveröffentlichtes Manuskript. (Erscheint in: sozialer sinn 2, 2001.)

Peirce, Ch. S.: Schriften zum Pragmatismus und Pragmatizismus. Hrsg.: K.-O. Apel. 2. Aufl. Frankfurt am Main 1976.

Peirce, Ch. S.: Collected Papers. Cambridge/Mass. 1931–1935; 1958.

Riedel, M.: Historische, philologische und philosophische Erkenntnis. Wilhelm von Humboldt und die hermeneutische Wende der Philosophie. In: M. Riedel: Verstehen und Erklären? Stuttgart 1978, S. 134–159.

Sauter, Ch.: Wilhelm von Humboldt und die deutsche Aufklärung. Berlin 1989.

Scurla, H.: Wilhelm von Humboldt. Werden und Wirken. Berlin 1970 und Düsseldorf 1976.

Spranger, E.: Wilhelm von Humboldt und die Humanitätsidee. Berlin 1909.

Sweet, P.: Wilhelm von Humboldt. A Biography. 2 Bde. Columbus. Ohio 1978–80.

Trabant, J.: Apeliotes oder Der Sinn der Sprache – Wilhelm von Humboldts Sprach-Bild. München 1986.

Trabant, J.: Traditionen Humboldts. Frankfurt am Main 1990.

Wagner, H.-J.: Die Aktualität der strukturalen Bildungstheorie Humboldts. Weinheim 1995.

Wagner, H.-J.: Objektive Hermeneutik und Bildung des Subjekts. Mit einem Text von Ulrich Oevermann: Die Philosophie von Charles Sanders Peirce als Philosophie der Krise. Weilerswist 2001.